평신도의
창의적
신앙생활

평신도의 창의적 신앙생활

발행일 _ 1판 1쇄 2021년 4월 5일
지은이 _ 이봉열
발행인 _ 설봉식
편집인 _ 송우진
책임편집 _ 전영욱
기획/편집 _ 강영아 장주한
디자인/일러스트 _ 권미경 하수진
홍보/마케팅 _ 이우섭
행정지원 _ 조미정 이상욱 김효진

펴낸곳 _ 도서출판 사랑마루
서울시 강남구 테헤란로64길 17(대치동)

대표전화 TEL (02) 3459-1051~2/ FAX (02) 3459-1070
홈페이지 http://www.eholynet.org, http://www.ibcm.kr
등록 2011년 1월 17일 등록번호/ 제2011-000013호
ISBN 979-11-90459-09-9 03230
가격 13,000원

평신도의
창의적
신앙생활

추천의 글 하나.

저자 이봉열 장로와는 40년 전 정읍교회 담임목사로 시무하게 되면서부터 인연을 맺게 되었다. 그 당시 저자는 경찰공직에 재직하면서도 집사로서 신앙생활을 충실하게 하였을 뿐만 아니라 목회에 물심양면으로 적극 협력을 해와 여러 면에서 돋보이는 성도였다. 특별히 저자에 대해서 지금도 잊혀 지지 않는 아름다운 미담이 있다. 내가 정읍교회를 사임하고 전주에서 개척을 하겠다고 주일 밤 예배 광고시간에 발표를 하게 되었다. 이봉열 저자는 그 발표를 듣자마자 밖으로 뛰쳐나가 종탑을 껴안고 펑펑 울면서 "목사님께서 소신껏 목회를 하실 수 없기 때문에 좋은 교회로 가시는 것도 아니고 어렵고 힘든 개척을 선택 하신 것"이라면서 "성도들이 목사님의 목회를 이렇게 힘들게 해서는 안 된다. 목사님의 목회에 크게 힘이 되지 못했으나 앞으로 목사님의 목회를 적극 돕는 사람이 되겠다."라고 기도하던 모습에 감동을 받았었다.

이처럼 아름답고 충성스러운 성도였기에 이후 33살의 젊은 나이에 장로가 되고 교단 부총회장까지 하게 되었던 것은 하나님의 은혜이다. 이 책에 담긴 내용들을 보면, 저자가 경험한 평신도 신앙생활의 기본을 바탕으로 그 가치를 높이려는 내용들이 담겨져 있다. 평신도들이 이 책을 읽게 된다면 모범적인 신앙생활을 하는데 아주 유익하리라고 믿어 의심치 않기 때문에 적극 추천하고자 한다.

기독교대한성결교회 제104년차
총회장 원팔연 목사

추천의 글 둘.

저자 이봉열 장로는 내가 기성교단 108년차, 109년차 부총회장과 총회장 당시 부회계와 회계로서 임원활동을 함께 한 사람이다. 저자 이봉열 장로는 올곧은 성격으로 법과 원칙을 지키면서도 합리적인 사고력에 의해 교단의 회계사무 질서를 획기적으로 바로 세우는데 앞장서 왔을 뿐만 아니라 교단의 오랜 숙원이 되어왔던 총회본부 직원들의 봉급 연봉제 시행에 있어 책임자로서 깔끔하게 기획하고 처리하는 과정을 지켜보면서 참으로 훌륭한 일꾼이라는 것을 새삼 신뢰하게 되었다. 이 책에는 평신도 신앙생활 60년, 장로인생 35년 동안 신앙생활의 정도를 지켜온 내용들이 담겨져 있어 평신도들에게 귀감이 되는데 충분하다고 생각되어진다. 앞으로도 교단과 지교회를 위해 더 많은 일을 할 수 있기를 소망하며 적극 추천하고자 한다.

기독교대한성결교회 제109년차
총회장 유동선 목사

　　저자 이봉열 장로는 제111년차 교단 부총회장을 나와 함께하면서 상호 깊은 신뢰와 호감을 갖게 되는 계기가 되었다. 교단 내 여러 가지 쟁송 사건을 비롯하여 난제들을 전담하여 처리를 함에 있어 정치적 판단보다는 법과 원칙을 준수하고 사심 없이 객관성을 유지하며 공평하고 정당하게 일 처리를 하려는 의지가 확고부동했기 때문에 소통할 수 있었다. 특히 저자는 섬기는 정읍교회 담임 목사님 목회를 적극 도와드리는 사람으로 교단 내 알려진 바와 같이 신실한 신앙심과 정의감이 투철했기 때문에 준비된 부총회장이라고 말 할 수 있었다. 저자와 임원활동을 함께 하는 가운데 우연히 들은 얘기 가운데 새삼 소중하게 느껴지는 말이 있다. "목회는 목사님이 하는 것이기 때문에 장로는 목사님의 목회에 걸림돌이 되지 않아야 하며 목사님이 소신껏 목회하시도록 적극 도와드려야 하는 것을 더 고민해야 한다."라는 신앙적 양심에 의한 소신 있는 말은 평신도들의 귀감이 되어야 한다. 이 책에서도 평신도들의 신앙생활 성숙도를 가일층 높일 수 있는 훌륭한 내용들이 담겨져 있기 때문에 적극 추천하고자 한다.

기독교대한성결교회 제112년차

총회장 윤성원 목사

저자 이봉열 장로님은 뜨거운 열정을 잔잔한 일상속에 두신 분이라고 알고 있습니다. 장로님은 제가 섬기는 서울신학대학교의 이사장이셨던 전병일 담임목사님의 목회를 도우면서 적극 협력하는 신실한 평신도 지도자임은 누구나 다 아는 사실입니다. 그간 교단의 회계와 부총회장 등 임원활동을 하시면서도 특히 서울신학대학교 발전에 사심 없이 깊은 애정을 갖으시고 법과 원칙에 따라 모든 일이 가능하도록 적극 협조하시는 훌륭한 분이셔서 당시 부총장으로서도 고맙게 여겨왔습니다. 또한 저자 이봉열 장로님은 연세와 상관없이 법학사 행정학사 문학사 등 3개 과정의 학사공부와 경찰학 석사 및 리더십학 박사과정까지 마치시는 등 남다른 학문 탐구에도 열정을 보이고 있는 모습이 정말 소중하고 아름답게 여겨집니다.

장로님이 쓰신 「평신도의 창의적 신앙생활」에서는 앞에서 말했듯이 평신도로서 담임목사님의 사역에 긍정적으로 협조하는 것을 비롯하여 신앙생활의 원칙과 정도를 나름대로 정리하고 계실 뿐 아니라 교계안팎의 울림이 될 수 있는 많은 글 들을 수록하고 있어 큰 감동을 받았습니다. 요즈음 우리교계와 사회에서 왕왕 빚어지고 있는 많은 갈등구조를 해소하고 하나님 나라를 확장하는 일에 평신도의 역할이 중요하다고 볼 때, 이 책에서 얻어지는 체험적 교훈이 있으리라고 믿어져 적극 추천하고자 합니다.

서울신학대학교 총장
황덕형 목사

　책을 쓰는 일은 저자의 사상과 지식, 상식과 사고를 자아내는 일이기 때문에 필자는 이 책을 읽는 사람들로 하여금 공감을 이루고, 유익한 정보를 제공해야 한다는 생각에 큰 부담을 갖고 있습니다. 더욱이 필자는 책을 쓰는 전문가가 아니고, 지역사회에서 평범한 신앙생활과 사회활동을 하는 사람으로서, 지인들로 하여금 책의 내용들이 공증되어야 한다는 데에 더 큰 부담을 갖고 있습니다.

　그렇지만, 이 글이 나의 양심을 속이면서 쓰는 내용들이 결코 아니라고 감히 자부하면서 다소 안도감을 갖습니다. 필자는 2012년도 경찰 공직을 마치면서 「신앙과 삶이 주는 기쁨」이라는 수필집 1권을 냈습니다. 이번에 또 다시 「평신도의 창의적 신앙생활」이라는 수필집을 내는 것은, 앞의 「신앙과 삶이 주는 기쁨」에서 못다 한 신앙이야기를 독자들과 더 공유하고 싶어서입니다. 나는 유년 시절부터 신앙생활을 하는 가운데, 총각집사로 임직을 시작하여 33살의 젊은 나이에 장로로 장립되었습니다.

　장로로 장립되는 과정에서 너무 젊다는 이유로 일부 반대하는 당회원들이 있었지만, 결국 담임목사님의 완곡한 소신에 의해 내가 장로로 장립되었다는 말을 듣게 되었습니다. 이처럼, 담임목사님이 필요로 해서 장로로 세우려고 하였다는 사실을 뒤늦게 알게 된 후, 나는 담임목사님의 기대에 부응하는 장로가 되어야겠다는 신앙적 다짐을 했습니다. 이 책에서는 장로임직 35주년을 맞아 그동안 담임목사님의 목회에 협력해 왔던 점을 비롯하여, 신앙이야기와 삶 가운데 느껴왔던 이야기를 수필과 시로 담아 보았습니다. 부족한 점이 많고 겸손하지 못하다고 느껴지더라도, 69세에 들어선 평범한 사람의 신앙 고백이라는 점에서 너그럽게 읽어주시고, 다소 귀감이 되는 내용이 있다면 독자의 신앙과 삶에 도움이 되었으면 합니다. 70세가 되는 기념으로 책을 내고자 그간 준비해왔으나, 전달하고자 하는 메시지의 현실성을 감안해 앞당기게 되었습니다. 이 책을 감수하시고 서평과 격려를 해주셔야 할 담임목사님께서 병석에 계셔서, 그렇게 하실 수 없게 된 점에 아쉬움을 남깁니다.

존경하고 사랑하는 나의 영원한 담임목사님! 하루 속히 건강을 회복하시어, 목사님이 사랑하고 섬겨오신 주님의 몸된 제단 정읍성결교회 강단에서 단 한 번이라도 "평화로운 목장, 할렐루야 생애"의 외침이 있으시기를 간절히 기도 합니다. 그 날이 반드시 있을 줄로 믿으며, 글을 맺습니다.

2021년 1월
저자 이 봉 열

하나. 신앙과 간증의 삶

차례

둘. 삶 속에 담긴 생각

차례

셋, 시에 담긴 삶과 신앙

차례

하나.
신앙과 간증의 삶

인생의 목적과 성공에
부합하는 행복을 창조하자

　사람들은 저마다 인생의 성공을 소망하며 자신의 삶을 개척해 나간다. 그러나 성공의 기준은 자신의 삶의 가치를 어디에 두느냐에 따라서 다르다. 자신의 삶의 가치를 물질의 부유함과 사회적 명예와 권력에 두는 사람은 이것만이 성공이라고 생각을 할 수 있다. 그래서 이를 추구하기 위해 부단히 노력을 하는가 하면, 때로는 사회적 순리를 벗어나 역행을 하면서까지 물불을 가리지 않는 삶을 살아가는 사람들도 있다. 물론 자신의 삶의 가치를 여기에 두더라도, 사회적 합의나 순리를 역행하지 않고 최선의 노력으로 얻어지는 결과라면 이것을 탓할 이유는 없다.

　나는 평소에 '성공은 노력의 대가'라는 신념을 갖고 있었기 때문에, 사회적 합의와 순리에 역행하지 않고 자신의 삶의 가치에 부응하는 성공을 하였다면, 그것은 노력의 대가라고 본다. 그러나 삶의 가치를 기독교 신앙적으로 비추어 본다면, 성공의 가치는 확연히 다르게 표현될 수 있다. 이러한 논리에 대해 나의 사례를 살펴본다. 나는 중학교 3학년 때 담임목사님으로부터 세례 문답을 받았다. 담임목사님의 첫 세례문답 내용은, "인생의 목적이 무엇인가?"였다. 물론, 세례문답 공부를 사전에 충분하게 하였었기 때문에 나의 대답은 명확했다. "네, 인생의 목적은 하나님의 영광을 위해서 사는 것입니다."라고 당돌하게 대답했다. 그때 담임목사님께서는 "아주 대답을 잘 하였다"고 칭찬을 하셨다. 나의 첫 세례 문답 내용은 지금까지 살아오면서 평생 동안 잊혀 지지 않고 기억되는 나의 신앙과 삶의 교훈이 되고 있다. 그래서 나의 삶의 가치는 '하나님의 영광을 위해서 살아야 한다는 것'을 기준으로 갖고 있다. 그러나 이러한 삶의 가치를 실현하기 위해 최선을 다 했다고 감히 호언장담할 수 없는 것도 사실이다. 그렇지만 내 삶의 의식 속에는 어렸을 때부터 가졌던 그러한 신앙적 교훈이 잠재되어 있기 때문에, 때마다 일마다 그것에 나를 되돌아 볼 수 있는 것만 해도 감사하게 느껴진다. 또한, 나는 나 나름대로 '성공의 가치'를 정립하고 있다.

현재 출석하고 있는 정읍성결교회 전병일 담임목사님께서는 설교 말씀을 통해, "인생 최고의 성공은 예수님을 믿고 구원을 받아 하나님의 자녀로 살아가는 것이다."라고 하셨다. 이렇게 본다면, 내가 예수님을 믿어 하나님의 자녀로 살아 온 것 자체가 이미 '성공한 삶'이 되는 것이다. 거기에 하나님의 영광을 위해 사는 삶의 가치를 기준으로 삼고, 그 삶의 실현을 위해 꾸준히 노력하는 삶이야말로 행복한 삶이라고 생각하고 있다. 물질의 부유함과 사회적 명예와 권력을 추구하는 삶의 가치를 성공의 기준으로 하는 것을 육신을 위한 성공이라고 한다면, 예수님을 믿고 구원받아 하나님의 자녀로서 하나님의 영광을 위하는 삶을 살아가는 것은 내 영혼을 새롭게 하고 살찌우는 고귀한 '영적 성공'이라고 말하지 않을 수 없다. 얼마 전에 KBS 아침방송 프로그램인 '인간극장'을 보았다. 그 프로그램에서 우리나라 1세대 철학박사이신 99세 고령의 김형석 연세대 명예교수님께서 말씀하셨다. "행복은 노력의 대가이다." 이 말씀을 듣는 순간, 나에게 마음의 울림이 있었다.

그것은 내가 평소에 생각하고 신념으로 여겨왔던 것처럼, '성공은 노력의 대가'로서 스스로 만들어 가는 것과 마찬가지로, 김형석 철학박사님께서 말씀하셨던 '행복을 만들어 가는 것' 또한 우연히 주어지는 것이 아니라, 노력의 대가로 만들어 가는 것이라는 것을 확신하게 되었기 때문이다. 물론 김형석 철학박사님은 성공의 수단을 말씀하신 것이 아니고 행복의 수단을 말씀하신 것이었지만, 성공하지 않은 삶이 행복할 수 없다는 전제로 본다면 성공과 행복은 동시에 주어지는 것이라고 믿어진다. 예수님을 믿어 하나님의 자녀로 살아가는 것을 삶의 가치로 여기고, 이를 추구하기 위해 노력하는 삶은 '성공하는 인생'이며 '행복한 인생'이다. 여기에 하나님의 영광을 위하여 살아가기 위해, 긍정적인 생각을 하면서 섬김과 헌신과 봉사와 절제로 창조적인 신앙생활을 영위한다면, 그 인생은 인생의 목적을 실현하는 최소한의 삶이라고 말 할 수 있다. 우리의 삶에서 인생의 목적을 이루고 성공의 기준에 도달하기 위해 꾸준히 노력하는 것은, 신앙인들이 갖추어야 할 덕목이며 자세이기도 하다. 그렇지만, 현실 사회에서 이러한 신앙의 자세를 지켜 나가는 일이 그리 쉬운 것만은 아니다. 그래서 나는 항상 부족한 것을 스스로 느끼면서 자신을 지켜 나가기 위한 더 많은 노력이 필요하다고 생각한다. 우리는 사도바울의 '나의 나 됨은 하나님의 은혜이다'라는 고백을 늘 삶에 녹여 내리면서, 교만하지 않고 겸손하여 자신의 신앙을 지켜나갈 수 있어야 한다. 무슨 일을 하든지 기도보다 앞서지 않고, 성령님의 인도하심보다 앞서지 않으며, '모든 것은 하나님의 은혜입니다'라고 고백 할 수 있는 낮은 자로서 겸손하게 하나님의 사랑과 은혜를 사모하며, 인생의 목적과 성공의 기준에서 어긋나지 않고 형통의 삶을 살기 위해, 오늘도 하나님께 기도할 따름이다. 왜냐하

면, 하나님께 기도할 때에 인생의 목적과 성공에 부합하면서 행복을 창조
해 나갈 수 있기 때문이다.

신앙의 본질을 바탕으로
희망찬 미래를 열어가는 삶

내가 살아온 아동시절과 청소년기는 별로 자랑할 것이 없지만, 그렇다고 해서 부끄럽게 생각하지는 않는다. 그러함에도 불구하고, 나의 과거는 나를 오늘에 있기까지 든든하게 세워 준 힘이 되었기 때문에 항상 소중하게 생각한다. 여기에서 과거의 삶을 말하려고 하는 것은, 그 날에 가졌던 삶의 정신과 신앙생활의 자세가 지금까지, 그리고 앞으로도 이어지는 삶의 에너지로 작용되리라고 믿고 있기 때문이다. 나는 평범한 농부의 아들로 태어났다. 아버지는 덕망이 두터워 마을 사람들로부터 존경을 받아오셨다. 아버지는 흥이 많고 인정이 많으셔서, 나의 아동시절 기억에 우리 집은 마치 동네 사랑방처럼 여겨질 정도로 많은 사람들이 모여 농촌 삶의 희로애락을 나누는 곳이었다. 그러던 어느 날, 나의 나이 일곱 살 때 아버지는 갑작스럽게 배가 아프다며 자리에 누우셨고, 누우신지 3일 만에, 어머니 나이 33살 되던 해에, 5살과 2살 먹은 남동생을 비롯한 5남매 자녀를 남겨두고 세상과 이별하셨다. 지금에 와서 생각해보면, 그 시절에는 농촌 마을에 의료시설이 없었을 뿐더러 지금과 같은 119응급환자 후송대책도 없었기 때문에, 아버지가 병원에 응급 후송되어 치료 한 번 받아 보지 못하고 그길로 우리와 이별하신 것을 생각하면, 언제나 마음이 아프고 가슴이 메여온다.

내가 생각하기로는 아버지께서는 초기 맹장염이었는데, 수술을 받지 못해서 맹장이 터져 복막염으로 진전되어 사망하신 것이 아닌가 싶어 늘 아쉬운 마음이 든다. 아버지가 돌아가신 후, 어머니는 2년 상(喪)을 치르는 가운데 지극정성으로 아버지의 지청에 밥상을 차려놓고 목메어 우셨던 모습을 기억한다. 그것을 보면서 어머니의 안타까움은 이해했지만, 나의 아동시절은 매우 우울하기만 하였다. 아마도 어머니는 젊은 나이에 사랑하던 남편을 잃어버린 슬픔도 있었지만, 어린 자식들을 데리고 살아갈 날들이 막막해서 그렇게도 슬프게 목메어 우셨던 것이 아닌가 싶다. 나는 그 때 어린 나이였지만, 내가 성장해 갈 때, 그리고 나중에 커서도 어머니의 속을 상하게 하지 않고 어머니의 기대에 부응하여 어머니가 잘 살아왔다는 생각을 하실 수 있도록 하겠다는 각오와 다짐을 바위처럼 단단하게 하였다. 그런데 어머니는 그렇게도 지극정성으로 지켜왔던 2년 상을 마침과 동시에, 무속인들을 찾아다니면서 점을 치고 굿을 하며 자식들과 살아갈 길을 의지했던 미신 신앙을 스스로 깔끔하게 청산하고, 우리 5남매를 데리고 교회에 출석하게 되었다. 어머니는 처음부터 기독교 신앙심이 있어서 스스로 교회에 출석한 것이 아니다. 오직 자식들을 교회에 데리고 다니면서 기독교적 교육으로 잘 키우겠다는 생각으로 교회에 나가게 된 것이었다.

언젠가 어머니가 우리 5남매를 데리고 교회에 나가게 된 배경을 말씀해 주셨는데, "내가 믿어왔던 미신을 믿지 않고 교회에 나가게 되는 것은 너희들의 장래를 위해 교육을 잘 시키기 위해서이다."라고 말씀하셨다. 어머니의 속마음을 알게 된 후부터 나는 더더욱 어머니의 뜻에 어긋나지 않기 위해 노력을 많이 하였다. 그래서 나는 열심히 교회에 출석하여 유년

부, 초등부, 중등부, 고등부 등, 주일학교를 잘 마치고 청년회 활동을 하며 나름대로 신앙심을 키워 나갔다. 이렇게 신앙생활을 하게 되면서 어머니는 권사 직분을 받게 되었는데, 새벽기도회에 나가서서 기도 할 때마다 어머니의 기도 제목은 한결 같았다. 자녀들을 위한 축복을 빌고, 큰 아들 둘째 아들의 이름을 부르면서 장로되게 해주시고, 막내아들은 주의 종으로 목사되게 해달라는 기도였다. 어머니의 기도 제목은 그대로 이루어졌다. 그래서 어머니의 중보기도의 힘은 위력과 능력이 있으며 반드시 응답된다고 믿고 있다. 길이요 진리요 생명이신 예수님을 믿어 구원을 받고, 하나님의 자녀로서 하늘나라에 소망을 두고 이 땅에서 주님의 영광을 위해 최선의 삶을 살아가는 것은 인생의 목적이며, 성공과 신앙의 본질이라고 생각한다.

그리고 이러한 신앙의 본질은 기독교 신앙의 가장 기초적이면서도 가장 핵심적이며, 가장 추구해야 할 가치라고 생각한다. 그렇기 때문에 이에 충실하기 위해, 지금도 나는 늘 기도하고 있다. 나는 어머니와 어린 형제 5남매와 살아오면서, 어릴적부터 생존을 위한 농사일 등, 노동을 해야만 했다. 그래서 나는 10살 때부터 아직 여물지도 않은 어깨에 작은 지게를 메게 되었다. 그리고 삽자루와 괭이자루를 어깨에 메고 들판을 돌아다니면서 농사일을 하게 되었다. 그 당시는 나이에 비해 감당하기가 무척 힘든 일이었지만, 그것은 나의 멍에가 아니라 내가 살아가야 하는 운명이라 생각하고, 어머니에게 힘들다고 칭얼대지도 않고 어머니가 시키는 대로 농사일을 했었다.

나의 작은 지게 일화는 일평생 잊히지 않고 기억되는 추억으로 남아 있다. 나는 어느 날 밭에서 나의 키에 맞는 작은 지게에 조 두 다발을 지고 집으로 가고 있었다. 그렇게 지게에 실린 조 다발이 흔들려서 중심을 잡지 못하고 끙끙대며 비틀거리고 가고 있었는데, 그 때 학교 선생님께서 자전거를 타고 퇴근하시다가 그 광경을 지켜보고, 나의 지게를 내려놓게 하시고 지게에 조 다발 열매가 한 쪽으로 실린 것을 양쪽으로 엇갈리게 실어 주시면서, 이렇게 해야 중심이 잡히는 것이라고 일러 주셨다. 그러셨던 선생님이 지금도 고맙게 느껴진다. 그 당시에 논 700평과 밭 400평의 아주 작은 전답을 경작하면서도, 남의 손을 빌리지 않고 어머니와 어린 자식들이 함께 일궈 나가야 하기 때문에, 우리는 매일 일에 묻혀 살고 있었다. 친구들이 밖에서 뛰어 놀 때, 나는 어머니와 논에서 그리고 밭에서 일을 하고 있었다. 잘 먹지도 못하고 매일 주경야독을 해야 했기 때문에, 나의 피곤한 삶은 연속되었다. 굶주리면서도 일을 하는 것만이 유일하게 살아갈 길이라 생각하고, 생존경쟁을 위해 온 가족이 열심히 일을 하다 보니, 우리 가족의 가난한 삶은 점점 개선되어 논밭이 점차 늘어나 있었다.

어머니는 가난하고 굶주리면서도, 자식들에 대한 교육열이 크셨다. 그 시절에 자식들을 가르치면서 기성회비 등의 학비를 제 때 납부하지 못하여 어려움을 겪는 학생들이 많았다. 그렇지만 나의 어머니는 자식들 눈에서 피눈물이 나지 않게 하신다며, 기성회비 등 학교에 납부해야 하는 모든 돈은 어머니가 직접 학교에 방문하셔서 제때에 다 납부하셨다. 그래서 학교 친구들은 내가 아주 부유한 가정에 사는 줄로 알고 있었다. 사실 가난하고 힘든 생활이었지만, 학교 친구들로부터 부유한 가정환경이라고 인정받는 것, 나에게 있어서 대단한 자존감과 자긍심을 갖게 하였다. 그리고 학교에 등교할 때 집에서 끌고 나온 송아지를 학교 가는 길 하천 뚝에 메어놓았다가, 하교할 때 소에 띠를 띄우면서 책을 읽고 나의 꿈과 비전을 키워 왔던 그 시절은, 나에게 있어 아주 소중한 나날들이었다. 내가 고등학교에 다닐 때, 육군 3사관생도로 입교하여 군장교가 되는 것이 나의 큰 꿈이었다. 그 꿈을 이루기 위해 열심히 공부도 하였다. 그 결과 필기시험과 체력시험에 합격하였으나, 작은아버지가 의용군 5기로 강제 징용된 사실로 인해, 연좌제에 걸려 최종적으로 그 꿈이 좌절되는 순간이 오자 눈앞이 캄캄했었다. 강제징용이었기 때문에 경찰에서는 연좌제로 보지 않지만 그 시절 군 방첩대에서는 결격사유로 본 것이었다.

그러나 합력하여 선을 이루시는 하나님은 나의 갈 길을 따로 예비하고 계셨다. 육군 사병복무를 무사히 마치고 전역하자, 그 해에 교회에서는 공동회의를 통해 나를 총각 집사로 세워 주셨고, 나는 첫 공무원 시험이었던 경찰관 시험에서 합격하게 되었다. 나는 하나님의 사랑과 은혜로 군복무를 마치자마자 교회 제직을 맡게 되었고, 경찰학교 교육을 마치고 경찰관으로 배명 받아 경찰 공직자로서의 새로운 삶을 살게 되었다. 신앙인으로서 경찰공직을 수행하는 데에 어려움이 한두 가지가 아닐 정도로 신앙생활의 장애요인이 많았지만, 나는 경찰공직 생활을 그만두는 경우가 있더라도 신앙을 잃지 않는다는 각오로 하나님께 매달려 기도하였다. 그 결과, 나는 경찰공직자로서 아무나 할 수 없는 사복부서인 정보업무 부서에서 경찰경력 35년 중 25년 동안을 근무하게 되었다. 그것도 근무처를 옮기지 않고 한 경찰서에서 말이다. 이러한 경우는 흔하지 않는 일로서, 하나님께서 나로 하여금 신앙생활을 잘 할 수 있도록 환경을 만들어 주신 것이다. 나는 경찰업무 전문성이 인정받아 승진은 물론, '갈등조정과 협상능력의 탁월함'을 평가받고 명인경찰 제1호로 칭호를 받는 명예가 주어졌다. 경찰 근속기간 동안 옥조근정훈장을 받았는가 하면, 국무총리표창 2개, 장관

표창 2개를 비롯하여, 경찰청장 등 총 65건의 표창을 수여받은 영예를 갖게 되었다. 이에, 나는 2019년도에 정읍시에서 선발한 공공기관 수여 최다 표창기록으로 정읍시 기네스북에 오르기도 하였다. 그렇지만, 경찰공직을 수행하는 동안 신앙과 양심을 잃지 않는 것이 끊임없는 기도의 제목이 되었다.

그 결과, 지역 주민들과 선후배들로부터 크게 지탄 받을 만한 일을 하지 않고, 그 분들에게 다소라도 도움이 되는 방향으로 업무처리를 하려고 노력하였다는 말을 들었다. 그럴 때마다 나는 스스로 위안을 받으면서 하나님께 감사하고 있다. 35년간 재직한 경찰공직을 정년퇴임하고 나서, 27일간만 휴식을 취하고 전북 서남권 상공회의소 국장으로 청빙을 받아 근무하게 되었다. 정년퇴임 후 경찰관 출신에게 이러한 직책이 주어지는 것은 지역사회에서 내가 유일하게 처음이었기 때문에, 경찰 선후배들로부터 경찰의 명예와 위상을 새롭게 세웠다는 호의적인 평가를 받기도 하였다. 또한, 나는 정읍시 청소년 수련관 관장과 정읍시 청소년 상담복지센터 소장을 비롯하여, 정읍시 공동체 지원센터 이사장과 정읍시 선거관리위원으로 근무하게 되는 등, 필요에 따라 사회적 직분을 맡게 되니, 이는 하나님의 큰 축복이 아닐 수 없다.

더더욱 주님께서 나를 기독교대한성결교회 총회 회계와 감사를 거쳐, 평신도 최고 수장이라고 할 수 있는 교단 부총회장으로 세워주신 것은 아무나 할 수 없는 일이라고 생각한다. 그것도 선거의 승리로 말이다. 내가 교단의 부총회장으로 당선되어 부족한 점도 없지는 않았지만, 나는 재임 동안 교단 재정을 투명하게 관리하고 집행할 수 있도록 한 것을 비롯하여, 전 직원 연봉제와 현실에 맞는 사무조직 재편 등, 많은 변화와 개혁을 이루어 교단이 새로워지는 데에 크게 기여하였다는 인정을 받았다. 나는 지금까지 신앙생활을 해오면서 끊임없는 기도의 제목이 있다. 그 가운데 주요 핵심 기도 제목은, '하나님 중심, 교회 중심, 말씀 중심, 기도 중심의 신앙으로 삶을 살게 하소서! 언제 어디서든지 하나님의 영광을 가리지 않는 종이 되게 하소서! 담임목사님의 목회에 큰 힘이 되게 하소서! 하나님의 영광을 위하여 크게 쓰임 받는 종이 되게 하소서! 항상 겸손하여 교회 안에서나 교회 밖에서 많은 사람들로부터 인정받고 사랑받는 종이 되게 하소서!' 이었다.

　나의 이러한 기도의 핵심 제목들은 내가 어린 시절을 힘들고 어렵게 살아오면서도 내 중심에 가졌던 신앙의 본질에 바탕을 두고 있다. 그리고 나의 이러한 기도 제목들이 응답된 것은 사실이라고 말하고 싶다. 다만, 내 스스로 응답되었다고 말하는 것은 교만이 될 수도 있다고 보기 때문에, 내 스스로 말하기보다는 하나님의 편에서 평가되고, 인정되어야 한다고 생각을 하고 있다. 그렇지만 분명한 것은, 나는 나의 삶의 현실에서 부족한 점이 없이 늘 마음의 안정과 평안이 있다는 것을 인정하면서도, 교만하지 않도록 하나님께 고백하고 회개하고 있다는 사실이다. 내 중심에 자리매김하고 있는 신앙의 본질에 충실하고, 그 바탕 위에서 그 동안의 삶을 개척해 왔던 것처럼, 나이가 많이 들었다고 생각하지 않고 주님이 부르시는 그날까지 성실하고 희망차게 노후의 삶을 열어가는 종으로서 복된 삶을 살기 위해 더 많은 노력을 할 것이다.

삶을 보람 되게 하기 위한
노력과 준비

만약, 당신에게 '앞으로의 비전과 목표, 그리고 계획이 무엇이냐'고 질문한다면, 당신은 무엇이라고 대답을 하겠습니까? 자신의 비전과 목표, 그리고 계획을 준비하며 그 뜻을 이루어 가기 위해 노력하고 있는 사람은 저마다 자기만의 많은 대답을 할 수도 있겠으나, 아무런 준비 없이 그저 하루하루를 무심하게 살아가는 대부분의 사람은 막연한 대답을 하고 그치고 말 것이다. 자신의 비전과 목표, 그리고 계획을 준비하고 이루어 나갈 때, 내가 원해서 뿐만이 아니라 타에 의해서 맡겨지는 일들이 있을 수 있다.

그렇기 때문에 그 일들이 꼭 이루어진다고 말할 수는 없지만, 그렇다고 해서 전혀 불가능한 일들인 것만은 아니다. 다만, 무슨 일이든지 준비하고 노력하고 있는 사람에게는 자신의 비전과 목표, 그리고 계획이 쉽게 다가올 수는 있는 것이고, 그렇지 않은 사람에게는 더디게 오거나 아예 오지 않을 수도 있다는 데에 차이점이 있을 것이다. 나는 지금까지 살아오면서 '꿈을 이루기 위한 열심과 열정'이 나의 삶의 모토이다. 그래서 나는 항상 꿈을 꾸고, 그 꿈을 이루기 위해 유난히 열심과 열정으로 온갖 힘을 다해 노력해 왔다. 그렇기 때문에 비록 나에게 아무런 비전이나 목표나 계획이 이루어지지 않는다고 해도, 나는 그것으로 인하여 조금도 후회하거나 낙심하지 않는다. 그것은 내가 막연한 인생을 살아오지 않고, 할 수 있는 능력 안에서 나의 비전이나 목표, 그리고 계획을 가지고 최선을 다해 준비하며 살아 왔다고 자부하고 있기 때문에, 나는 그것에 만족하며 감사할 따름이다.

건강한 몸으로 공직을 명예스럽게 정년퇴임한 것만 해도 감사한데, 무슨 일이든지 나이와 상관없이 나에게 주어지는 일이 있다면, 그 길은 행복한 길이 되고 노후에 보람을 느끼는 삶의 활력소가 될 것이므로, 기꺼이 감당하면서 하나님께 감사를 하며 감당하고자 한다. 후회하지 않는 인생이 되기 위해, 당신은 지금 무엇을 준비하고 있나요? 라고 질문을 던지면서 나의 작은 비전과 목표, 그리고 계획을 소개하고자 한다. 나에게 있어서 비전은 사회적으로는 군 장교가 되는 것이었다. 그리고 신앙적으로는 하나님의 영광을 위하여 크게 쓰임 받는 것이었다. 나는 그 꿈의 실현을 위해 열심과 열정을 갖고 살아왔다. 그 결과, 군 장교가 되는 것은 나의 탓이 아닌 타의에 의해서 좌절되었으나, 하나님은 나에게 그 길이 아닌 경찰 공직자로서 국가에 헌신하도록 인도하였다.

또한, 나는 신앙생활도 열심과 열정으로 하였다. 33세의 젊은 나이에 장로로 임직되어 현재까지 교회에서 35년간 시무하고 있다. 그리고 나는 기성교단의 부총회장으로서 평신도 최고의 수장이 되기도 하였다. 나의 삶의 모토는 앞에서도 말했듯이, '꿈의 실현을 위한 열심과 열정'이다. 나는 무슨 일을 하든지 적당하게 하지 않는다. 나의 부족함이 있더라도 나는 항상 최선을 다해 노력하는 삶을 산다. 경찰공직 재직 중에도 나는 내게 맡겨진 일을 최선을 다해 수행했다. 그렇기 때문에 나는 우수한 업무실적으로 승진을 거듭해 왔을 뿐만 아니라, 업무의 전문성을 인정받아 전북지방경찰청 명인경찰 제1호의 칭호를 받기도 하였다. 경찰 현직에 있으면서 경찰청장의 승인을 받아 7년간 시간강사로서 대학 강의를 하기도 하였다.

나는 이러한 경력을 살려서, 퇴직 후에도 할 수만 있다면 대학 강의를 하고자 한다. 공직 경험의 전문성과 상공회의소 사무국장직 수행, 청소년 수련관 관장과 청소년상담복지센터 소장직 등, 나의 사회적 활동의 지식과 실력을 바탕으로, 앞으로는 대학 강의를 비롯하여 각계각층을 대상으로 리더십 강의를 하고자 생각하고 있다. 아직 구체적이지는 않지만, 지금 나는 교단 평신도 대학원의 원장직도 맡아 달라는 일부 관계자로부터의 부탁을 받고 있기도 하다. 나는 앞에서 언급한 바와 같이, 무슨 일이든지 나에게 맡겨지는 일이 있다면 그 일을 위해 내 삶의 모토인 '열심과 열정'으로 최선을 다하고자 한다. 열심은 있어도 열정이 없으면, 그 열심은 쉽게 시들어질 수 있다. 그리고 열정은 있어도 열심이 없다면, 그 열정은 허구를 휘두르는 장검에 불과할 것이다.

나의 열심과 열정은 과거와 현재, 그리고 미래를 새롭게 만들어 가고, 나의 비전을 현실화 하는 데에 유익한 도구이며, 동력이 되리라고 믿고 있다. 이제 나의 목표를 말하고자 한다. 인생에 있어서 목표가 없는 삶은 공해상에서 방향성을 잃어버리고 표류하는 돛단배와 같은 삶이라고 생각을 한다. 나는 69세로서 젊은 나이는 아니지만, 나이로 인해 뭐든지 할 수 없다는 생각을 하고 있지는 않다. 나는 공직 재직 중에도, 그리고 공직퇴임을 한 후에도 분명한 목표를 두고 그 목표를 이루고자 나 나름대로의 준비를 하면서 노력을 해왔다.

미드웨스트 대학교 리더십 박사과정 졸업 후에도 나는 나름의 목표를 가지고 있다. 무엇보다도, 대학의 강의하는 것을 비롯하여 각급 평생교육원에서 지역사회를 위해 봉사하면서 리더십 박사과정에서 학습해 온 리더십 학문을 좀 더 연마하고, 공직자를 포함하여 또한 회사 등 사회 직장인을 대상으로, 그리고 종교 단체를 대상으로 각 분야별로 적합한 리더십 특강 자료를 만들어서 특강 활동을 하고자 한다. 이러한 목표가 있었기 때문에, 2020년도 1학기에는 기독교대한성결교회 총회 소속 목회신학연구원에서 목회자가 되기 위한 수강생들에게 '목회자리더십' 강의를 하게 되었다.

그리고 기회가 주어진다면 교단의 평신도 대학원 원장직과 사단법인 정읍시 지역 활성화센터 이사장직을 수행하는 등 나에게 주어지는 일에 충실히 임할 것이다. 아울러 나의 공직을 마치면서, 저서로 '신앙과 삶이 주는 기쁨'이라는 수필집을 냈다. 그리고 제 2집으로, 평신도들이 창의적 신앙생활로써 담임목사님의 목회에 효율적 협력과 역할을 할 수 있는 방법을 강조하고자, '평신도의 창의적 신앙생활'이라는 책자를 집필하고 있다. 또한, 나는 그동안 나에게 있었던 신앙체험을 바탕으로, 간증집을 만들어 간증 집회를 할 생각도 하고 있다.

이러한 목표가 현실화 된 것도 있고, 아직까지 현실화 되지 못한 것도 있지만, 나는 그 목표들을 이루기 위해 열심과 열정으로 노력하며 최선을 다하는 삶으로 행복을 만들어 가려고 한다. 나는 여기에서 표현은 다 할 수 없으나, 내가 평소에 생각해 왔던 나의 비전과 목표를 이루기 위해 구체적인 계획을 만들어 추진하고 있다. 나는 나의 비전과 목표, 계획을 이루기 위해 다음과 같은 노력으로 준비를 해왔다. 나의 강점은 근면성실하고, 매사에 열심과 열정을 갖고 있는 것이다. 나는 가정 형편상 대학을 진학하지 못하고 고등학교를 졸업한 뒤 군복무를 마쳤다. 그리고 바로 경찰공무원으로 입문하여 공직 생활을 하였다. 나는 이러한 나의 가정형편을 감안하여, 3사관학교에 들어가 장교가 되고, 초급 대학졸업자격을 받아 4년제 대학에 편입하고자 했었다.

그러나 나의 이러한 꿈이 이루어지지 않았기 때문에, 나는 경찰 재직 중에 4년제 대학에가서 법학을 전공하고 또 경찰학 석사까지 공부를 마치게 되었다. 아버지가 일찍 돌아가신 뒤, 어머니의 노력으로 고등학교까지 졸업한 것만 해도 감사할 따름이다. 그러나 나의 배움의 욕심과 열정으로, 공직 재직 중에 공부를 하게 되어 경찰학 석사까지 마쳤으나, 박사과정까지 공부하지 못하여 늘 아쉬움이 있었다. 그러자 지인의 우연한 소개로, 미국 주정부 및 연방정부의 교육부로부터 정규 대학으로 인가를 받고 미국 대학학력인정기관(CHEA)의 인가를 받은 Midwest University에서 3년 6개월 동안 리더십학을 원격 수학함으로써, 2019년 5월 23일 67세의 고령에 리더십학 박사과정을 마치게 되었고, 결국 박사(한국연구재단 신고 등록 필) 학위를 받게 되었다.

나는 여기에 머물러 있지 않았다. 경찰 퇴임 후 국가평생교육진흥원을 통해 청소년학을 공부하여 문학사 학위를 받았다. 그리고 사회복지학을 공부하여 행정학사 학위를 받았다. 나는 이처럼 공직 후에도 계속 공부를 하여 법학사, 문학사, 행정학사, 경찰학 석사, 리더십학 박사 등 5개의 학위를 받았는가 하면, 국가 자격증인 청소년지도사, 사회복지사, 요양보호사, 건강가정사, 소방안전지도자 자격증인 국가 자격증 5개를 취득하였다. 민간 자격증으로는 심리상담사 1급, 등 19개를 취득하였다. 나의 이러한 노력은 '성공과 행복은 노력의 대가'라는 신념에서 비롯되었다. 그리고 그 노력은 나의 비전과 목표, 그리고 계획을 실현하기 위해서였다. 나는 할 수 있다면 앞으로도 더 많은 준비를 하기 위해, 모든 노력을 할 것이다.

꿈은 꾸는데 있는 것이 아니라, 이루는데 있다

　꿈의 실현을 위해서는 선택과 집중을 하여야 한다. 자신의 비전에 대해 분명한 목표가 있다면, 그 목표를 향한 세부 실천 계획을 세우고 충분한 준비를 함으로써 적극적으로 추진해 나가야 한다. 그렇다고 해서 현실에 부합하지 않고 전혀 실현 가능성이 없는 목표를 세우고, 그것을 향한 준비를 하며 노력을 하는 것은 이치와 분수에 맞지 않는 처신이라고 본다. 나는 일반적으로 신앙생활하기가 어렵다고 불리는 경찰 공직자로 살아오면서 장로로 정년퇴임을 하였는가 하면, 사회적으로도 여러 요직에 재취업을 하여 많은 경험과 상식을 쌓아왔다.

　여기에는 나 나름대로의 비전과 목표가 있었고, 그것을 위해 나만의 준비를 해왔다. 그렇기 때문에 '준비한 자들에게는 기회가 주어질 수 있다'는 순리를 믿고 있다. 그렇지만 꿈을 갖고 있다고 해서 다 이루는 것은 아니기 때문에, 더더욱 선택과 집중을 해야 한다. 그리고 욕심을 내지 않으려고 한다. 욕심을 갖고 매사에 접근하면 그 순수성을 잃어버리게 된다. 그리고 오히려 자신을 추하게 만들게 된다. 이렇게 될 경우, 지역사회를 비롯한 조직사회에서 외면을 당할 수 있다는 생각도 늘 마음에 두고 있다.

　그래서 매사에 겸손하기 위해 노력하면서도, 인간관계 속에서 자연스럽게 목표를 이루어 나가려고 한다. 그러나 이것만은 꼭 하고 싶다. 나는 리더십 박사학위를 받기까지 남다르게 열심과 열정을 가졌기 때문에, 학위를 받은 사람답게 전공을 살려 각계에서 리더십 강의를 하고 싶다. 또한, 나는 경찰공직자로서 젊은 나이에 장로로 임직되어 사명을 감당하기에 많은 애로사항이 있었다. 그렇지만, 이를 믿음으로 극복하면서 담임목사님의 목회를 협력하기 위해 최선의 노력을 다해 온 평신도로서 신앙생활에 대해 간증을 하고 싶다. 간증을 잘못하면 교만하다는 오해를 받을 수 있다.

그래서 아주 조심스럽기도 하지만, 요즈음 교회들이 담임목사와 몰상식한 갈등을 빚는 일로 사회적으로 비난거리가 되고 있기에, 나 자신의 신앙생활을 근간으로 교회들의 갈등 조정에 다소 도움을 주고자, 그리고 평신도들의 신앙생활 자세를 건전하게 확립하고자 하는 뜻에서 신앙생활에 대한 간증을 하고 싶다. 이것이 나의 많은 비전과 목표 가운데 놓여진 선택이자 집중해야 할 과제이다. 꿈은 꾸는데 있는 것이 아니라, 이루는데 있기 때문에, 꿈의 실현을 위해 더 많이 노력하고자 한다. 성공은 노력의 대가이며, 성공하지 않는 인생은 행복을 창조할 수 없기 때문에, '성공과 행복의 대가는 노력'이라는 신념으로 열심과 열정을 다해 남은 인생의 아름다운 삶을 살아가려고 한다.

기독교적 세계관이
나의 비전에 미친 영향

　기독교적 세계관에 대해 신학적, 또는 철학적 신앙적 관점에서 다양한 해석이 있다. 그렇기 때문에 나는 여기에서 기독교적 세계관을 깊이 논하는 것은 주제의 본질이 아니라 생각하고, 나의 신앙적 관점에서만 나의 생각을 피력하려고 한다. 나는 2016년도에 한국 YMCA 간사교육을 받았다. 그 교육의 주요 핵심내용은 '하나님 나라'를 배우는 것이었다. 즉 '예수님의 사역은 가난한 자들과 병든 자들을 구해주는 것'이고, '예수님의 사역을 우리가 실천해 나가는 것이 하나님 나라를 확장 하는 것이다.'는 것을 배웠다.

　이것은 곧 기독교적 세계관을 현실 사회 운동차원의 관점에서 바라본 것이라고 생각을 한다. 사회운동단체로서 기독교적 신앙을 현실 사회 운동의 차원에서 해석하는 것에 대해 이해는 하지만, 신앙생활의 본질이 현실 구호에만 있지 않고, 하나님의 독생자 예수 그리스도를 통한 우리의 영혼을 구원시키는 하나님의 사랑에 있다고 보는 관점에서는 약간의 괴리가 있어 보였다. 그렇기 때문에, 나는 신약성경 요한복음 14장 6절의 '예수께서 이르시되 내가 곧 길이요 진리요 생명이니 나로 말미암지 않고는 아버지께로 올 자가 없느니라'는 말씀을 절대적으로 믿고 있다.

　따라서 하나님 나라는 돈과 힘, 명예와 지식으로 갈 수 없고, 예수님을 믿어 구원받아 거듭나는 믿음이 있어야만 갈 수 있는 나라인 것이다. 이처럼 예수 그리스도는 생명이고, 우리가 믿어야만 천국에 갈 수 있는 절대적인 존재라고 생각을 한다. 그렇다고 해서 현실 사회에서 구제와 선한 사업을 외면하자는 것은 아니다. 예수님께서 강도 만난 자의 이웃이었던 선한 사마리아인을 칭찬해 준 것과 같이, 우리 사회에서 예수 그리스도의 사랑을 실천해 나가는 것은 매우 중요한 일이다.

따라서 나는 기독교적 세계관에 대해 좀 더 구체적으로 접근하면서 이 세계관이 나의 비전에 어떤 영향을 주었는가를 심층적으로 논하고자 한다. 기독교 세계관이란 성경의 진리를 통해 세상을 보는 관점이다. 뉴비긴의 말처럼, 성경은 바라볼 책이 아니라 그것을 통해 세상을 봐야 하는 책이다. 마이크와 크레이그는 그리스도인은 자신이 몸담고 살아가는 문화에 대한 이야기도 잘 인식할 필요가 있다고 강조한다.

그럴 때 이야기들의 교차 구조 속에서 자신의 좌표와 행보를 바로 정할 수 있기 때문이라고 말하고 있다(Michael W. Goheen, Craig G. Bartholomew. 2011). 그러므로 기독교 세계관은 성경의 드라마에 담겨 있는 가장 포괄적인 신념들을 추출하여 표현하는 작업이며, 그것을 통해 우리는 하나님과 인간과 세상을 이해하게 된다. 하지만, 우리에게 기독교 세계관은 우리 문화를 빚어내는 근본 신념들과 이야기에 대해 우리의 의식을 더욱 깊어지게 해야 한다(Michael W. Goheen, Craig G. Bartholomew. 2011).

또한, 기독교 세계관 사역은 크게 두 가지 차원으로 구분 되는 것 같다. 하나는 정치, 사회, 문화, 학문, 예술, 종교, 군사 등 각 분야에서의 성경적 조망을 확립하는 것이라고 할 수 있을 것이고, 다른 하나는 이렇게 확립된 조망들을 자신의 삶과 인격 속으로 스며들게 하는 것이라고 생각된다. 첫째의 과업을 공부, 혹은 연구의 차원이라고 한다면, 두 번째의 과업은 성경적 세계관을 따라 개인적 삶을 변화시키는 훈련, 혹은 교육의 차원이라고 말할 수 있을 것이다(양승훈. 2003). 한국 교회에서는 1980년대에 들어와서 비로소 기독교적 세계관 정립의 필요성을 인식하고, 몇몇 단체 학생들을 중심으로 이것을 논의하기 시작했다.

교회의 외적 성장에 비추어 다소 때늦은 감이 없지는 않으나, 국가 경제의 고도성장과 교회의 양적 팽창 이면에서 독버섯처럼 번지는 세속화, 그리고 기독교의 정체성 위기, 전통적 가치관의 급속한 몰락으로 인한 가치관의 공동화 등, 다양한 위기감에 자극되어 젊은 기독교인들을 중심으로 세계관에 관한 논의가 활발하게 전개 되었다. 이에 더하여, 단편적인 복음 제시에서 벗어나 복음의 전체성이 강조되어야 한다는 시대적 요청이 현실적으로 기독교적 세계관 논의의 필요성을 부채질 했다(양승훈. 2003). 사실 요즈음 세상 사람들이 교회 다니는 사람들을 보고 자주 언급하는 조소 섞인 비난들이 있다. 그것은 바로 "너는 믿는다고 하면서 뭐가 다르냐?"이다. 이것은 앞에서도 말했지만, 세속화의 영향 때문일 것이다.

오늘날 거대하게 밀고 들어오는 세속화의 물결은 교회와 세상이 구별되지 않게 하고, 신자와 비신자의 차이점이 나타나지 않는 데에 있다고 생각한다. 이것이야 말로 기독교의 위기이며, 기독교적 세계관을 혼탁하게 하는 것이라고 여겨진다. 실례로 니체가 "신은 죽었다"라고 말했을 때, 독일을 비롯한 유럽의 교회들이 거세게 항의를 하였다. 그런데 니체는 한 술 더떠서 "신은 죽었기에 죽었다고 하는데 왜 그러느냐?", "그럼 내가 신이 죽었다는 것을 증명하겠다"고 하면서, 그 증거물로서 무기력한 교회를 제시하였다. 하나님의 교회가 세상 사람들이 보기에 '신이 죽었다는 것'을 증명하는 증거자료가 되는 것은 부끄럽고 충격적이지 않을 수 없다.

하나님께서는 하나님의 뜻을 우리를 통해 나타내시기 원하신다. 그러므로 우리가 세상 사람들에게 하나님의 복음을 전파하려면, 우리 자신들이 세상 사람들로부터 신임받을 수 있어야 한다고 생각한다. 기독교가 세상 사람들에게 불신을 받고 성도들이 불신을 받는다면, 복음전파는 불가능하기 때문이다. 이것은 곧 기독교적 세계관의 관점에서 우리가 깊이 있게 바라보고 다루어져야 할 과제라고 여겨진다. 우리 사회에서 교회와 교인들을 향한 당면한 과제를 지혜롭게 회복하지 못한다면, 우리가 실천해 나가야 할 하나님 나라 확장도 요원하다고 보기 때문이다. 그래서 나는 기독교인의 기독교적 영향력은 매우 중요하다고 생각한다.

오늘날 한국 교회는 기독교인이 적은 게 아니라, 성숙한 신자, 즉 기독교적인 사람이 적은 것이 문제이다. 특히 기독교 신앙인으로서 대통령이나 정치지도자들이 그리스도처럼 사고하고, 행동하고, 말해야 한다. 다시 말하면, 기독교적 세계관에 흠뻑 젖은 기독교적 영향력이 지도자들에게서 드러났으면 좋겠다는 생각이 든다. 우리 나라 대통령 가운데 두 분의 대통령이 기독교 신앙인으로서 장로였다. 그런데, 그 전직 대통령 가운데 한 분은 우리나라의 IMF 위기를 가져오게 하는 실정으로 국민들에게 실망감을 심어 주었다. 다른 한 분은 부정부패에 의해서 투옥 되었다. 일부 기독교 지도자들 가운데에서 나오는 농담 섞인 말이긴 하지만, "우리 나라는 기독교인, 특히 장로가 대통령이 되어서는 안 된다"는 말을 하고 있다. 이는 사실상 창피한 이야기이다.

이는 특정인을 비판하고 평가하기 위해 하는 말이 결코 아니다. 국가 위정자들 가운데 표심을 움직이기 위해서만 기독교인이라는 것을 나타내고, 국정 현장에서는 기독교인들이 상당수가 있어도 기독교적인 신자의 역할을 하지 못함으로써 우리 사회에 기독교적 영향력을 드러내지 못하고 있는 지도자들이 많음에 대한 아쉬움을 나타내는 것이다. 반면, 나는 박사 논문인 '김대중 리더십 한국 시민사회운동 연관성 연구', '행동하는 양심 중심으로'를 쓰는 가운데 마음의 울림이 컸다. 군부 정권이 김대중에게 "대통령만 하지 않고 군부정권에 협조한다면, 사형을 면해주고 뭐든지 요구사항을 다 들어 주겠다. 그렇지만 협조하지 않는다면 죽인다."는 협박을 했다.

그는 '죽임을 당하더라도 자신의 양심을 속이면서 국민들과의 약속을 저버릴 수 없다면서 신앙은 양심이라는 것을 확신하고 최후의 승리는 국민이다.'고 생각하면서 자신의 신념을 끝까지 지켜 민주화를 이끌고 대통령이 되었다. 이뿐만 아니라, 나는 노벨 평화상을 수상한 그의 '행동하는 양심'을 배우게 되었다. 그는 가톨릭 신자이기는 하지만, 그야말로 신앙양심에 비추어 볼 때, 불의와 타협하지 않는 기독교적 세계관을 가진 '신자다운 신자'가 아닐까 싶다.

나는 여기서 나의 기독교적 세계관을 논하고 싶다. 나는 우리가 하나님 나라 본질의 바탕 위에서 기독교적 세계관을 갖고 있어야 한다고 생각한다. 나는 2017년도에 교단 부총회장으로서 임원수련회로 유럽 종교개혁지를 방문하는 일정을 가졌다. 마틴 루터의 종교개혁에 대해서는 신앙생활을 해오는 가운데 상식적으로나마 어느 정도 알고 있었지만, 마틴 루터의 종교개혁지 순방을 통해 루터의 신앙적 외침은 '오직 성경, 오직 믿음, 오직 그리스도, 오직 은혜, 오직 하나님 영광'을 세워 나가는 것이었음을 새삼 깨달았다. 그 때 나는 종교개혁지 순방 중에 미숙하지만 '선각자의 꿈을 찾아서'라는 제목으로 시를 한 수 지어 보았다. 여기에 그 시를 아래와 같이 적어본다. 이 시에 나의 기독교적 세계관이 다소 담겨져 있다고 보기 때문이다.

종교개혁지를 찾아서

종교개혁 오백주년!,
신앙의 선각자들 큰 꿈 일궈 온 그 길,
한 발 두 발 일만보 발걸음 밟아 찾아와
보고 듣고 생각하고 내 영혼 일깨우니,
오직 성경 오직 믿음 오직 성령의 불태워
뜨거운 마음에 새기고 담아서 가려 하네.
오~ 그 날의 당신들의 외침이 붉은 피 휘날리며,
거룩한 외침이 오백년이 지난 지금도 귓가에 스며와
신앙의 초석으로 나를 잡아 주려는데,
그 신앙의 가치가 내 영혼 새롭게 하네.
당신들의 그 외침과 그 발걸음이 지치고 외로워도,
주님만 바라보아 아시아와 온 세계로 힘차게 뻗어나가
그들의 이름 높이 세워 신앙을 지켜주니,
주님 이름 빛나게 영원한 이름들이어라.
지금 이 순간 머~언 길 걸어와
그들의 발자취 밟아 찾아 온 길,

지치고 힘들어도 값진 길이기에,
한 순간 한 가지라도 마음에 심어서
내 영혼 백합향기 꽃피워 빛내리라.

나는 이처럼 루터의 외침인 오직 성경, 오직 믿음, 오직 그리스도, 오직 은혜, 오직 성령, 오직 하나님 영광을 위해 살아가는 삶이 나의 신앙의 본질이 되어 왔기 때문에, 이러한 삶을 살기 위해 부단한 노력해 왔다.

그것은 앞에 시에서도 표현 했듯이, 루터의 외침이 나의 신앙의 초석이 되어 나를 잡아 주고 지켜주어 그 신앙의 가치가 내 영혼을 새롭게 한다는 것을 믿어 왔기 때문이다. 그렇기 때문에 내 삶이 곤고해도 넘어지지 않고, 끝까지 주님께서 때마다 일마다 내 삶에 임재 하셔서 도우시고 함께 하신다는 것을 믿으며, 그 주님을 붙잡고 여기까지 온 것은 하나님의 은혜라고 생각한다. 그리고 나는 예수님을 믿고 구원 받아 하나님의 자녀로 살아가는 것이 인생 최고의 성공이며 행복인 것을 믿어 의심하지 않는다.

이러한 나의 기독교적 세계관은 예수님을 믿는 성도로서 우리 사회에 한 움큼의 소금과 작은 빛이라도 되기 위해, 항상 신앙의 거울에 나를 비춰 가면서 그 모습을 잃지 않도록 하는 기반이었으며, 이 기반 위에 나는 하나님의 뜻을 외면하지 않으려는 삶이 되기 위해 최선의 노력으로 힘써 왔다. 그렇다면 이제 '기독교적 세계관이 나의 비전에 미친 영향은 무엇인가?'에 대해 논할 필요가 있다.

우리 교단의 유승대 목사님(은평성결교회)께서 교단 전국남전도회 실행위원회 개회예배 설교 말씀을 통해, "당신의 삶에 빈 들판이 없으면 당신의 삶은 무너져 간다고 생각하십시오"라고 하였다. 그러면서 "빈 들판은 사람들이 좋아하는 곳이라기보다는 도리어 주님을 가까이 할 수 있는 인적이 드문 곳이라 할 수 있습니다."라고 하셨다. "또한 빈 들판은 내 삶의 근거로서, 오늘의 환경이나 사람을 내 삶의 근거로 삼지 않고 주님만을 내 삶의 근거로 삼기 위해 하나님의 시간으로 나아가는 곳입니다. 그리고 주님은 주님과 나와의 만남을 통해 내가 철저한 마음을 갖추어 감으로써 나의 지나온 걸음을 복되게 해 주십니다."라고 말씀하셨다.

즉, 예수님의 사역에서 나타나 있듯이, 빈들에서 기도하고 예수님을 만나는 시간을 통해 영혼을 복되게 하라는 말씀의 요지였다. 이 설교 말씀을 들으면서 나는 큰 은혜를 받았으며, 어느새 나의 눈가에 눈시울이 뜨거워졌다. 나는 나의 아버지가 일찍이 세상을 떠나셔서 10살 때부터 생존을 위해 여물지도 않은 어깨에 지게를 메고 지게질을 했고, 삽과 괭이로 들판에서 농사일을 하면서 찬송을 부르고 주님께 기도했다. 그때 그 장소가 들판이었다. 다윗이 목동으로 양치는 들판에서 하나님을 의지하고 기도한 것처럼, 나 역시 들판에서 예수님의 만남과 도우심을 간구하였던 시절이 있었기에, 말씀이 마음에 와 닿는 순간이었다.

그러면서 나는 마치 나의 과거의 삶의 한 장면을 들여다보면서, 내가 지금도 하나님과 마주하는 빈들에 서 있는지를 되돌아보았다. 나는 어렸을 때부터 지금까지 예수님을 의지하고 도우심을 위해 기도하며 부르던 찬송가를 지금도 즐겨 부르고 있다. "나 도움 받고자 주 예수님께 빕니다. 내 모습 이대로 주 예수님께 빕니다. 날 받아 주소서!", "너 근심 걱정 말아라 주 너를 지키리 아무 때나 어디서나 주 너를 지키리 늘 지켜 주시리", "내 평생에 가는 길 순탄하여 늘 잔잔한 강 같든지 큰 풍파 무섭고 어렵든지 나의 영혼 늘 편하다" 이들은 참으로 눈물을 많이 흘리며 부른 찬송가들이다.

나는 이처럼 예수님을 믿어 구원받고 하나님의 자녀로 살아가면서, 예수님께서 내 삶에 임재 하셔서 동행하시고 함께하시며 도우시는 하나님이신 것을 믿으면서, 철저하게 예수님만을 의지하고 기도해 왔다. 나는 하나님 중심, 교회 중심, 말씀 중심, 기도 중심의 신앙생활의 원칙을 정하고 지키려고 하면서, 오직 성경, 오직 믿음, 오직 그리스도, 오직 은혜, 오직 성령, 오직 하나님의 영광을 위하는 삶을 살기 위해 나를 다스리고 절제하는 신앙생활을 해왔다. 그 노력은 여간 힘든 일이 아닐 수 없었다. 어렸을 때부터 이러한 신앙적 정신자세로 살려고 하다 보니, 나는 정직과 신뢰를 가장 중시하며 정의로운 삶이 몸에 자연스럽게 베이게 되었다.

그러다 보니, 경찰관으로서 초임지에 부임하여 직원들과 환영파티를 할 때에도 상관이 따라 준 맥주잔을 받지 않았다. "술잔만이라도 받아라"고 권유를 받았지만, 나는 "술을 먹지 않는데 왜 술잔을 받아야 하느냐?"면서 끝내 거절하자, 환영파티의 분위기는 갑작스럽게 냉각되고 파티는 그냥 끝나고 말았다. 경찰관으로서 신앙생활을 하면서 주일을 성수하는 일이 쉽지 않았다. 나는 결심했다. '경찰공직을 그만 두는 경우가 있더라도 주일을 성수해야만 한다.'면서 '여기에서 밀리면 내 영혼은 죽는다.'고 생각했다. 규칙적인 군 복무 중에서도 신앙을 지켜 왔는데, 사회에서 내가 해내지 못할 일이 없다는 마음의 다짐을 가졌었다. 그렇기 때문에 그렇게 바쁜 경찰업무를 수행하면서도, 특별한 날 몇 주일 외에는 주일을 성수해 왔다.

그리고 승진 위주의 경찰관이 되는 것과 신앙생활의 정착을 위한 경찰관이 되는 것에 대한 중대한 갈림길에서, 나의 아내와 기도하면서 내린 결론은 신앙생활 정착 위주의 길이었다. 그러다 보니 33살에 장로가 되고, 승진도 할만큼하고 명인경찰이라는 명성도 갖게 되었다. 이러다보니, 나의 호칭은 경찰관서 안에서도 직위 고하를 막론하고 이 장로님이었다. 나는 이처럼 신앙생활을 하면서 나를 숨기고 위축되지 않았다. 너무도 당당하게 하였다. 그러나 업무만큼은 근면성실하고 자타가 인정할 만큼 전문성을 살려 빈틈없이 확실하게 하였다. 그래서 나는 정보업무 한 부서와 한 경찰관서에서만 근무를 하였고, 업무능력에 의해 승진을 거듭하고 명인경찰 제1호의 칭호를 받는 등 승승장구했다.

이것은 나의 확실하고 명확한 신앙적 결단이 있었기에 가능했으며, 오늘날 내가 신앙인으로 존재하는 이유라 여겨진다. 나의 경찰관으로서의 삶의 신념은 정의로운 사람으로 불의와 타협하지 않고, 법과 원칙에 충실한 삶, 공평하고 부당하지 않는 법집행, 과잉 법집행 지양, 약자를 돕는 법집행, 정직과 신뢰를 바탕으로 친절을 베푸는 경찰관이고, 이를 이루기 위해 그동안 나는 부단히 노력을 하였다. 나는 위와 같은 신앙 양심에 의한 기독교적 세계관을 정립하였다. 그래서 35년간 영예로운 경찰관으로서 정년퇴임을 하였으며, 남들로부터 손가락질을 받지 않고 나름의 존경과 존중을 받으면서 다양한 사회적 직위로 삶을 영위하고 있고, 박사 논문을 쓰게 되어 학위를 받게 되는 축복을 받는 등, 나의 비전에 여러 가지로 긍정적인 영향을 미치는 결과가 있었다고 생각한다.

이제 글을 마치면서 정리해 보고자 한다. 기독교적 세계관을 간략하게 정리해 보면, 이는 성경의 진리를 통해 세상을 보는 관점으로 하나님과 인간과 세상을 이해하고, 각계 각 분야에서 성경적 조망들을 자신의 인격 속으로 스며들게 하는 것이라고 여겨진다. 나는 위와 같은 전제 하에서 나의 기독교적 세계관으로서 하나님 중심, 교회 중심, 말씀 중심, 기도 중심의 신앙생활의 원칙을 지켜 나가면서 오직 성경, 오직 믿음, 오직 그리스도, 오직 은혜, 오직 성령, 오직 하나님 영광을 위하는 삶을 살기 위해 나를 다스려가고 절제하는 신앙생활을 하기 위해 노력하였다.

글을 정리하다 보니, 너무도 나를 과분하게 나타내 보이는 것 같아서 죄송하고 부끄럽기도 하다. 그렇지만 나를 나타내고자 의도한 것은 결코 아니다. 다만 기독교적 세계관 차원에서 내가 접근해 왔었던 일들로 그러한 삶을 살기 위해 노력해 왔었다는 것에 대해 더 큰 의미를 두고자 한다. 하나님의 선한 뜻을 이 땅에서 실천해 나가고, 그것으로 인하여 예수 그리스도의 복음전파에 영향을 끼쳐나갈 수 있다면 그 삶은 복된 삶이 되고, 이를 통해 이 땅에 하나님 나라를 확장 시켜 나가는 일꾼으로서, 또한 사명자로서 작은 역할이 아닐까? 라고 느낀다.

나는 이러한 나의 신앙적인 믿음과 삶의 신념이 내 삶 속에 작게나마 스며들어 나의 비전에 영향을 끼친 것은 분명한 사실이라고 느끼면서 겸손, 또 겸손을 강조하고 나의 이러한 기독교적 세계관의 삶이 지속되어지기를 기도한다.

섬김의 배움과 실천

　평신도들의 신앙심 고양은 담임목사님의 목회철학과 평상시 공예배의 설교 말씀과 부흥성회 등과 같은 특수한 집회 및 교회 내 수련회를 통한 등 신앙훈련, 부모님의 신앙심, 신앙생활을 잘하는 교우들로부터 학습 받은 신앙, 그리고 개인의 신실성에 의해서 향상되어 진다. 섬김은 잘 모시어 받들어 주고 모든 일에 힘써 거들어 줌으로써 감당해야 하는데, 교회의 제직은 이처럼 섬김과 봉사의 직분이다. 섬김의 훌륭한 사례들이 많이 있겠으나, 가장 으뜸적인 섬김의 원조는 예수 그리스도께서 제자들을 위해 세족을 행하신 일에서 찾아야 한다.

　예수 그리스도의 제자들에 대한 세족은 신앙적으로 볼 때 그들의 죄를 씻어준다는 의미가 있다. 즉 구세주로서 죄 사함을 행하시는 더 깊은 상징적인 뜻이 담기기도 하였지만, 예수님께서 스스로 자신을 낮추시고 겸손히 남을 섬기시는 행동의 본을 보이신 것이다. 이보다 더 값지고 바람직한 섬김의 가르침은 없다. 신앙인들은 마땅히 예수 그리스도께서 영적으로, 육적으로 보이신 섬김을 따라 실천해야 한다. 나는 여기서 예수님처럼은 아니더라도, 평신도의 섬김의 신앙자세에 대한 학습에 대해서 말하고 싶다. 그 사례로 나의 어머니와 정읍성결교회 전병일 목사님에 대해서 이야기하고자 한다.

나의 어머니는 33세의 젊은 나이에 아버지가 돌아가신 후, 미신을 독실하게 믿어오다가 자녀들의 교육을 위해 스스로 미신을 타파하고 자진하여 교회에 출석을 하셨다. 그렇기 때문에 처음에는 어머니의 기독교 신앙심이 독실하지 않았으리라고 믿어진다. 어머니는 자녀교육을 목적으로 교회에 출석하게 되었지만 오랫동안 교회에 출석함으로써 믿음이 싹트게 되어, 담임목사님의 설교 말씀을 곧 하나님의 말씀으로 순수하게 받아들이며 순종하는 믿음을 키워 오셨다.

이러한 어머니의 순수한 신앙심은 담임목사님에 대한 섬김으로 발전되어, 우리 집안에 새로운 음식이나 고기 한 근, 또는 수박 한 조각의 사소한 선물이라도 집에 들어오면, 어머니께서는 목사님의 몫을 따로 떼어 놓았다가 새벽기도 가실 때 들고 가셔서 목사님 사택 대문 안쪽에 밀어 넣어놓고 돌아오시곤 했다. 나는 어렸을 때부터 어머니를 따라 새벽 기도를 다녔기 때문에, 어머니께서 담임목사님에 대한 섬김의 모습을 수시로 지켜보면서 자랐다.

어느 날 하루는 내가 어렸을 때 출석하던 농촌 교회의 담임목사님(이준용)께서 고등학교 재학 중인 나의 막내 동생을 전서노회의 학생부 성경고시에 출전시켰다. 마침내 나의 동생은 최우수상을 받게 되었다. 그 담임목사님은 전서노회 성경고시장에서 동생을 집으로 데리고 오셔서 어머니께 막내아들 (종열)을 목사로 만들어야 한다면서 아주 자랑스러워했다. 시골 농촌교회 학생이 성경고시에 나가 최우수상을 받은 것을 두고 장래의 목사감이라는 것이었다. 어머니는 목사님으로부터 그 말씀을 듣는 날로부터 동생을 목사로 만들어 달라고 하나님께 서원 기도를 하였다. 그리고 동생은 어머니의 서원기도대로, 총신을 졸업하고 목사 안수를 받아 현재 목회를 하고 있다. 또한 나는 공직에 들어가 첫 봉급을 받아 어머니께 전액을 갖다 드렸다. 봉급을 받아 든 어머니는 봉투 두 개 들고 나오셔서, 나보고 직접 십일조를 떼라고 하셨다.

그리고 다른 봉투에 남은 잔액을 넣으라고 하셨다. 나는 어머니가 시키는 대로 봉투를 만들어 어머니께 드렸더니, 어머니는 첫 열매이니 그 돈은 목사님께 드린다고 하셨다. 나는 어머니께 교회에 헌금을 해야지 왜 목사님께 드리느냐고 물었더니, 교회에는 십일조를 드리고 "시골 교회 목사님이 책 사볼 돈이 어디 있느냐? 이 돈으로 책을 사보시도록 하는 것이 좋겠다."고 하셨다. 이처럼 어머니는 목사님 말씀은 반드시 따라야 한다는 신앙심을 가졌는가 하면, 목사님을 섬기시는 일에 남다른 신앙심이 있었다. 어머니의 이러한 섬김의 신앙심은 나에게 그대로 학습되었다. 나 역시 딸 다섯이 직장 갖게 되어, 받은 첫 봉급은 반드시 교회에 첫 열매로 십일조를 떼어 드리고, 나머지 전액은 모두 감사헌금으로 드려왔다. 아마 나의 딸들도 신앙생활을 잘 해오고 있기 때문에, 자녀들이 성장해서 직장에서 받아온 첫 열매는 하나님께 드린다는 것을 학습하였으므로, 이를 실천하였다고 믿어진다.

그렇다고 하더라도, 나는 딸들에게도 어머니와 내가 가져왔던 신앙심을 가지라고 분명하게 신앙 교육을 시키려고 한다. 나는 명절 때마다 담임목사님께 비록 작은 정성일지라도, 지금까지 단 한 번도 빠짐없이 수십 년간 금일봉을 드리며 명절 인사를 빠뜨린 적이 없다. 해외 출장이나 여행을 하게 되면, 담임목사님과 사모님의 선물 문제를 먼저 해결해야만 여행하는 동안 마음이 즐겁고 편안해진다. 그리고 수시로 담임목사님을 식사 대접하는 일에 소홀히 하지 않았다. 솔직히 이러한 표현들을 하는 것은 유치하다.

나의 교만에서 비롯된 자랑으로 여겨질까 봐 매우 조심스럽기도 하지만, 이는 주님의 종을 잘 섬김으로 축복을 받는다는 신앙심에서 우러나오는 일들이었기 때문에, 부끄럽고 죄송하지만 이렇게 솔직하게 적어 본 것이다. 본의 아니게 오해를 주었다면, 너그럽게 이해 해주기를 바라는 마음이다. 나의 섬김의 신앙심은 현재 출석하고 있는 정읍성결교회 전병일 담임목사님으로부터 받은 영향도 적지 않다. 목사님께서는 내가 목사님을 대접한 것 이상으로, 나뿐만이 아니라 성도 한 분 한 분마다 세심한 관심을 가지시고 때마다 일마다 형편에 따라 정성스럽게 섬기는 일에 소홀히 하지 않으셨다. 목사님은 평소에 "남을 대접하고 섬기는 일에 서로 종노릇 하듯이 깍듯이 하라"는 가르침을 주셨다. 교단 선거 지지를 해달라고 찾아오신 각 후보들에게는 식사대접을 받기보다, 오히려 식사 대접을 하고 금일봉을 주며 격려를 하셨다. 정읍성결교회는 내장산 관광지역에 있기 때문에, 목회자들을 비롯하여 많은 분들이 관광차 오셔서 목사님을 뵈러 오시는 분들이 많다. 목사님은 그때마다 사비를 들여 식사대접을 절대로 소홀히 하시지 않았다. 이와 관련하여 재미있는 일화가 있다. 교단의 원로 어르신들이 내장산 관광을 오셔서 목사님께 전화를 하셨다.

　목사님은 전화를 받은 즉시 그 분들을 대접하기 위해 내장산으로 출발하셨다. 목사님은 내장산에서 산채정식을 제일 잘하는 단골 식당으로 손님들을 안내하셔서 이 집에서 제일 맛있고 비싼 식사는 산채정식에 더덕구이를 추가하는 것이라고 소개하시고, 더덕구이 두 접시를 추가하여 식사 주문을 하셨다. 목사님께서는 이렇게 식사 주문을 할 때까지, 갑자기 나오시느라고 지갑이 들어있지 않은 옷으로 바꾸어 입고 나오신 것을 모르고 계셨다. 그러자 식당 주인은 오늘은 더덕이 떨어져서 더덕구이가 안 된다고 말했다. 그렇게 산채정식 만으로 식사를 맛있게 대접하고 난 뒤, 계산하려고 호주머니의 지갑을 찾아보니, 목사님께서는 지갑이 들어있지 않은 것을 그 때에 알게 되셨다. 그러자 다른 호주머니를 뒤져보니, 지갑은 없어도 산채정식 정도를 계산할 돈이 있어서 계산을 하실 수 있으셨다.

이런 일이 있은 후 목사님께서 말씀하시기길, 남을 대접할 때에 소홀히 하지 않으려고 하였더니, 마침내 비싼 더덕구이가 떨어져서 말이라도 후하게 대접할 수 있었다. 만약에 더덕구이 식사가 되었다면, 외상으로 하든지 어떤 방법으로도 계산을 할 수 있었겠으나, 목사님께서는 창피를 당할 뻔 하셨다. 그러나 손님 대접을 소홀히 하지 않고자, 지갑이 없을지라도 문제가 잘 해결된다는 일화로 우리에게 이같은 말씀을 하셨다. 20년 전, 목사님 내외분과 나와 아내는 성지순례를 다녀오게 되었다. 그런데 성지순례 중, 영국 쇼핑센터에서 쇼핑을 하는 가운데 내가 버버리 코트를 만지작거리다가 그냥 사지 않은 광경을 지켜보시면서, 목사님은 그것을 나에게 선물로 사주지 못한 것이 지금까지 후회가 된다면서 그때 사주지 못한 옷을 앞으로 꼭 선물할 기회를 갖겠다는 말씀을 하셨다. 나는 솔직히 기억도 나지 않는 일이다. 사실 쇼핑센터에서 마음에 든다고 해서 다 사는 것은 아니기 때문에, 일상적으로 만져보았는지는 모르는 일이다. 그렇지만, 목사님은 20년 전의 일을 기억하시면서 그때 일을 후회하고 있다는 말을 듣는 순간, 나는 목사님으로부터 옷을 선물로 받은 것보다 더 깊은 감동을 받았다.

나는 목사님께서 손님접대를 많이 하시는 것을 알게 되면서, 당회원들의 결의를 거쳐서 영수증 처리를 하지 않는 소정의 특별목회활동비를 매월 지급해 드리도록 역할을 하였다. 그러나 목사님은 이렇게 지급되는 것을 결코 반대하셨고, 당회에서는 당회가 충분하게 검토해서 마땅히 지급하는 것이니, 부담 없이 적절하게 잘 사용하시면 된다고 목사님을 설득해 드리고 그대로 지급해 드렸다. 그 후, 목사님은 지급되는 특별목회활동비를 사심에 치우쳐 사용하지 않으셨다. 대부분 빈곤한 성도의 가정을 보살 피거나, 교회 학생들의 격려금으로 사용하시는 등, 비용을 아주 효율적으로 사용하시는 것을 우연히 알게 되었다. 나는 이처럼 목사님께 특별목회 활동비를 지급할 것을 당회 회의에서 제안하였고, 우리 교회 당회원들도 한 분도 반대 의견 없이 결의를 하는 등, 목사님의 목회를 적극적으로 협력하였다. 이와 같은 사례는 잘 모르는 일이지만, 그 당시부터 목사님께 영수증 처리를 하지 않는 '특수목회활동비' 지급이 시작된 유일무이한 선례가 아니었을까 싶다.

이렇게 섬김의 신앙을 말하는 것은 내가 잘한 일이라고 생각해서 하는 말이 절대로 아니다. 부모의 섬김과 목회자의 섬김의 사례가 성도들에게 학습되어 신앙심을 키운다는 말을 하고 싶어서 하는 말이다. 신앙인들은 섬김과 봉사의 신앙을 적극적으로 실천하여 예수 그리스도의 향기를 나타 내고, 그것으로 인하여 더 많은 축복을 받는 삶이 이루어지기를 바라는 마음이다. 대접을 받기보다 대접을 하는 것을 더 기뻐하는 신앙인들이 많아지는 것은 기독교의 비전이 된다. 이는 물론 우리 사회를 밝게 비춰주는 햇빛이 되리라고 믿어진다.

평신도 신앙 상태의
이해와 임직과 축복

일반적으로, 신앙이란 '믿고 받드는 일'이라고 한다. 이것은 종교의 기초개념이자 태도로서, 절대적 타자나 절대적 자기에 대한 신뢰적이고 합일적 태도라고 할 수 있다. 기독교에 있어서 신앙은 하나님의 계시에 대한 인간의 응답, 또는 하나님의 섭리에 대한 인간의 순종(신뢰)이라는 인간적 관계를 의미하지만, 일반적으로는 하나님의 존재에 대한 신뢰와 무조건 복종을 의미한다. 따라서 불확실한 것을 주관적으로 확실하다고 믿는 것은 신앙이 아니다. 신앙과 신념의 다른 점은, 신념은 자신이 가진 견해나 사상에 대하여 흔들림 없는 태도를 취하는 것이다. 즉 이러한 태도에 변하지 않는 것으로서, 지적인 근거에 의거하며 생각이나 행동을 결정하는 심리적 태도이다. 이것은 직접적인 경험이나 타인의 경험에 의하여 얻어지는 지식이며, 불확실하고 충분히 검증되지 않는 지식일지라도 하나의 가설로 인정하는 것이다. 또한 이러한 가설을 주관적으로 완전하다고 긍정하는 경우가 있다.

기독교인이 신앙에 대하여 취해야 할 자세는, 우리가 예수님을 믿고 신앙 생활하는 것은 신념에 의한 것이 아니기 때문에, 자신의 생각이나 견해에 치우쳐 흔들리는 믿음생활을 해서는 안 된다는 것이다. 기독교 신앙은 절대적으로 하나님에 대해 신뢰하고 무조건 복종하는 것이다. 이것은 구원의 확신과 기도 응답의 첩경이 되기 때문에, 공예배 참여와 헌신 봉사를 의무로 여긴다. 그럼 여기에서 필자가 그동안 평신도 지도자로서 오랫동안 신앙 생활하는 가운데, 평신도들의 신앙 상태가 정도별로 여러 가지 신앙 변수에 따라 어떻게 반응하지에 대해 임상적으로 체득한 내용을 정리해 본다. 이것은 목회자님들이 성도들의 신앙상태에 대한 이해에 도움을 주고, 효율적으로 접근하여 신앙지도를 하는 데에 도움이 되리라고 생각된다.

   이는 물론, 특별한 연구를 위해 데이터가 주어져 있지 않고, 성도들의 신앙생활을 눈여겨 지켜보면서 임상적으로 관찰하고 분석한 내용이기 때문에, 어디까지나 참고하는 데에 그쳐야 한다.

* 신앙 변수와 반응

신앙변수 ＼ 신앙분류	초보신앙인	보통신앙인	성숙한 신앙인
신앙생활의 인식	'교회에 다닌다' 정도로 인식한다.	'예수님을 믿는다'고 인식한다.	예수님을 믿어 구원의 확신을 갖는다.
신앙생활의 의지	자신의 의지보다타인에 의존하게 된다.	자신의 의지는 있으나, 열심히 부족하다.	자신의 의지로 열정적인 신앙생활을 한다.
시험의 대처능력	'넘어지기 쉬움	어느 정도 견딤	기도로 승리함
신앙 성장의 기회 포착(교회내 활동)	반응은 있으나, 곧 식음	뜨겁게 반응하고, 어느 정도 지속함	뜨겁게 반응하고, 지속적으로 유지함
헌금생활에 대한 인식	별로 인식하지 않고 헌금생활에 인색하다.	헌금생활에 대해 나름대로 인식 하면서도 실천의지가 미약하다.	감사하는 마음으로 최선을 다하려고 노력한다.
기도 응답의 확신	반신반의 한다.	응답의 확신은 있으나, 자기중심적으로 기도한다.	응답의 확신과 함께 중보 기도로 승화된다.

헌신 신앙의 인식	교회 다니는 것으로 만족해 한다.	인식은 하지만, 핑계를 대고 참여에 부족하다.	열심을 내어 충성한다.
충성 신앙의 인식	어쩔 수 없이 하는 척 한다.	나름대로 하지만, 열심이 부족하다.	매사에 적극성을 보인다.
봉사 신앙의 인식	기회가 주어지면 어쩔 수 없이 소극적으로 참여한다.	봉사하고 싶어 하면서도 적극적이지 못하고, 체면치레로 한다.	남을 의식 하지 않고 솔선수범한다.
신앙의 열매	돌밭, 싹이 나지 않는다.	가시밭, 성장하지 못하고 미지근하다.	옥토 밭, 열매가 있다.
성도들과 교제	원활하지 않아 이끌어 주어야 한다.	교제는 하기는 하지만, 자기중심적으로 판단하여 간혹 마찰을 빚는다.	자기중심보다 타인을 이해하려고 하고, 존중하며 적극성을 보인다.
교회에 대한 인식	예배드리는 장소로서 일반적인 인식을 하고 사랑과 애정이 없다.	성령의 임재를 믿고, 어느 정도 사랑도 있다.	성령의 임재를 믿고, 사랑과 애정을 가지며 거룩하게 여긴다.
목회자에 대한 인식	설교하는 성직자로서 이해하며 어느 정도 존경심을 가진다.	교회의 치리권자인 성직자로서 이해하며 존경하고 순종하지만, 자기중심에서 바라보고 시험에 들 때도 있다.	성직자이며 교회의 치리권자로 존경심을 갖고, 적극 이해하기 위해 노력을 한다.
신자로서의 자기 관리	별로 의식하지 않는다.	의식을 하면서도 때로는 치우치는 경향을 보인다.	늘 의식하고, 매사에 주의하려고 노력한다.
교회의 위기 대처 의식	관심을 보이지 않으면서도 다른 사람 말에 기울어진다.	관심을 보이면서도 자신의 판단을 앞세운다.	적극적인 관심을 보이며, 교회의 평안을 중심으로 생각하고 기도한다.
공예배에 대한 인식	주일 낮 예배로만 만족함	모든 공예배에 참여하여야 한다고 인식하면서도 실천이 부족함	공예배를 결석 할 때 양심의 가책을 많이 가짐
교인에 대한 권면	권면 자체를 인식하지 못한다.	권면 할 때도 있지만, 크게 설득력을 갖지 못한다. 그리고 자신도 상처를 받는다.	교회를 사랑하고 성도를 아끼는 마음으로 적극적으로 권면을 하며, 권면에 대한 신뢰가 있다.

위와 같은 신앙 변수와 반응에 대해, 성도들이 스스로 자신의 신앙상태를 점검하거나 교회의 지도자들이 교육적으로 활용함으로써 평신도의 신앙을 고양하는데 도움이 되었으면 한다. 특별히, 교회의 임직 후보자들에게 임직에 앞서 자신의 신앙 상태를 돌아보고 임직은 교회의 리더와 지도자로서 중요한 직책인 만큼, 초보신앙 < 보통신앙 < 성숙신앙으로 발전되어 가도록 이끌어야 한다. 그렇게 함으로써 임직자 자신이 신앙생활의 모범이 되도록 노력할 수 있으며, 스스로 모델이 되고자 하는 인식을 갖게 할 수 있다. 또한 평신도 임직자는 교회와 목회자, 그리고 성도에 대한 남다른 관심과 사랑하는 마음가짐을 가질 수 있어야 한다.

그럴 때에만 교회에 대한 주인의식을 갖고 교회의 일익을 감당하겠다는 다짐을 가지고 신앙생활을 할 수 있게 된다. 한편, 평신도들이 받는 축복은 '신앙생활의 연륜'으로 받는다는 오해에서 벗어나야 한다. '신앙생활의 정도'와 '교회 안에서의 임직을 귀하게 여기는 만큼', 축복도 비례한다는 것을 깨달아야 한다. 늘 감사하는 마음으로 신앙생활을 하면서 자신에게 주어지는 직책에 대한 책임과 소명의식을 분명히 하고, 이와 더불어 직책에 대한 소중함을 갖고 그 몫을 감당하기 위한 노력을 할 때만이 기쁨이 있으며 축복도 누리게 된다. 특별히, 교회 안에서 임직자들은 각별한 '자신관리'가 필요하다. 우선적으로, '비난을 받지 않도록 하는 노력'이 있어야 한다. 모든 일에 솔선수범함으로써 존경과 사랑을 받아야 한다. 교회 안에서 평신도 한 사람 한 사람이 존경과 사랑을 받는다는 것은 '목회의 협력자'로서 일익을 감당하는 것이라고 생각해야 한다. 이는 '목회자는 씨앗을 뿌리고, 평신도 지도자는 물을 뿌리게 되는 것'이기 때문이다. 교회 안에서 '나는 어떠한 존재인가?'를 늘 생각하면서, 하나님의 영광을 위해 겸손하고 낮아져 섬김과 봉사를 하여야 한다.

그리고 구원의 확신과 함께, 예수님을 위해 나 자신을 희생하는 것에 대해 두려워하지 않고, 오히려 감사하는 삶으로써 목적과 의미가 부여되는 성숙한 신앙인의 자세를 가질 때, 축복받는 임직자가 된다고 생각된다.

인생의 목적을 갖는 삶

만약 당신이 누군가로부터 "인생의 목적이 무엇이라고 생각하십니까?"라는 질문을 받는다면, 어떻게 대답할 것인가? 아마도 나름대로 자신이 살아가는 이유와 목적에 대해 의미와 뜻을 부여하는 대답을 하리라고 여겨진다. 독일의 명언에서 '인생의 목적은 인생 그 자체이다'라는 말이 있듯이, 사람들 각자는 자기 인생에 대한 철학이나 지식, 그리고 지혜를 갖고 살아간다. 필자 역시 이제 69세를 넘긴 '인생으로서 아직은 인생을 논한다는 것' 자체가 어색하기만 하고, 이는 마치 '햇병아리가 새벽을 깨우는 격'이라고 여겨진다. 그렇지만, 흔히 인생에 대해서 듣고 말하고 있으면서도, 막상 자신이 살아가는 인생의 목적에 대해 깊이 성찰하며 결과론적인 정답을 갖고, 그 가치를 추구하며 살아가는 사람은 흔하지 않을 것이라는 생각이 든다.

설악산 신흥사의 큰 어른인 조실(祖室), 시인·문학 예술계의 후원자로 널리 알려진 오현 스님은 인생의 목적에 대해 "바로 옆에 있는 사람들을 부처님으로 생각하고 공들이고 눈물 나지 않게 하는 것이 사람이 태어난 목적이 아니겠나?"라고 모 언론사와 대담한 바를 읽어보았다. 이는 내 남편, 내 아내, 그리고 직장 상사나 동료 등, 나와 관계되는 모든 사람들을 잘 섬기고, 존경하고, 사랑하는 것이 사람이 태어난 목적이라고 말한 듯싶다.

교육학·심리학 박사인 어반은 '인생의 목적은 착한 일을 하는 것이다. 내 직업이 이런 쪽에 있고 내가 즐기는 것이 또한 이곳에 있다면 나는 행복한 사람이다.'고 하면서 '영성의 정화가 곧 인생의 최종 목적'이라고 하였다.

그러면서 '감사를 생각하는 것이 아니라, 하루하루 감사의 말을 하라'고 하였다. 또한 영국의 철학자 데이비드 흄은 '인생의 궁극적인 목적은 행복하기 위해서이며, 행복하기 위해서 기술을 발명하고 학문을 육성하고 법을 만들고 사회를 형성한다.'라고 하였다. 이렇듯, 우리 인생의 목적은 니이체의 말처럼, 끊임없는 전진에 있다고도 생각할 수 있다. 다만 필자가 주의 깊게 생각해 보고 싶은 것은, 성경의 고린도전서 10장 31절에 '그런즉 너희가 먹든지 마시든지 무엇을 하든지 다 하나님의 영광을 위하여 하라'는 말씀에 관해서다. 웨스터민스터 소요리문답 제1문에서는 '사람의 제일되는 목적은 하나님을 영화롭게 하고 영원토록 그를 즐거워하는 것'이라고 하였으며, 칼빈의 기독교 강요에서는 사람의 제일되는 목적은 '하나님을 알고 예배하는 것'이라고 하였다.

이렇게 다양성을 갖는 인생의 목적을 말함에 있어, 하나님을 중심으로 생각하는 인생의 목적과 인간을 중심으로 생각하는 인생의 목적은 거리가 멀어 보인다. 그렇지만 하나님의 본체는 '사랑'이다. 하나님은 인간들로부터 사랑받기를 원하시고, 인간들을 무한정 사랑하시기를 원하신다. 그래서 선을 추구하는 인간중심의 인생의 목적도, 결국은 하나님의 영광을 위하여 사는 삶 속에 사랑으로 녹아져 있다고 보는 것이다. 어쩌면 우리가 일평생을 살아가면서 온갖 희로애락을 다 겪는 것이 인생이라고 생각을 할 수 있지만, 그것이 '인생의 목적'은 될 수 없다고 생각한다. 그것은 하나님으로부터 창조 받은 인간으로서 '하나님을 영화롭게 하는 삶'의 전제가 없을 때 하는 말이다. 어쨌든, 우리가 인생의 목적을 새롭게 생각하고 설계하면서 살아가는 것은 '더 좋은 삶의 가치를 갖게 하는 것'이라고 여겨진다. 아무쪼록, 하나님의 뜻에 부합하는 삶을 살아감으로써 내 인생의 목적이 되어지기를 바라는 마음뿐이다. 이것이야말로 '최선의 삶'이라고 여겨지기 때문이다.

어머니 천국환송
–믿음의 유산

나는 요즈음 '꿈엔들 잊으리오 어머니의 얼굴'이라는 어느 대중음악의 한 구절을 실감하고 있다. 막내 동생으로부터 "형님! 어머니가 위독하시니, 지금 빨리 병원으로 와야 할 것 같아요."라는 전화를 받고, 직장에서 곧바로 승용차를 운전하여 어머님이 입원 중인 병원으로 갔다. 그런데 잠시 후, 또 동생에게 전화가 걸려 왔다. "형님! 어머님이 지금 금방 2시 12분에 하나님 품으로 가셨습니다." 막내 동생 목사의 떨리는 목소리로, 어머님이 소천하셨다는 소식을 듣는 순간이었다.

참으로 하늘이 무너져 내리는 것 같았다. 손이 떨리고 마음이 쓰라려 쏟아지는 눈물을 걷잡을 수 없어서, 도저히 더 이상 운전을 할 수가 없었다. 승용차를 도로 갓길에 주차하고 한참 동안 펑펑 울고 난 뒤, 마음을 가다듬고 병원으로 향해 갔다.

나는 평상시 어머님 말씀에 절대로 순종을 하였고, 아주 잘못한 것도 없었다고 생각을 하고 있었다.

그런데 어머님이 소천하셨다는 말을 듣는 순간에 밀려오는 것은, 잘한 것은 한 가지도 생각나지 않고 잘못한 것만 엄습해와 마음이 더 찢어지는 것 같았다. '살아계실 때 조금만 더 잘할 걸, 이제 어머님이 이 세상에 안 계시는데 무슨 소용이 있겠는가?'라는 후회와 더불어, 절망감이 쏟아져 내려 더 마음이 아팠다. 어머님이 근심 고통이 없는 하늘나라에서 영원한 생명이 되시는 하나님 품에 안겼다는 믿음에서 신앙적으로는 위로를 받지만, 다시는 이 세상에서 어머님을 볼 수 없다는 인륜적인 아쉬움과 안타까움이 머리와 마음을 꽉 메우고 있었다.

영안실에 도착하여 어머님 얼굴과 수족을 만져보며 시신을 살펴보고 있었다. 임종을 지켜보았던 동생의 말에 의하면, 어머님이 깊은 잠을 자고 계시는 상태에서 한순간 호흡을 멈추셨다는 것이다. 그런데 놀라운 것은, 어머님의 모습이 그렇게도 편안하게 보이셨고 체온도 평상시 체온과 별반 다르지 않았다는 것이다. 나는 어머님이 정말로 운명을 하신 것인지 의심이 들어서 어머님이 감고 있는 눈을 살펴 볼 정도였다. 그러면서, 장남인 내가 임종을 지켜보지 못해 아들이 영안실에 와서 어머님을 살펴 볼 때까지 체온을 그대로 유지하고 계셨던 것이라고 느껴졌다. 사람들은 향년 90세의 일기로 생을 마감하신 어머님이 호상이라고 위로를 해주고 있다. 그러나 천국환송을 한지 몇 달이 다 되어가도, 나의 머리에는 어머님의 살아 계실 때 모습만 떠오르며 어머님이 그리워진다. 나의 나이 7살, 어머니 나이 33살 때 아버지가 갑작스럽게 이 세상을 떠나셨다. 어머님은 장남인 나를 비롯하여 3남 2녀를 키우며 가르치는 데에 뒷바라지를 하시느라 그야말로 형언할 수 없는 갖은 고생을 다 하셨다. 매일 밤을 새시며 호롱불 심지를 태우면서 치마와 속바지를 무릎까지 걷어 올리시고, 모시를 한 가닥씩 무릎에 비벼대며 길쌈을 하셨다.

또한, 밤낮을 구별하지 않고 일에 파묻혀 논농사와 밭농사를 지으셨다. 이로 인하여 어머니는 양쪽무릎 관절이 다 소진되었고, 온 몸이 다 망가져버린 것이었다. 그래서 73살에 인공관절 삽입수술을 받지 않을 수 없었다. 부모님은 언제 돌아가셔도 아쉽고 서운할 수밖에 없는 일이지만, 어머니께서 다행하게도 90세까지 살아주신 것은 그나마 마음에 위로가 되지 않을 수 없다. 어머님이 남기신 유산 가운데, 가장 소중한 것은 하나님 뜻에 맞게 철저한 신앙생활을 하도록 우리를 가르친 것이다. '영적으로는 하나님을 잘 섬기고, 육적으로는 주의 종을 잘 섬기라'는 어머님의 신앙관을 솔선수범해서 스스로 보여 주신 것은 나에게 유일하고 소중한 '신앙 유산'이라고 자부한다.

어머니는 아버지를 탈상한 뒤, 어린 자식들을 반듯하게 성장시킨다는 목적으로 자녀들을 대동하여 스스로 교회에 입교하셨다. 교회에 입교하시기 전 까지는 독실하게 미신을 섬겨왔다. 아버지가 갑작스럽게 돌아가셨기 때문에 토속신앙을 의지할 수밖에는 없었을 것이다. 어머님은 예수님을 스스로 영접하고, 어머님의 믿음이 어느 정도 정착되어 신앙생활에 열정을 갖게 되면서부터, 주일성수와 새벽재단 쌓는 것을 비롯하여 십일조와 헌금생활 등, 성도의 의무생활을 철저하게 지키도록 어릴 때부터 자녀들에게 신앙교육을 하셨다. 집안에 새로운 먹을 것이라도 생기게 되면, 담임목사님의 몫을 먼저 떼어 놓을 정도로 담임목사님을 접대하고 섬기는 일도 소홀히 하지 않으셨다. 그렇기 때문에 내가 경찰 공직에 입문하여 첫 봉급을 받아 와서 어머님께 드리자, 어머님은 십일조를 먼저 떼어 놓으신 후, 나머지 전액은 담임목사님 책 사보시도록 하신다면서 첫 열매를 담임목사님께 드린 것이다. 나는 어머님의 그러한 섬김과 헌금생활이 학습되어, 내 딸들이 직장생활을 하면서 받아 온 첫 열매는 모두 하나님께 헌금으로 드리고 있다.

그리고 섬기고 있는 교회의 선임장로로서, 담임목사님 목회사역에 최선의 협력자가 되기 위해 노력을 하고 있다. 내 자신이 스스로 생각해 볼 때 담임목사님이 하시고자 하는 일에 단 한 번도 '아니요'라고 대답한 바가 없는 것 같다. 어머님의 평생 기도 제목들이 많았는데, 대표적인 것은 자녀들이 잘 되고, 마지막 날에는 아버지 품에 잠자다가 편안하게 안기게 해달라는 것이었다. 이러한 기도 제목으로 평생을 기도하시다 보니, 교회에서 대표로 기도하실 때도 우연치 않게 어머님의 평상시의 기도제목을 기도하시게 되는 에피소드가 있었다고 한다. 어머님이 다니셨던 교회에서 목회하셨던 목사께서 어머님의 소천 소식을 듣고 문상 오셔서, 어머님의 평생 신앙생활과 기도생활을 회상하시면서, "황 권사님 때문에 목회에 행복할 때가 많았다"고 말씀하셨다.

어머님이 믿음을 갖고 평생 기도한 제목은 다 이루어졌다. 자녀 3남 2녀 가운데 막내 동생이 목사로 사역하고 있고, 나를 비롯하여 나의 바로 밑에 동생이 섬기는 교회의 시무장로로서 섬기고 있다. 또한, 큰 누나와 매형도 자신들이 섬기는 교회를 건축할 때, 교회 건축부지 전체를 무상으로 헌납하여 교회를 건축하게 하셨고, 작은 누나도 권사로 신앙생활을 잘하고 있다.

뿐만 아니라, 처음에는 우리 집안 가운데 우리 가정만 신앙생활을 하였지만, 현재는 친가와 외가 모두 다 신앙생활을 하는 집안이 되었다. 어머님은 예수님을 잘 믿고 구원받아, 인생의 성공자로 사신 것이다. 어머님이 소천하신 것으로 인하여 육신적으로는 허전하고, 외롭고 안타까운 마음을 갖고 있으나, 영적으로는 어머님이 평생 기도제목을 다 이루시고 하나님 품에 돌아가신 것으로 인하여 위로를 받는다. 그래서 나는 어머님이 가르쳐 오신 신앙생활의 유산이 더 발전되어 가도록, 최선의 노력을 다 할 것이다.

교회 부흥성장과 성도의 역할

　교회 안에서 당회장과 당회원, 그리고 중추적으로 역할을 하고 있는 성도들과의 협력관계가 어떻게 설정되는가가 그 교회의 부흥과 성장에 있어서 매우 중요하다. 흔히들 목회는 목사가 하는 것이니 만큼 목사님의 실력과 능력이 교회부흥과 성장에 있어서 전적으로 책임이 있다고 말을 한다. 나는 여기에 동의를 하지 않는다. 목사님이 목회를 잘 하실 수 있도록 당회원과 성도들이 어떻게 협력을 하였는가가 우선되지 않고서는, 목사님의 탓으로만 돌릴 수 없다고 보기 때문이다. 일반적으로, 잘되면 내 탓이고 잘못되면 남의 탓으로 돌리려는 생각을 하지 않는 사람들이라면 그렇게 말을 할 수가 없다. 물론, 목회는 목사가 하는 것이 맞다.

　그렇다고 해서 자신들은 책임의식을 느끼지 않고, 모든 것을 목사님 탓으로만 돌리려고 하는 것은 옳지 않다고 본다.

　대체적으로 이러한 말은 목사님의 목회를 적극 협력하지 않는 사람들이 뒤돌아서서 목사님을 비판하고 사사건건 흠집만 들추어 내며 목회의 발목을 잡고 흔들어 대는 경우에 하는 말이다. 반면, 목사님의 목회를 적극 협력하는 사람들은 교회의 부흥성장이 더디고 교회 안에서 발생되는 물의가 있더라도, 기도가 부족하고 목사님을 잘 도와드리지 못한 것을 한탄하며 문제를 감싸면서 목사님을 도와 드리려고 노력을 한다. 이에 대한 실례로,

기독교대한성결교회 전주지방회 내에 모 교회의 일부 핵심 신도들은 당회장 목사님의 목회를 자기 의도대로만 유도하려는 사람들이 있었다. 그것도 부족해서 교회가 크게 부흥되지 않는 것을 목사님의 탓으로만 돌리고, 의기소침하여 결국에는 목사님이 교회를 떠나게 하였다. 그런데 그 목사님이 개척교회로 초라하게 떠났으나, 그 교회를 20여년 안팎으로 기독교대한성결교회 교단에서는 물론, 전국적으로도 손꼽을 정도로 큰 교회로 부흥성장을 시켰다. 그 교회의 목사님은 지금은 원로 목사님이 되신 바울교회 원팔연 목사님이시다.

이렇다면, 어찌 교회 부흥이 되지 않는 이유를 목사님의 실력과 능력 탓으로만 생각할 수 있겠는가? 목사님은 하나님의 종으로서 하나님을 향하여 무릎을 꿇고 매달리며, 기도로 승부를 걸고 목숨을 내놓아야 한다. 개척교회가 폭설로 지붕이 내려앉는 어려움도 있었으나, 원팔연 목사님에게는 목사님을 적극 위로하고 기도와 물질로 협력하는 몇 명의 성도들이 있었다. 그렇기 때문에 원팔연 목사님은 하나님만을 바라보고 소신 있는 목회를 할 수 있었던 것이다. 사람을 의지하고 사람만 바라보았다면, 실망하는 것 못지않게 목회의 성공은 보장되지 않았을 것이라고 여겨진다. 나는 원팔연 목사님이 어느 날 갑자기 교회를 떠나신다는 광고를 듣는 순간, 그 자리에 앉아 있을 수가 없었다. 곧바로 교회 밖으로 뛰쳐나와 종탑을 껴안고, 하염없는 눈물을 쏟아냈다.

나는 목사님이 떠나신다는 사실을 참으로 받아들일 수가 없었다. 그것도 더 크고 좋은 교회도 아닌, 개척교회로 떠난다는 사실이 말이다. 목사님의 목회를 사사건건 발목을 잡고 흔들어 대는 일부 신도들로 인해, '얼마나 힘들었으면 그렇게 힘든 결정을 하였겠는가'를 생각하니 설움이 북받쳐

왔다. 내가 조금 더 먼저 목사님의 목회에 관심을 갖고 적극적인 협력자가 되었었더라면, 오늘과 같은 일은 없지 않았겠는가를 생각하게 되어 후회도 많이 하였다. 그러면서 나는 그 순간에 결심을 하였다. '내가 만약 장로가 된다면, 그런 장로 노릇은 결코 하지 않겠다'고.

원팔연 목사님이 그렇게 떠나신 후, 새로 목사님을 모시는 과정에서 그들이 추천하는 목사님을 모시는 일에 나는 처음에는 반대를 하였다. 그것은 또 한 명의 희생되는 목사님을 만들어서는 안 된다는 생각에서였다. 그렇지만, 하나님의 뜻으로 나의 생각은 접게 되었고, 지금의 당회장 목사님을 모시는 일에 협력을 하게 되었다. 그래서 나는 목사님의 목회 협력자로서 최선을 다하고자 노력을 하고 있다. 담임목사님은 나에게 부족한 것이 많이 있지만, 항상 모든 것을 긍정적으로만 바라보시며 깊은 신뢰를 주시고 계신다. 선임 장로로서 목사님에게 더더욱 실망을 끼쳐 드리지 않기 위해, 후배 장로들에게 본을 보이기 위한 노력도 나름대로 아끼지 않고 있다.

그때 떠나신 원팔연 목사님이나, 그 당시에 새로 모셔서 지금까지 담임목사님으로 계시는 전병일 목사님 두 분 모두 다 교단 총회장을 지내셨고, 성공하는 목회자로서 아름다운 목회를 잘하시고 계신다. 이 모든 일이 하나님의 은혜라고 생각을 하면서 하나님께 감사하고 있다. 목회는 목사가 하는 것이지만, 목회자 이상으로 성도들의 적극적인 협력이 필요하고, 이러한 협력자들이 많으면 많을수록, 그 교회의 부흥과 성장의 속도는 빨라질 것이라 여겨진다. 21세기는 '영성의 시대'라고 한다. 성령님의 도우심으로 섬기는 교회마다, 그리고 우리에게 성령의 불길과 은혜와 사랑이 충만하여, 교회 부흥에 일조를 감당하는 '청지기의 삶'이 되기를 바랄 뿐이다.

교회 재정운영과 당회원의 모델

교단별로 헌법내용에 미미한 차이는 있을 수 있으나, 대체적으로 목사와 장로가 교회와 교인을 공동으로 치리하는 것에는 큰 차이가 없는 것으로 안다. 그렇기 때문에 교회 안에서의 치리는 당회장과 당회원이 상호 이해하고 협력하여야 하는 것은 필요충분조건이다. 그러함에도 불구하고, 일부 당회원은 목사님이 무슨 일을 하고자 안건을 내놓을 때, '예산이 없는데 어떻게 그런 일을 하려고 그러느냐'며 부정적으로 받아들이는 일들이 허다하게 많이 있다.

이러한 교회들은 목사님의 목회역량을 제한하는 것이기 때문에 결코 성공하는 목회가 될 수 없고 교회부흥과 성장도 보장할 수가 없는 것이다. 목사님이 어떤 사업을 하고자 할 때, 예산이 수반되는 것을 인식하지 않고 제안하는 것은 아니다. 교회와 교인들이 약간의 부담이 되겠다는 것을 잘 알고 있으면서도, 강한 목회 의욕감에 사로 잡혀서 하고자 제안하시는 것이다. 이럴 때에 당회원들은 이러한 목사님의 목회의욕과 정열을 제한하려고 하지 말고, 어떻게든 목사님이 계획하고 추진하고자 하는 일이 가능해지도록, 고민하고 도와주는 방법을 찾아내는 지혜와 자세가 중요하다고 본다. 물론 목사님께서 내놓은 안건에 대해서는, 그 교회가 전혀 감당할수 없는 엉뚱하지 않는 것을 전제로 말하는 것이다. 약간의 부담이 된다고 해서 예산 탓을 하며 부결하려고 하는 것은 옳지 않다는 것을 지적하는 것이다.

오히려 예산은 세워지지 않았으나 목사님이 하고자 생각하신다면, 그렇게 하실 수 있도록 방안을 내놓는 당회야 말로 사랑과 은혜가 넘쳐나는 훌륭한 당회가 될 수 있다. 이러한 교회와 당회는 당회장의 의욕을 충족시켜 주는 최선의 당회로 발전하기 때문에, 교회부흥과 성장은 하나님께서 보장해 주시는 것을 믿는다. 지혜로운 당회장은 당회원을 차별하지 않는 것이며, 지혜로운 당회원은 어떤 안건을 내놓는 목사님의 의도와 배경을 잘 읽어 갈 줄 알아야 한다. 필자는 감히 말하고 싶다. 지금까지 나는 목사님이 내놓는 안건에 단 한 번도 "그것은 안돼요"라고 말해보지 않고, 어떻게 해서든지 가능하도록 협력을 해왔다는 사실이다. 그것은 목회는 목사님이 하시는 것이고, 당회원들은 평신도 대표단체로서 적극 협력하는 것이 최선의 사명이라고 믿고 있기 때문이다.

나는 교회재정부장으로서 15년 가까이 교회재정을 운용해 왔다. 때로는 한 푼의 예산도 세워지지 않고 잔액 재정이 없는데도 불구하고, 목사님의 강한 목회의욕을 인지하여 재정부장 명의로 은행에서 빚을 내어 3,000여평의 야산을 성결동산(성도묘지)용도로 매입하였다. 매매계약기간이 한정되어 있어서 일단 계약을 하고, 이후 당회의 추인을 받았다. 이렇게 하기까지는 예산과 절차에 무리였지만, 사전에 당회원들의 구두 승인이라는 약식 절차를 거쳐서 추진하였던 일이다. 그 결과, 이는 교회부흥과 성장하는 일에 크게 기여하는 주춧돌이 되었다고 여겨진다. 이와 같이 재정운용에 있어서 융통성과 유연성 및 효율성을 제고한 사례는 많이 있다. 우리 교회 당회는 재정 운용에 있어서 당회장과 재정부장에게 상당부분 위임이 아닌 위임되어 있다는 것이 관례이다. 물론, 정기 당회 때 상세한 보고를 받고 일부는 추인을 하는 경우도 있지만, 지금까지 아무런 다툼이나 별다른 이의 없이 모든 것이 은혜스럽게 잘 이루어지고 있다.

이렇게 할 수 있는 배경은 당회장과 당회원 서로가 철저한 신뢰를 바탕으로 할 때에 가능한 것이다. 필자는 이 지면 외의 다른 글에서 교회의 부흥성장과 성공하는 교회는 당회장의 섬김과 강한 카리스마적 리더쉽 및 성령충만한 능력, 그리고 성도들의 적극적인 협력이 필요하다는 교회성장의 3박자 이론을 피력한 바 있다. 그러나 목사나 당회원이 불필요하게 예산을 함부로 지출하여 손실시키는 일은 경계해야 한다. 그렇지만 예산이 세워져 있지 않았더라도, 꼭 필요한 일에 적절하게 지출하도록 융통성을 발휘하는 것은 목사님의 목회역량을 그만큼 넓혀 주는 일이라고 생각된다. 당회원은 틀에 박힌 목회, 한정된 목회로 목사님의 목회를 위축시키지 않고, 재정운용의 효율성과 유연성 그리고 유동성을 그때그때 강구하는 탄력적 운용의 지혜가 필요하다고 본다.

그렇다고 해서 기본이 마련되어 있지 않으면 안 되는 것이다. 다만, 기본에 지나치게 얽매여 있어서도 안 된다는 것을 말하는 것이다. 이러한 교회재정 운용의 개념을 잘 이해하는 입장에 있는 교회는, 목사님의 카리스마를 사랑과 성령충만함으로 감싸고 이해하며, 이것이 목회협력의 바탕이 되는 것이라고 믿는다. 이 글이 오늘날 교회 안에서 목사와 당회원이 예산다툼으로 비화되는 부정적인 요소들을 없애고, 성숙한 교회 재정운용의 새로운 모델이 되었으면 좋겠다는 생각이 든다. 돈 목사, 돈 장로가 아닌, 하나님 나라를 넓혀가는 일에 최선을 다하는 목사와 장로의 아름다운 모습으로, 하나님께만 영광이 되기를 바라면서 말이다.

교회정착 신앙생활의 중요성

　고위 공직자를 비롯한 직장인들은 인사 발령에 의해 고향이나 집을 떠나 타향객지에서 생활하는 경우가 있으므로, 출석하는 교회를 정하지 못하는 경우가 왕왕 있다. 내부 인사운영 규칙에 의하여 승진하였거나, 정기 인사발령에 의하여 어쩔 수 없이 고향을 떠나 원근 객지로 전보되는 경우는 어쩔 수가 없다. 그렇지만, 신앙인이 승진을 하거나 직급을 올리기 위한 담보로 하여 출석하는 교회를 벗어나 원근 객지로 떠나 있어야겠다는 생각을 하는 것은 결코 바람직하지 않다고 생각한다. 물론 객지로 떠나 있어서 신앙생활을 잘 못하는 것은 아니다. 그러나 신앙생활 하는 것도 자기 중심으로 하느냐, 아니면 교적이 있는 출석하는 교회 중심으로 하느냐에 따라서는 큰 차이가 있다고 생각다. 어디서나 신앙생활을 잘 하면 되는 것이지, 꼭 '교적이 있는 출석하는 교회에서 신앙생활하는 것이 뭐가 중요하느냐'며 불필요성을 강조하는 사람도 없지 않다.

　각자가 생각을 하기에 따라서는 다르겠지만, 나는 가능하면 떠돌이 신앙생활을 하지 말자는 측면에서 출석하는 교회에 정착하여 신앙생활을 하는 것이 바람직하고 중요하다는 생각을 한다. 일단 떠돌이 신앙생활을 하는 사람은 자기 신앙을 지키기 위해 객지에서도 교회를 선택하여 신앙생활을 잘한다. 그렇지만, 그들은 주일 성수만 할 뿐이지 교회를 사랑하고 아끼며 애착심을 갖고 있지는 않다. 그리고 교회 안에서 사명감을 갖고 헌신과 봉사도 충실하게 하지 못한다. 일부는 객지에서도 그 교회에 출석하는 동안만이라도 교회 안에서 사명감을 갖고 헌신과 봉사를 하는 사람도 있다. 그러나 대부분의 신앙인들은 그렇지 않다고 생각한다. 이러한 사람들은 교회에 대한 주인의식이 없다고 느껴진다. 언제든지 교회를 떠날 수 있다는 생각을 하고 있기 때문이다.

주인의식이 없는 사람이 교회 안에서의 헌신과 봉사를 한들, 그 진실성은 의문을 갖게 한다. 그리고 그들은 잠시 머무는 교회에서 일시적으로 충성을 하는 것처럼 교인들에게 돋보이다가, 훌쩍 떠날 때는 '내가 교회 안에서 언제 그랬느냐'는 듯이, 안면몰수를 하고 떠남으로써 많은 교인들에게 실망감과 허탈감마저 안기게 한다. 그동안 쌓아온 정을 외면하기 때문에 더더욱 그렇다. 그렇지만 교회를 정착하여 열심히 신앙생활하는 사람들은 다르다.

그 사람들은 내 교회, 내 목회자, 그리고 내 성도라는 개념을 갖고 신앙생활을 한다. 다시 말해 교회에 대한 주인 의식이 확고하다. 이렇게 교회를 사랑하고, 목회자를 사랑하고, 성도를 사랑하는 사람들은 자신의 영달을 위해 교회를 옮겨 다니지 않는다. 때로는 이렇게 하기가 힘들 수도 있다. 정착하는 교회에 출석하기위하여 원근거리에서 교회를 다녀야 하기 때문이다. 그리고 공예배에 불참하는 경우도 많기 때문이다. 그렇다 하더라도, 교회에 정착하지 못하고 그때그때 사정에 따라 옮겨 다니면서 떠돌이 신앙생활을 하는 사람은, 자기 형편대로 자기중심으로만 신앙생활을 하기 때문에 결국 자신의 신앙도 잃고 신앙생활을 잘 하지 못할 우려가 크다.

사실 신앙생활을 한다 하더라도, 그 깊이의 한계성에 이르게 될 수도 있다. 신앙생활은 내 교회, 내 목회자, 내 성도라는 교회에 대한 확고한 주인의식을 갖고, 사명감에 의해 사랑과 애착을 갖게 될 때에만 신앙의 뿌리가 깊어진다. 교회 안에서 목회자의 목회에 적극 협력하고, 성도들 간에도 사랑과 은혜로 원만한 사교를 하고, 자기 발전에도 도움이 되는 신앙생활을 하기 위해서는, 출석하는 교회를 정하여 정착할 필요성이 있다고 본다. 이것은 내가 오랫동안 신앙생활을 해오면서 임상적 경험을 통해 얻어진 결과로써, 성도 자신의 안정적인 신앙 성장을 위해 타당하다고 느껴지는 부분이기 때문에 기록하는 바이다.

목사는 목회가 최선이다

평소에 잘 알고 지내던 목사님께 전화가 걸려왔다. "동생 목사가 개척교회 목회를 하느라고 고생이 많은데, 형이 되어가지고 왜 도와주지를 않느냐?"는 것이다. 나는 전혀 생각해 보지도 않았던 전화 내용을 받게 되어 너무 당황스러웠다. 그래서 나는 그 목사님께 이렇게 대답을 했다. "목사님! 그렇게 말씀을 하시면 안 됩니다. 목회는 형이 도와주는 것이 아니라, 하나님이 도와주시는 것입니다."라고 말했다. 그러자, 그 목사님은 또 한 번 말씀을 더하셨다. "물질적으로만 도와주라는 것이 아니라, 형과 가족들이 가끔씩 예배에 참석을 하여 빈자리를 채워 주는 것도 크게 도움이 된다는 것이다." 나는 또 대답을 했다. "목사님, 교회는 기존의 신자들이 여기저기 다니면서 빈자리를 채우는 곳이 아니라, 새 영혼을 전도하여 빈자리를 채우는 하나님의 집입니다." 그 목사님과 대화는 여기에서 일단락되었다.

요즈음 가끔씩 심상치 않게 교회에 대한 부정적인 내용들이 언론에 노출되고 있다. 대형 교회들은 대형 교회대로, 작은 교회들은 작은 교회대로 문제를 일으키고 있다. 또 교단별 정치적 문제가 사회화 되고 있다. 이러한 일들로 인하여 교회에 대한 이미지가 좋지 않고, 교회가 전도의 문을 좁히는 면도 없지 않다. 그렇기 때문에 개척교회들이 자립하기에는 이것이 여간 힘 드는 일이 아닐 수 없다. 형제가 교회를 개척하여 자립하지 못하고 힘이 든다고 하여, 자신들이 섬기는 교회가 있는데도 불구하고 가족들이 예배에 참석해 주는 것은 바람직하지 않다. 그리고 십일조나 감사헌금 일부를 해주는 것도 바람직하지 않다. 십일조와 감사헌금 등은 섬기고 은혜 받는 교회에 하는 것이 당연하다. 헌금의 일부를 도와주는 측면에서 해주는 일은 형제 목회자를 도와주는 것이 아니라, 오히려 영적으로 병들게 하는 일로 받아들여진다. 목회는 사람을 바라보고, 특히 일가친척을 바라보고 의지하여 목회를 하고자 하는 것은 성공하는 목회를 할 수가 없다. 다시 말하면 가족 교회가 되어서는 안 된다는 말이다.

전적으로 하나님만을 바라보고 하나님께 의지하여야 되고, 하나님께 무릎 꿇지 않고 직업적으로 목회를 해서는 안 된다. 이것은 목회 소명자로서 본질에서 벗어나는 일이기 때문이다. 소명의식이 없는 목회에는 자신의 영혼은 말할 것도 없고, 출석하는 신자들의 영혼마저도 잘 될 수가 없다. 목회자가 밥이 없어서 밥을 먹지 못하고 죽을 먹더라도, 또 죽도 없어서 굶어 죽더라도 그것은 사람의 책임이 아니고, 하나님의 책임이다. 그런데 일부 개척교회 목회자들은 철저한 목회 소명의식도 없이 영혼구원하는 일에 최선을 다하기 보다는, 먹고 사는 문제와 자녀교육시키는 일에 급급하고 있어 그야말로 직업인인지, 목회자인지를 구분할 수 없는 처신을 하는 사람들이 있다.

물론, 먹고 사는 문제를 뒷전으로 하고, 정말로 힘들고 어려워도 죽을 힘을 다해 오직 목회에 열정을 쏟아 내어 개척교회로부터 완전하게 벗어나 자립교회로 승리한 목회자들도 우리 주변에서 많이 볼 수 있다. 나는 나의 바로 밑에 동생이 지금은 장로가 되었지만, 집사 시절에 십일조 일부를 막내 동생 목회자 교회에 헌금해 주고 있다는 사실을 뒤늦게 알게 되었다.

그래서 나는 그 동생에게 "그렇게 헌금 생활하는 것이 신앙생활의 정도인가"를 물었다. 그러자 그 동생은 "형님! 죄송합니다"라고 말하였다. 나는 다시 말했다. "나한테 죄송하다고 말하지 말고, 하나님께 회개하라"고 하였다. 그러면서 "각자 섬기는 교회들이 있는데도 동생 목회자가 어렵다고 해서 섬기는 교회에 당연히 헌금해야 할 돈으로 동생교회에 헌금하는 일은 동생 목사를 도와주는 일이 아니라 오히려 동생 목사를 신앙적으로 병들게 하고, 결국은 목회를 돕는 일이 아니다."라고 가르쳤다.

나의 이러한 자세는 동생들의 신앙을 제대로 지켜 주기 위해서였다. 다시 말하면, 목회자가 물질적으로 하나님께 의존하지 않고 형제들을 의존하게 되면, 결국은 목회 의지가 약화되고 쉬운 방법만을 찾아 목회를 하게 되고, 섬기는 교회에서 받은 은혜를 감사하며 헌금을 하지 않는 것은 하나님께 드려지는 헌금이 지극히 인간적으로 계산되어지는 것이기 때문에, 서로가 신앙생활에서 병들게 된다고 강조한 것이다. 이렇듯, 형제들에게 목회와 헌금생활의 정도를 가르치고, 또 형의 가르침을 따르는 그 동생은 지금은 전주에서 제법 큰 교회의 시무장로가 되어 열심히 신앙생활하고 있다. 또한, 물질의 축복도 많이 받고 있다. 어느날 막내 동생 목사가 나를 찾아왔다. 본가 집터에 노인복지 시설을 하여 운영하고 싶다면서, 자신에게 사회복지사 1급 자격증도 있고, 평소에 노인복지 선교에 많이 생각을 해왔다며 그 토지를 사용할 수 있도록 허락해 달라는 것이다.

나는 동생 목사의 그런 요구를 받고, 토지사용 승낙 여부를 떠나서 이렇게 말을 하였다. "목회만 하든지, 아니면 사회복지시설만 하든지 둘 중 한 가지만 하라. 그러나 목회는 어머니의 서원기도에 의해서 하는 것이니, 신중하게 생각을 하고 선택하라"고 충고를 하였다. 그리고 "남들이 복지시설

한다고 해서, 나도 하겠다는 생각을 하지 말라.", "목사는 목회가 최선이고, 사회복지시설 운영은 사회복지 사업자들이 하는 일이다. 목회자가 물질에 가까우면 그것이 신앙생활과 목회의 부메랑이 되어 결국에는 어렵게 된다"는 것을 일깨워 주었다. 동생 목사는 나의 이러한 충고를 받아들여 곧바로 결심을 하였다. "형님! 목회에 열심을 다하겠습니다."라고 말이다.

나는 내 아우들을 사랑한다. 형의 말이 맞든 틀리든 간에 형이 반대하는 일을 하고자 고집 부리지 않는 동생들에게 감사를 한다. 어린 시절에 아버지를 일찍 잃고 홀어머니의 훈계로 동생들과 살아오면서, "장형이 하는 짓이 아니면, 동생들도 하지마라. 만약 형이 하지도 않는 일을 동생들이 먼저 하게 되면, 절대로 용서하지 않는다."고 엄격하게 지도해 왔다. 지금도 막내 동생목사는 '내가 한마디만 하면 주눅든다.'고 말을 하고 있다. 나는 내 막내 동생 목사가 하나님을 의지하여 목회에 크게 승리하기를 하나님께 기도한다. 그리고 우리 삼형제가 목사와 장로가 된 것에 대해 하나님께 감사를 드린다.

이것을 자랑삼아, 섬기는 교회에서 겸손과 온유로 순종을 하면서 충성과 헌신을 다하여 담임목사님 목회의 협력자로서 소임을 다하고자, 날마다 마음의 다짐을 하고 있다.

신앙의 도전적 가치

"자네 오늘 우리지서에 부임해 온 것을 축하하네, 자, 술 한잔 받아."라는 경찰 초임지 부임 축하 회식장소에서 지서장님께서 나에게 술잔을 권하였다. "지서장님, 저는 술을 마시지 못합니다."라고 단호한 대답으로, 그 술잔을 거절하면서 시작된 경찰 인생도 35여년의 세월과 함께 정년이 되어 마치게 되었다. 유년 시절부터 예수 그리스도를 영접하고 주일학교와 중고등부, 청년시절을 거치기까지, 나는 나름대로 착실하게 신앙적으로 성장하려고 노력을 하였고, 총각 집사 직분을 받아 경찰에 입문한 사람으로서 그 술자리는 왠지 낯설었다. 그 당시 나에게는 기독교인이 술을 마시는 것은 큰 죄를 짓는 것으로 받아들여졌고, 내가 여기서 결심과 결단을 하지 않으면 경찰관으로서 신앙을 지켜나가는 것이 어렵겠다는 생각이 들었다. 공직에 첫발을 내딛는 과정에서부터 내게 불이익이 닥쳐올지도 모르겠다는 생각이 엄습해 왔다.

그렇지만, 제아무리 직장 상사가 권하는 술잔이라 할지라도 거절하는 것이 옳다는 생각이 내 마음에 꽉 차 있었기 때문에, 나는 두려워 하지 않았고 오히려 용기를 갖게 되었다. 이렇게 시작된 경찰 초임지의 부임 축하 회식 자리는, 지서장께서 주려던 술잔을 내려놓은 채 밖으로 나가 버렸기 때문에 더 이상 진행되지 못하고 썰렁하게 끝나고 말았다. 이때 지서 차석께서 "야 이 사람아, 술을 못 먹더라도 술잔이라도 받아 놓아야지. 그게 뭐여."라며 질타를 하였다. 나는 "아니 술을 먹지도 못하는데, 왜 술잔을 꼭 받아 놓기라도 해야 하는가요?"라고 맞받아치고 말았다.

이러한 나의 태도에 대해 차석은 "자네 그렇게 해 가지고 경찰하기 힘들겠네."라며 또 한마디를 했다. 그러던 차석의 말이 왠지 귀에 거슬렸다. "그럼 술 안 먹으면 경찰 못하는 거요?"라고 되묻고 "그러면 경찰을 하지 말아야 겠네요?"라며 확고한 의지로 말을 하였다. 그러자, "이 사람하고 더 이야기 못하겠구만 그만 하세."라고 하시며, 그렇게 어색하게 이어지는 분위기를 스스로 정리하였다. 그 일이 있은 후, 지서장께서는 내가 기독교 신앙생활을 독실하게 한다는 사실을 뒤 늦게 알게 되었고, 내가 당번으로 근무하게 되는 주일에는 지서장이 대신 근무를 해 주시면서 교회를 다녀오도록 하는 등, 신앙생활에 많은 도움을 주셨다. 같은 직장 동료 모두도 나를 이해하고, 신앙생활을 잘 하도록 많은 도움을 주었었다. 그것은 내가 비록 신임 경찰관이지만, 근면성실하고 최선을 다해 업무처리를 잘 하였으므로 동료 경찰관들에게 신뢰가 되었던 것이다.

사실 나는 경찰이 어떠한 직업인지도 잘 모르고, 군복무를 마치자마자 곧바로 경찰에 입문을 하게 된 것이었다. 또한 나는 경찰에 입문하기까지, 주일학교 때부터 배워 온 신앙생활의 규범과 절제에 대해 어느 누구보다도 고지식하게 받아들이고 있었다. 그렇기 때문에, 결혼하기 전에 이성적 교제하는 것 또한 죄짓는 것으로 알고 있었다. 이렇게 고지식하고 굳은 의지로 신앙심을 키워 왔었기 때문에, 흔히들 말하듯 경찰관이 신앙 생활하는 것은 참으로 어렵다는 것도 무릎 쓰고, 경찰로서 장로직분을 갖고 35여년을 살아 올 수 있었으며, 지금에 이르기까지 나를 도와주신 하나님께 감사드리고 있다.

　내가 만약 경찰에 입문을 하여 이런 이유, 저런 이유를 핑계 삼아 주어진 환경을 스스로 극복하려고 노력하지 않고 굴복 하였었다면, 오늘의 내가 여기에 서 있을 수 있었겠는가?를 가끔씩 생각해 보면서 감사하고 있다. 신앙생활을 지켜나가는 것은 '도전'이라고 여겨진다. 자신에 대한 신뢰는 도전정신을 갖게 하고, 도전은 성공의 지름길이라고 생각한다. 자신에 대한 신뢰를 잃지 않으려고 노력하며, 자신을 긍정하면서 무한한 가능성으로 창조 정신을 갖고 도전하여 성공자가 되겠다는 것은, 평소에 내가 가져 온 신앙적 소신이기에, 나는 성공자라는 것을 부정하지 않고 있다. 예수를 믿고 구원받아 하나님의 자녀 된 것이 '인생의 최대의 성공자'라고 여기고 있기 때문이다.

　믿는 자들은 신앙생활에 어떠한 역경과 고통이 있더라도, 그 신앙을 지켜 나가기 위해 눈앞에 놓여진 장애물을 두려워하지 않고, 신앙적 도전정신으로 극복하여 하나님의 자녀로서 떳떳하게 살아가야 한다. 이러한 믿음은 지금도 계속 나의 기도 제목이 되고 있다. 나는 이것을 진정으로 '인생 최고의 가치'라고 생각을 하고 있기 때문이다.

군 훈련 중에 쏟아진
눈물의 기도 씨앗

나는 군 복무입영 영장을 받고 3일 만에 논산 훈련소 수용연대를 거쳐,
제 2하사관 학교에 차출 되어 군기를 세우는 교육훈련 중에 있었다. 조교
들이 두 눈을 부라리며 혼이 나가도록 시키는 훈련 중에도, 어디선가 나를
이끄는 은은한 향기의 찬송소리가 있었다. "예수 나를 오라하네 예수 나를
오라하네 어디든지 주를 따라 주와 같이 같이 가려네."라는 수요일 밤 예
배시간을 알리는 차임벨 소리였다. 어느 어두움이 짙어오는 저녁시간, 이
제 막 하사관 학교에 도착하여, 입교식도 하지 않은 상태에서 내가 교회에
갈 수 없는 처지라는 것을 느낄 때, 차임벨 찬송이 반갑게 내 귀에 와 닿는
순간 쏟아지는 눈물은 걷잡을 수 없었다. 그것은 평소에 내가 즐겨 부르던
찬송인데다, 지금 이 시간에 어머니와 동생들이 교회에 가고 있겠다는 것
을 생각하니 눈물이 쏟아졌다.

호령을 지르는 조교의 눈동자를 피하면서, 훈련에 열중하면서도, 나는
순간순간 마음속으로 기도했다. '주님! 지금 이 시간은 집에 홀로 계신 어
머니와 동생들이 교회에 가고 있는 시간입니다. 어머니와 동생들과 집에
서 교회에 다니던 것을 생각하고, 주님을 찬양하는 찬송 소리를 듣는 순
간, 이렇게 눈물이 쏟아지네요.', '나를 도우시고 함께 하시며 동행하시는
주님께서 끝까지 책임져 주시고, 군 복무하는 동안도 신앙 잃지 않도록 역

사하여 주시옵소서!'라고 기도했다.

이렇게 시작된 하사관 교육 훈련과 군복무는 순탄하지만 않았고, 여러 고비 고비를 넘길 때마다 하나님께는 나에게 함께 하신다는 것을 체험적으로 보여주셨다. 첫 번째, 나는 하사관 교육 훈련 중에 야간에 보초서는 선임 기수들의 눈을 피해 화장실로 달려가다가, 전봇대를 이마에 들이 받고 뒤로 나자빠져 기절했었다. 보초서는 선임 기수들에게 붙잡히면 밤새도록 기압을 받고 고생을 하기 때문에, 붙잡히지 않기 위해 모르게 달려가다가 사고를 당했다. 그러나 아무런 이상 없이 주님께서 회복시켜 주셨다. 두 번째, 155미리 곡사포 사격 훈련 중, 포가 불발될 경우 5분 동안 기다린다는 준수사항을 지키지 않고 곡사포 폐쇄기를 열고 포탄을 꺼내려고 하는 순간, 곡사포의 포탄이 발사됨으로써 위험에 처했으나 주님께서 구해 주셨다.

세 번째, 같은 곡사포 방열 훈련을 마치고, 15톤 트럭에 포를 견인 유도하는 과정에서 같은 동기 훈련생이 45도 각도에 방열된 곡사포 자체의 브레이크를 부주의로 풀어버렸다. 이로써, 내밀리는 포와 뒤로 후진하는 15톤 트럭사이에 내가 끼어 허리가 부러질뻔한 위험한 순간에서 하나님은 나를 구해 주셨다. 네 번째, 하사관에 임관되어 자대에 배치 받아 50사단 포병대대에서 있을 때에 군복무 중 발생한 일이다. 사병고참 3명과 내가 군대 밥, 소위 짬밥 서열을 놓고 다툼을 하게 되었다.

군대는 계급 사회임에도 불구하고, 내가 7개월 훈련받고 자대에 배치되었으나, 나의 계급을 존중해 주지 않고 사병들이 계급을 무시하고 짬밥 순으로 군기를 잡아 가는 것이었다. 이를 못마땅하게 생각하는 나와 사병고참 3명이 싸우는 가운데, 그 사병들이 면도칼을 휘둘러 나의 윗입술을 찢어 나는 다섯 바늘을 꿰매고 15일 동안 밥을 먹지 못한 사고를 당했다. 만약, 그 휘두르는 면도칼로 눈이 찢기거나 안면이 찢어졌다면 어떠하였겠는가를 생각하면 지금도 아찔한 생각이 든다. 나는 그때 찢어진 입술에서 피가 쏟아나고 짝 벌어진 입술을 혀끝으로 느끼는 순간, 군대에서 이렇게 언청이가 되어 가게 되었다는 것을 생각하면서 하염없는 눈물을 흘려야만 했었다. 내가 언청이 장애를 입고 제대해 나가면, 나의 장래가 다 망쳐질 것 같다는 생각이 들어서 말이다. 그래서 나는 이 순간에도 하나님께 기도하였다. "주님! 주님께서 여기까지 나를 도와주셨습니다.

내가 그동안 부대에서 사고를 당할 때마다 하나님께서는 '나는 너와 항상 함께 한다'는 믿음을 주셨고, 나는 그 믿음대로 주님께 감사를 하였다. 나는 '오늘 이렇게 당한 사고로 인해 주님 영광 가리지 않고, 오히려 주님 영광을 나타내 보이도록 도와주시옵소서! 치료받는 가운데 치료가 잘되도록 역사하여 주시옵소서!'라고 간절하게 기도하였다. 합력하여 선을 이루시는 주님께서는 나를 버리지 않으셨다. 나의 기도를 들으시는 주님께서는 지금도 거의 상처를 남기지 않을 정도로 나를 완벽하게 치료해주셨다. 남자라면 누구나 군대의 추억들이 많이 있다. 또 군대 이야기를 하다보면, 날이 새도록 재미가 있다. 그렇지만 나의 입장은 다르다. 군대에서 여러 번 사고를 당했지만, 그럴 때마다 주님께서는 언제나 나를 건져 주셨고, 또한 나를 사랑하신다는 것을 깨닫는 믿음을 주셨다.

내가 만약 군대에서 이러한 사고를 당하지 않고 주님의 도우심을 깨닫지 못했다면, 지금과 같이 신앙을 잃지 않고 여기까지 왔겠는가를 생각하면서 감사할 따름이다. 앞에서 말했듯이, 나는 군에 처음 입대하여 차임벨 찬송소리를 들으며 그 고된 교육훈련 중에도 주님을 잃지 않으려고 노력을 하였고, 또 주님을 찾으려고 노력했다. 그리고 때마다 나에게 마음 속 깊은 곳에서 쏟아지는 눈물의 기도가 있었기에, 지금까지 나는 하나님의 은혜를 힘입어 믿음을 가진 종으로 살아오게 되었음을 믿는다. 우리가 살아가면서 예상하지 못하는 사건 사고를 당하게 되고, 원하지 않는 질병으로 인해 시달리게 될 때가 있다. 나는 우리나라 민주화와 농민생존권과 맞물린 정권 타도 투쟁, 그리고 학생, 종교인 등, 사회운동 과정에서 나타난 격동기에 경찰서에서 이를 담당하는 정보 업무를 전담하였다.

나는 이러한 과중한 업무의 스트레스에 의해, 간농양과 부폐렴성 늑막염으로 50일간 대학병원에서 입원 치료를 받았다. 그때 우리 경찰서에서는 내가 중병에 걸려 곧 죽는다는 소문이 나돌았다고 한다. 나는 그때에도 간절한 기도의 제목이 있었다. "주님 이 종은 담임목사님께서 목회를 잘하실 수 있도록 더 협력해야 할 책임이 있습니다. 나와 내 아내 유권사가 일생 동안을 건강하게 살면서 목사님의 목회를 돕는 협력자로서 부족함이 없도록 도와주세요. 그리고 성전 건축하는 일에도 이 부족한 사람이 목사님을 도와 큰일을 해야 합니다. 주님이 나를 불러 가시더라도, 내가 약속한 성전건축 헌금을 다 받친 후에 데려가 주세요. 그리고 내게 주신 자녀들이 아직 어립니다. 다섯 딸들이 다 성장할 때까지 만이라도 지켜주세요. 주님께서 나를 건강하게 회복시켜 주시는 줄로 믿습니다."

이렇게 간절하게 기도한 응답을 받고 퇴원한 후, 68세에 이르는 지금까지 나는 건강하게 살고 있다. 신앙인은 문제를 문제로만 바라보는 것이 아니라, 문제를 어떻게 극복해 나갈 것인가에 대한 과정을 긍정적으로 설정하고, 주님을 바라보는 신앙이 중요하다. 어렵고 힘들고 슬프고 괴로울 때 주님을 바라보지 않으면, 그 해결과정 설정에서 문제가 생길 수 있기 때문이다. 나는 간절히 기도하는 제목이 있다. "담임목사님을 더욱 강건하게 하시옵소서! 그래서 신바람 나는 목회의 성공자로서 마무리하게 하시옵소서! 담임목사님 은퇴 후, 새로 부임하는 담임목사님께서 교회에 안정적으로 정착하시어 목회의 승리자가 되게 이끌어 주소서! 우리 교회가 더욱 부흥발전 성장하여 하나님께 영광 돌려 드리게 하시고, 교회의 본질에 충실하게 하시옵소서! 그리고 담임목사님께서 교단을 위해 서울신대 이사장직을 은혜롭게 마무리하도록 도와주시옵소서! 담임목사님의 목회은퇴를 사랑과 은혜로 잘 준비해 드리는 종이 되게 하소서!"이다.

그동안 신앙 생활해 오면서 감사한 일로는, 훌륭하고 복이 있는 담임목사님을 만나서 신앙생활을 해오는 일과, 담임목사님을 도와 4,500여 평 대지에 2,500여 평 성전건축을 하고, 이 성전이 차고도 넘치도록 채워 주시는 하나님의 은혜를 경험한 것이며, 담임목사님이 교단 총회장으로서 큰 목회를 하실 수 있도록 하나님께서 도와주신 것이다. 그리고 이 부족한 사람이 교단 부총회장으로써 헌신하고 교단의 여러 중요 부서에서 헌신 할 수 있었던 모든 것은 모두 하나님의 은혜이다. 나는 우리 유권사와 나에게 주신 자녀들이 하나님의 도우심과 은혜를 힘입어 지금보다도 더 행복하고, 신앙의 명문 가정으로서 빛과 소금의 역할을 다하는 사명자로서 부족함이 없이 살아가는 삶이 되도록 기도한다. 우리 가정의 가훈은 '하나님 중심, 교회중심, 말씀중심, 목사님의 목회에 적극 협력하는 일에 바로 서 가는 신앙의 가정되자'이다. 나는 가훈을 이어가는 명문 가정이 되기 위해, 지금도 끊임없이 기도할 따름이다. '때마다 일마다 산성과 바위가 되시고, 큰 손으로 덮으셔서 도우시는 하나님을 사랑합니다.'

성공하는 교회와
성공하는 목회자의 특색

성공하는 교회, 성공하는 목회자는 남다른 목회방법과 특색을 갖고 있다. 그러나 무엇보다도 더 중요한 것은 교회가 성령충만해야 하며, 그 바탕위에 담임 교역자의 영역과 하나님 중심의 목회 방향과 서번트 리더십과 적절한 카리스마적 강한 리더십이 있어야 한다고 생각한다. 물론 이러한 요건을 갖추고 있다고 하더라도, 교회에 기본적인 목회 여건이나 환경이 마련되어 있지 않다고 한다면 이는 결코 쉬운 일이 아니다. 담임교역자의 사역 영역과 비전이 크다면, 이는 그 교회와 성도들의 삶의 영역과 비전으로 발전하는 데에 큰 영향을 끼치고 있다고 보기 때문에 참으로 중요하다 하지 않을 수 없다. 사람을 의지하고 사람을 바라보는 목회는 성공할 수 없다. 목회가 원활하기 위해서는 어느 정도 물질이 수반되어야 하고, 인적기반이 있어야 한다는 것은 부인할 수 없는 현실이다.

지금 당장 어렵고 힘이든다 하더라도, 사람중심과 물질중심에서 벗어나기 위한 노력으로서 목회자는 하나님만을 의지하고 하나님만을 바라보는 '하나님 중심의 목회'를 꿈꿔야 한다. 요즈음 우리 사회는 리더십에 대해 많은 인식을 하고 있다. 우리나라의 2002년 월드컵 4강 신화는 히딩크 감독의 강한 리더십이 있었기 때문에 가능했다고 보고 있다. 반면, 정치 위정자들의 리더십 부재로 국가가 혼란스럽고 어렵게 된 인식도 많이 하고 있다. 이렇듯 리더십은 국가나 사회나 개인이 성공하는 데에 필요한 요소로서 비춰지고 있는 것이다. 지금은 교회 안에서도 목회자의 강하고 담대한 리더십이 필요한 때이다.

그리고 어느 정도 카리스마적인 리더십은 성공하는 교회와 성공하는 목회자에게 중요한 덕목이라고 생각된다. 최근 들어 기독교계에서는 '협력목회'라는 용어가 새롭게 부각되고 있다. '성공하는 교회', '성공하는 목회자'는 담임 교역자에게만 맡겨진 일이 아니다. 목회자가 목회를 잘 할 수 있도록 협력하는 사람들이 많은 '성공하는 교회', '성공하는 목회자'가 되는 데에 그만큼 중요하다고 볼 수 있다. 교회조직 안에서 당회가 목회자의 목회에 발목을 잡고 있다면, 그 교회와 목회자는 성공할 수 없다. 목회자가 목회에 성공할 수 있는 덕목과 요소를 다 갖추고 있다고 하더라도, 평신도의 절대적인 협력은 필요충분조건이라고 할 수 있다. 어떤 측면에서 목회에 적극 협력하는 훌륭한 협력자가 많은 것이 그 교회가 큰 교회가 될 수 있고 성공하는 목회자를 세우기 위해 가장 중요한 요소라고 볼 수 있다. 당회나 일반 성도들은 목회자의 목회에 대해 '아니요'가 아니라 '예'만 있어야 하고, 나의 생각이나 의견제시에 앞서 목회자의 생각이나 의견을 먼저 듣고 그렇게 따라 주는 것이야 말로 평신도가 갖추어야 할 협력자의 큰 덕목이라고 볼 수 있다.

또한, 이렇게 될 때, 목회자는 사람을 보지 않고 하나님 중심으로 소신 있는 리더십을 발휘하여 성공적인 목회를 할 수 있다고 생각한다. 성공하는 교회, 성공하는 목회자가 되는 것은 하나님이 우리에게 향하신 지상 명령이라고도 말할 수 있다. 이러한 교회와 목회자들은 '영혼구원'이라는 하나님의 지상 명령을 이행하는 데에, 쓰임 받기 때문이다. 성공하는 교회,

성공하는 목회자가 되기 위해서는 목회와 목회자 자신의 노력은 말할 것도 없이 중요한 것이지만, 더 중요한 것은 이러한 교회와 목회자를 세워 가기 위해서는 평신도들의 적극적인 목회 협력이 더 필요한 것이 아닌가 싶다. 필자는 정읍시 금붕동에 소재한 기독교대한성결교회 소속 정읍성결교회 장로 당회원으로서, 우리 교회와 담임목사님인 전병일 목사님, 그리고 우리 교회 성도들이 '성공하는 교회'와 '성공하는 목회자'를 세워 가는 모델이 된다고 감히 말하고 싶다.

전병일 목사님은 정읍시의 중소 농촌형 도시 정읍성결교회 출신이며, 본 교회에서 담임 교역자로서 35여 년 간 줄곧 목회를 하시면서 4,500평 대지에 2,500평 규모의 내장산 단풍처럼 아름다운 새 성전을 신축하였다. 그리고 우리 교회가 평안하고 든든히 서가고 있으므로, 목사님은 날로 부흥 발전하는 비전 있는 목회를 하시고 계신다. 또한, 담임목사님은 교단 총회장, 서울신대 이사장, 교단 유지재단 이사장으로 선출되어 교단을 위해서 큰 목회를 하시게 되었는데, 이 모든 것은 하나님의 은혜이다. 이렇게 '성공하는 교회'와 '성공하는 목회자'를 세우기까지 우리 교회는 언제나 성령충만했고, 담임목사님의 목회 영역에는 오직 '하나님 중심의 비전이 있는 목회', 그리고 '섬김과 카리스마적인 리더십'이 있으셨다. 그리고 이는 부족하지만 목사님의 목회에 적극 협력하고 순종하는 성도들이 있었기 때문에 가능했다고 본다.

직분자를 세울 때 고려할 점
−신앙과 인간관계

최근 한국사회에서 기독교에 대한 사회적 신뢰는 긍정적이기보다 부정적인 시각에서 바라보는 사람들이 많아 안타까움을 금할 수 없다. 특히 교회 안에 있는, 이유야 어떻든 간에 담임목사님과 평신도 지도자들과의 마찰과 갈등이 사회적으로 비쳐지는 것은 교회의 덕목을 크게 손상시키는 일이므로 마음이 아프다. 종교인이 신앙적 양심을 가지고 부정하고 부패한 일에 대해 나름의 판단으로 교훈하고 책망함으로써 사람으로 하여금 선한 일을 하도록 지도(딤후 3:16−17)하는 것은 그런대로 이해할 수 있다. 그러나 비판과 지도의 정도는 믿음 안에서 극히 제한적으로 정제되어 사회적으로 몰상식하게 비쳐지지 않도록 해야 된다는 생각이 든다. 제 아무리 교회 안에서 옳은 일을 한다고 해도, 교회문제가 사회법정에서 다루어지고 사회적 비판거리가 되는 것은 결과적으로 교회의 덕목을 훼손하는 일이 된다.

이것은 사회적 판단이 교회의 순기능적 실익에 반함으로써 교회 스스로의 위상을 추락시키고, '영혼구원'이라는 교회의 본질에서 벗어나 교회의 순기능에 역행하는 일이기 때문이다. 크고 작은 문제로 인해 교회 내에 갈등이 빚어지고 있는 것에는 여러 가지 이유가 있을 수 있다. 그 이유는 무엇보다도 신앙을 바탕으로 하는 목회자와 평신도지도자의 리더십과 신뢰성에서 문제점을 찾아야 한다. 교회가 부흥하고 성장하기 위해서는 많은 요소들이 필요하지만, 그중에서도 기본적으로 교회가 성령충만한 가운데 담임목사님의 영역과 아울러 서번트 리더십과 카리스마적 리더십, 그리고 여기에 순응하고 목사님의 목회를 적극 돕는 협력자가 있어야 한다고 생각한다. 목회자가 신뢰와 배려를 바탕으로 서번트적 인간관계에 카리스마적 리더십을 갖는다면, 목회의 다른 부분에서 조금 부족한 점이 있을지라도 모두 포용될 수 있다. 그렇지만, 목회자가 다른 모든 부분에서 훌륭하다 할지라도 인간관계에서 리더십이 부족하고 강력한 추진력도 없는 상황에서 목회를 돕는 협력자 또한 없다면, 그의 목회는 탄력을 받지 못하면서 결국 신뢰를 잃어버리게 된다.

또한, 장로 등의 평신도의 대표자를 세우는 일에 있어서 그 사람의 폭넓은 인간관계의 비전을 보지 않고 현재의 신앙상태만을 보고 세우는 것은 장래적으로 목회에 갈등을 만드는 요소가 될 수 있다. 인간관계는 인간성의 본질에서 비롯되기 때문에, 외부환경의 변화가 있다해도 변질될 위험성이 비교적 작지만, 신앙상태에는 현재의 적응적 임의성이 있기 때문에 외부 환경에 의해 변질될 위험성이 크다고 볼 수 있다. 물론 인간관계와 신앙상태가 원만하다면, 평신도 지도자로서 더 이상 바람직함이 없다고 생각한다. 따라서 평신도 지도자를 세우는 일은 교회경영의 효율성을 우선적으로 고려해야 한다고 생각한다. 현재의 부족한 신앙상태는 긍정적으로 고쳐 나갈 수 있으나, 잘못된 인간성은 고쳐나가기가 쉽지 않다는 측면에서 바라보아야 한다.

이러한 관점은 미국 컬럼비아 대학교 로렌스 피터 교수가 발표한 피터의 법칙에 근거하여 생각해 볼 수 있다. 이 법칙은 경영학적으로 "수직조직문화에서 직무수행능력을 인정받아 승진하는 사람이 그 직무 분야는 능숙하지만, 다른 임무가 부여될 때 그 일을 감당할 수 없는 위치에까지 승진을 하게 되고, 이렇게 무능화된 사람들이 승진으로 누적되어 모든 계층이 무능한 사람으로 채워질 수 있다. 이것을 해소하기 위해서는, 수직적 조직문화에서 수평적, 개방적 조직문화로의 이행이 필요하다"는 것이다. 이렇듯, 많은 이들이 교회 안에서 신앙생활을 열심히 해서 그 신앙상태를 인정받아 장로로 세워지지만, 그 직책에서 폭넓은 수평적 인간관계를 형성하지 못하는 사람들이 장로로 계속 세워지면, 교회 안에서 그 기능을 효율적으로 작동하지 못할 우려가 많다.

현재 대부분의 교회들은 목회자나 평신도지도자를 세우는 일에 있어 신앙상태에 대한 중요성은 인식하면서도, 인간관계에 대해 큰 비중을 두지 않고 간과했기 때문에, 이는 교회의 갈등이 만들어지는 요소가 되고 있다는 점을 새롭게 인식하고 있으며, 이제는 이와 같은 사안에 대해 그 발상의 전환이 필요하다. 따라서 교회갈등의 해소책은, 목회자에 의한 설교중심의 목회, 즉 외형적 요소보다 서번트적 인간관계와 리더십 중심의 신뢰성이 우선되도록 목회자의 목회방식이 전환되어야 한다. 평신도 지도자를 세울 때에는 현재의 신앙상태와 아울러, 인간성 중심의 폭넓은 인간관계와 비전을 중요하게 고려하여 세워나간다면 상호 신뢰성이 확보될 것이다. 이렇게 하면 교회갈등이 만들어지지도 않을 것이고, 혹시 갈등이 있더라도 지혜롭게 해소할 수 있을 것이며, 교회부흥과 발전의 기틀이 되리라고 믿는다.

담임목사님 조기은퇴
발언에 대한 충격

어느 주일 낮 예배시간이었다. 담임목사님께서 설교를 하시면서 "나는 목회자로서 많이 부족한 사람이다. 그렇지만 우리 교회 성도들로부터 사랑을 많이 받아왔다. 목회자는 때가 되면 스스로를 정리 할 수 있어야 한다. 그렇기 때문에 나는 본 교회에서 정년은퇴를 하지 않고, 조기은퇴를 하려고 한다."라고 하셨다. 그동안 담임목사님께서 자신의 신상과 관련하여 선임 장로인 나와 단 한 번도 이에 대해 허심탄회하게 대화를 나눈 바가 없었다. 그런데, 목사님께서 주일 예배시간에 강단에서 그나마 설교 말씀 중에 본인이 조기은퇴할 것이라는 너무 뜻밖의 말씀을 하셔서 나는 큰 충격을 받았다.

예배시간 내내 왜 목사님께서 갑자기 조기은퇴할 것이라고 말씀을 하셨는가에 대해 생각하니, 머리가 더욱 복잡해지고 목사님의 말씀이 뇌리에서 지워지지 않았다. 혹시 나도 모르는 서운한 일이 있으셔서 목사님께서 그런 말씀을 하셨는지도 모른다는 생각을 하니, 착잡한 생각마저 들었다. 그러면서도 예배를 마친 후, 조용한 시간에 목사님을 찾아뵙고 조기은퇴 발언을 하신 배경이 무엇인지에 대해 묻고, 이유야 어쩌든 간에 이를 적극 만류해야한다는 생각으로 마음을 정리하였다. 나의 늦둥이 막내딸 은희는 광주에서 대학교 4학년 재학 중에 주일이면 본 교회에서 찬양대 플룻 악기 봉사를 하였다. 나는 예배를 마친 후 은희가 광주로 가게 될 때 승용차로 정읍 터미널까지 데려다 주었다.

그 날도 예배를 마친 후 터미널로 가는 중에 막내딸 은희가 "아빠 왜 목사님이 예배시간에 조기은퇴하신다고 말씀하셨어? 아빠 그 이유를 알아?"라고 묻는 것이었다. 그렇게 질문하는 은희에게 나는 아무런 대답을 할 수가 없었다. 그래서 나는 "아빠도 전혀 아무것도 모른다."라고만 대답했다. 그랬더니 은희가 "아빠가 목사님을 직접 찾아뵙고 절대로 조기 은퇴하시지 말라고 해. 목사님이 아직 건강하신데 왜 갑자기 조기은퇴를 하신다고 해?"라고 말했는데, 딸이 너무 기특하기만 했다. "알았어, 그렇지 않아도 아빠가 목사님과 대화해 보려고 생각하고 있어."라고 말했다.

그러자 은희는 "아빠. 꼭 조기 은퇴하시지 말라고 해. 목사님은 나를 어렸을 때부터 아주 예뻐하시고 선물도 많이 사주시고 그랬는데, 내가 졸업해서 직장 생활을 하면 목사님께 잘 해드리고 싶었는데 갑자기 조기은퇴를 하신다고 하시니 내 마음이 너무 서글퍼져."라고 하면서 울먹였다. 이런 은희에게 나는 "목사님이 조기은퇴 하신다고 말씀하셨어도 곧 바로 하시는 것은 아니니 너무 걱정하지 말아라. 너의 이런 마음을 목사님께 잘 말씀 드리겠다."라며 은희를 위로하였다. 그리고 난 후, 나는 목사님께 전화를 드려서 그 주 화요일날 저녁식사를 같이하기로 약속하였다.

그리고 우리 교회 당회원 중, 문 장로님과 배 장로님께 전화를 드려서 목사님과 약속한 식사에 같이 참석하자고 하였다. 마침내 식사자리에서 "목사님! 지난주 예배 중에 왜 조기은퇴를 하신다고 말씀 하셨어요?"라고 내가 질문을 하였다. 그러자 목사님께서는, "내가 몸도 아픈데 성도들의 사랑을 너무 과분하게 받고 있었다. 더 이상 성도들과 교회에 신세만 지는 목사가 되어서는 안 된다는 생각이 오래전부터 들었다."라고 말씀하셨다. 이렇게 말씀을 하시는 목사님께 나는 "목사님께서는 본 교회 주일학교 출신으로서 35년간 훌륭하게 목회를 잘해 오셨다. 그리고 목사님의 건강이 그전보다 많이 회복되셨다. 또 목사님이 목회하시다가 건강이 나빠졌다면, 교회에서 목사님의 건강을 전적으로 책임지고 끝까지 돌보아 드리는 것이 도리라고 생각한다. 만약 목사님께서 건강문제로 조기은퇴 하신다고 하면, 정읍지역사회에서 우리 교회 당회원들이 본의 아니게 욕을 얻어먹는 일이 된다.

본 교회 출신의 목회자가 건강이 나빠도 본 교회에서 정년은퇴를 하시는 것이 교회와 지역사회에 덕을 끼치는 것이 된다. 목사님은 지역사회와 교단적으로도 리더이신데, 정년은퇴로써 명예를 지키셔야 한다. 그렇기 때문에, 이 시간 이후로는 절대로 조기은퇴라는 말씀을 하시지 말아야 합니다."라고 당부하는 말씀을 드렸다. 그리고 주일날 은희가 한 말들을 목사님께 말씀드렸다. 그런 말을 들으시던 목사님의 눈가에는 이슬이 스며 있었다. 그러자 우리 교회 문 장로님과 배 장로님 역시 "목사님. 이 장로님 말씀이 맞아요. 이런 일로 더 이상 대화를 나누지 말게요. 목사님 대답해 주세요."라고 목사님께서 뜻을 접도록 적극적으로 당부하였다.

이때 목사님께서는 웃으시면서 "목사가 조기은퇴한다고 하는데도 마음대로 하지 못하게 한다."면서 나와 두 분의 장로님들의 말씀을 받아 주셨다. 요즈음 일부 교회들이 담임목사님께서 조기은퇴해 주시기를 은근히 바라고 있다. 또는 인위적으로 조기은퇴하도록 종용도 하고 있다. 일부에서는 후배들을 위해서 조기은퇴하는 것이 미덕이라고 말하는 목회자와 성도들도 있다. 나는 이런 말들이 맞다 틀린다고 말하기에 앞서 이 점을 말하고 싶다. 교회가 담임목사님을 모시면서 다소 불편한 일들이 있을 수 있다. 그렇다고해서 담임목사님을 그만두도록 하는 것은 성도들로서의 미덕이 아니라고 생각한다.

담임목사님을 그만두라고 말하기에 앞서, 자신들이 담임목사님을 어떻게 모셔왔는가를 먼저 생각해야 될 것이라고 생각한다. 담임목사님의 은퇴 문제로 갈등을 빚기보다는, 은혜스럽게 조화를 이루도록 노력하는 것이 하나님이 기뻐하실 일이라고 생각한다. 또한, 목회자도 인간이고 인권이 있는데, 교회들이 몰상식하게 담임목사님을 몰아세우는 일은 사도 바울이 말하는 교회의 본질에서 벗어나는 일이라고 생각되며, 교회답지 못하고 교회가 사회의 풍조에 젖어 덕을 세우지 못하는 일이라고 여겨진다. 물론, 담임목사님들도 목회에 있어서 성도들로부터 외면당하는 목회를 하지 않도록 각별한 노력을 해야 한다.

그렇게 하기 위해서는, 목회자들은 하나님의 종으로서 하나님이 보시기에 부끄러움이 없도록 최선을 다해 성실한 목회를 하고 있는 모습을 성도들에게 보여 주어야 한다. 목회자들이 성도들로부터 신뢰를 잃어버리게 되면, 걷잡을 수 없는 갈등을 만들어 낸다는 점도 잊어서는 안 된다고 말하고 싶다. 그리고 교회 내 갈등을 만들어 내는 사람들을 보면, 자신들도 신앙생활에 있어서 별로 떳떳하지도 않은 사람들이 더 앞장서서 나서고 있다는 것도 생각해야 한다.

목회자나 성도들에게 있어서 인간관계가 원만하지 않은 사람들이 갈등을 만들어 내기도 하는데, 이렇게 발생된 갈등은 해소하기가 더더욱 어렵다.

아무쪼록 교회라는 공동체는 예수 그리스도 십자가의 사랑으로 맺어지는 '생명의 삶'과 '신앙'이라는 교회의 본질에 충실하여 기쁨도 슬픔도 영광도 함께 나누어 나가야 한다.

　다시 말하면, 교회는 신앙의 공동체로서 처음부터 끝까지 좋은 모습으로 만나고 좋은 모습으로 헤어질 수 있는 미덕을 창조해 나감으로써 하나님의 뜻을 이루어 가야 한다고 생각한다. 나는 부총회장에 입후보하여 총회의 목사님들과 장로 대의원님들 앞에서 정견 발표를 하였다. 정견발표 내용에 있어서 부총회장으로 당선되어 해야 할 일들도 중요했다. 그렇지만 나에게는 장로로서 평소에 담임 목사를 어떤 자세로 섬기며 목회를 협력했는가가 더 중요했다. 그렇기 때문에 나는 정견 발표 내용에서 앞에서 말한 '목사님의 조기은퇴 발표에 따른 나의 자세'에 대해 더 많은 시간을 집중했다. 나의 예견은 맞았다. 정견 발표 후 많은 대의원들로부터 가슴 뭉클한 감동을 받았다는 평가를 받았다. 물론 나는 당당하게 영예스러운 부총회장에 당선되는 기쁨을 맛보게 되었다.

　교회에서나 사회에서 이야기 되는 것처럼, '선한 마음을 갖는 사람은 선한 결과를 얻는다'는 진리를 새삼 깨달았다. 그러나 솔직히 정견 발표에서 이야기 한 내용은 내가 부총회장에 당선되기 위해 평소에 한 일들이 아니었다. 나는 담임목사님의 목회를 적극 협력하고 섬기는 일은 장로로서 너무도 당연한 일이기 때문에 부족했지만 최선을 다했다. 이렇게 말하는 나를 교만하다고 평가할 수도 있다. 그렇다고 하더라도, 나는 진솔한 말을 하였다. 따라서 나는 평신도들의 이러한 신앙적 자세가 하나님이 기뻐하시는 자세일 뿐만 아니라, 또한 축복 받는 자세라는 것을 말하고 싶다.

당회 의사결정 판단의 정확성

1997년 10월 지금의 정읍성결교회 새 성전건축 착공 시점을 결의하기 위한 당회가 소집되었다. 나를 제외한 대부분의 당회원들은 '성전건축이 착공에 들어가야 성도들이 건축헌금을 더 적극적으로 하게 된다.', '지금 모아진 건축재정이 턱없이 부족한 것은 사실이만, 그렇다고 마냥 미루고 있다면 성전 건축은 사실상 요원해진다.', '일단 착공을 하고 건축재정 확보 노력을 해야 한다'면서 금년 내 착공을 시작해야 한다는 논리를 보였다. 나는 이에 반대하는 의견을 냈다. 그 이유로, 우리나라 경제상황이 아주 좋지 않다. 그래서 부총리가 전국 지방을 순회하면서 국가 경제상황 설명회를 하면서 민심을 달래고 있는 현실이다.

이러한 상황에서 성전건축을 착공한다고 할 때, 성도들이 헌금을 적극적으로 할 것이라는 기대를 할 수 없다. 오히려 착공 한 후 건축재정이 제때에 적절히 조달되지 않으면, 그동안 모아놓은 건축재정만 사용해 버리고 건축은 제대로 진전될 수 없다. 이렇게 되면 건축기간이 길어지고 건축재정도 예상보다 더 추가 될 수 있다. 또한 담임목사님이 강단에서 건축헌금을 독려해야 하는 등, 그야말로 전형적인 돈목사로 전락되고 말 것이다. 건축을 반대하는 내가 가장 믿음이 작은 사람이라고 낙인될지는 모른다. 그러나 담임목사님이 목회하시는데 힘들게 하는 것도 바람직하지 않다는 것을 먼저 생각해야 한다.

그렇기 때문에 건축비 소요 예상 총액의 가시적인 헌금이 모아질 때까지, 좀 더 준비를 철저히 한 후 착공을 해야 한다'는 논리로 반대를 했다. 그러자, 담임목사님은 오늘은 결론을 낼 수 없으니 여기까지만 논의하고 다음에 더 논의하자면서 당회를 폐회하였다. 그리고 2주가 지난 후 담임목사님은 부교역자 전원과 당회원 부부 등, 한사람도 빠짐없이 논산의 모 호텔에서 1박 2일 합동 수련회를 한다고 선언하셨다. 이처럼 목사님의 선언대로, 당회원 부부 및 교역자 합동 수련회는 예정대로 추진되었다. 담임목사님은 수련회 첫날 저녁시간에 참석자 전원을 한 자리에 모이게 한 후, 교회건축을 위한 특별기도회를 진행하셨다. 기도회를 마친 후, 담임목사님은 그 자리에서 교회 건축과 관련해서 특별선언을 선포하셨다.

첫째, 교회건축은 건축 예상 재정의 90%가 확보될 때까지 준비를 더한다. 둘째, 그 기간이 얼마나 걸릴지 모르지만, 그 안에는 건축착공하자는 얘기는 더 이상 하지 말라. 셋째, 건축재정을 확보하는 일에 당회장도 좀 더 적극적인 헌금을 할 터인데, 당회원들도 더 특별히 헌금의 본을 보여라. 넷째, 건축재정 확보를 위해 목사는 강단에서 성도들에게 헌금을 독려하는 목회를 하지 않는다. 다섯째, 성전건축은 우리가 꿈꾸는 대로 반드시 이루어진다는 믿음을 갖고 전교인이 기도에 힘쓴다.

이처럼 담임목사님의 선언은 단호하고 비상했다. 이 때 당회원들은 목사님의 뜻을 제대로 알게 되었고, 목사님이 선언은 당회원들이 순응하는 계기가 되었다. 그리고 당회원들은 성전건축을 하자는 말은 많이 했어도, 막상 건축헌금을 하는 일에는 소홀히 했다는 것을 스스로 느끼게 되었다. 그런데 1997년 11월에 우리나라의 경제상황은 호전되지 않고 결국 IMF

를 맞게 되었다. 그러자, 담임목사님을 비롯한 당회원들은 담임목사님의 특별선언에 따라 성전건축을 서두르지 않고 좀 더 철저히 준비하기로 한 것을 참으로 잘한 일이라고 깨닫게 되었다. 그런 일이 있은 후, 10년을 더 준비하여 건축재정 예산의 90%가 확보되었을 때 4,500평 대지에 연건축 면적 2,500 평의 성전을 건축했다.

따라서 성전건축 부지 매입비와 건축비를 포함하여 25평 규모의 부교역자 사택 3동과 관리집사 사택 등, 총 소요된 건축재정은 60억 원이 되었다. 이 당시 정읍지역의 큰 교회 3곳이 모두 건축을 시작했는데, 2곳의 교회는 시공자의 부도에 의해 건축재정이 당초 예산보다 작게는 10억 원, 많게는 20억 원이 더 추가되어 건축을 마무리하고 준공하였다는 말이 있었다. 그런데 우리 교회는 시공자가 부도를 내지 못했다. 그것은 시공자와 건축계약서를 작성하면서 10회에 걸쳐 건축비를 지급한다는 기성일자를 미리 정했기 때문이었다. 그리고 매회 기성고의 80%만을 건축비를 지급하기로 하였다.

또한, 이 중에서 건축 현장 노동자에게 주는 인건비 등을 기성일자에 반드시 지급하여야 한다는 것을 명시했다. 이를 이행하기 위해 건축감리사를 통해 정확한 기성고 정보를 파악하고, 현장 노동자의 인건비 지급상황도 수시로 점검했다. 이처럼 건축비 지급에 빈틈없이 미리미리 주의를 하였기 때문에, 부도를 방지할 수 있었다고 자부한다. 여기에서 중요하게 생각하는 것은, 성전건축의 착공시기를 놓고 당회에서 당회원들 간에 나름의 주장들이 있었으나, 이런 의견을 듣고 담임목사님께서 특별선언을 통해 최종적으로 착공시기를 결정하셨고, 모두가 성전건축을 철저히 준비를 하였다는 사실이다.

그렇기 때문에 착공은 10여 년 정도 늦어졌지만, IMF 위기를 무난히 넘기고 건축비 확보도 충분하게 되어 건축시공자와 건축계약을 하면서 시행자의 의견이 100% 반영될 수 있었다. 교회에서 어떤 중대한 일을 결정하는 일에 있어서, 당회원들은 정확한 의견 판단의 근거를 논리적으로 내놓아야 한다. 이는 자신의 의견을 관철시키기 위해 억지의 주장만 해서는 안 된다는 사실이다. 당회장이 올바른 판단을 할 수 있도록 정확한 의견 개진을 하였기 때문에, 다른 의견에 반해 당회장이 소신대로 최종적인 결론을 맺은 것이다. 그리고 당회원들은 자신들의 주장과 다른 의견이 관철되더라도, 당회장의 판단에 순응하고 목회에 협력할 때, 이는 성숙한 당회의 미덕이 되는 것이다.

우리 교회에서는 대체적으로 당회장의 의견을 중시하여 의사가 결정되는데, 이것은 목회는 목사가 하고 당회원들은 목회의 협력자라는 인식을 분명히 하고 있기 때문이다. 담임목사님이 기도하고 준비하여 하고자 하는 일에 당회원이 힘이 되기보다는, "그런 일을 뭐 하려고 합니까? 예산이 없는데 어떻게 하려고 합니까?"등의 의견을 내놓는 것은 담임목사님의 목회를 제한하는 일이 된다. 당회가 합리적인 판단을 가지고 당회장의 의견을 중시하여 목회에 협력하는 자세는 교회의 부흥과 성장의 지름길이다. 물론 여기에 반대하는 논리도 있을 수 있다. 그렇지만, 이것은 나의 평소 소신이자 믿음이고 신념이기 때문에 감히 주장하는 것이다.

불의의 교통사고에 대한 지혜로운 대처

교회는 예수 그리스도의 십자가 구원의 도를 깨닫고, 예수 그리스도를 구세주로 믿는 자들의 삶과 생명을 같이하는 신앙의 공동체라고 생각한다. 그렇기 때문에 사도바울은 고린도전서 12장 25절부터 27절에서 '몸 가운데서 분쟁이 없고 오직 여러 지체가 서로 같이 돌보게 하셨느니라. 만일 한 지체가 고통을 받으면 모든 지체가 함께 고통을 받고 한 지체가 영광을 얻으면 모든 지체가 함께 즐거워하느니라. 너희는 그리스도의 몸이요 지체의 각 부분이라'고 하였다.

하지만 오늘날 교회가 공동체로서 아름다운 모습을 갖고 있는지, 아니면 공동체의 모습을 잃어버리고 문화적 향유물이 되어가고 있는지에 대한 심각성을 생각해 보지 않을 수 없다. 교회에 대한 이러한 판단의 최소한의 준거는 교회가 뜻하지 않게 어려움에 처했을 때 어떻게 대처해 가는가로 볼 수 있다고 여겨진다. 예수 그리스도의 사랑의 공동체인 교회는 어려움과 위기에 처했을 때, 함께 고통을 나누고 또한 모든 영광도 함께 나눌 수 있어야 한다. 나는 인간이기 때문에 완벽하지는 않았지만, 평소에 담임목사님의 목회를 협력하는 일에 있어서 사심을 버리고 교회의 본질에 충실한 신앙심의 바탕에서 돕고자 최선을 다했다.

그러나 교회는 각양각색 신앙심을 가진 성도들의 모임체인 '특수한 공동체 조직'이라는 점에서 상식적인 위계질서를 확립하고 특단의 결정을 해나가는 리더십도 목회에 있어서 때로는 필요하다고 생각한다. 나는 담임목사님께서 뜻하지 않은 교통사고를 당해 교회가 위기와 어려움에 처했을 때, 교회의 본질에 대한 평소의 소신과 신앙심이 있었기 때문에 이러한 신앙심과 소신을 근거로 모든 일을 처리해 나가는 것이 현명한 처신이라는 생각을 갖게 되었다. 그럼 여기에서 담임목사님께서 큰 교통사고를 당하셨던 때에 우리 교회에서 처리한 모든 일들을 나누면서 은혜를 받고자 한다.

담임목사님의 뜻하지 않은
큰 교통사고 소식

나는 2017년 10월 기독교대한성결교회 부총회장으로서 각 지방회 부지방회장(장로)단을 인솔하여 호주로 수련회를 떠났다. 그런데 호주 공항에 도착하자마자, 우리 교회 문 장로님으로부터 국제전화가 걸려왔다. 전화내용은 '담임목사님께서 목포 북교동교회 부흥성회 강사로 새벽예배를 드리기 위해 동 교회 장로님의 승용차로 숙소에서 교회로 이동하시다가 앞에서 오고 있던 상대방 차량의 중앙선 침범으로 큰 교통사고를 당해 목포에 있는 모 병원에서 응급치료를 받고 있다'는 내용이었다.

나는 그 전화를 받는 순간, 담임목사님이 모 교회 출신으로 35여 년 간 열정을 쏟아 목회를 훌륭하게 해오셨는데, 뜻하지 않는 사고로 여기에서 목회를 허망하게 접게 될지도 모른다는 생각에 앞이 캄캄하고 하늘이 무너져 내리는 듯한 큰 충격을 받았다. 나는 곧바로 한국으로 되돌아가기 위해 가이드에게 비밀리에 비행기 티켓을 구입해 보도록 부탁을 했으나 티켓을 구입할 수 없었다. 그러자, 조금 후 사모님께로부터 다시 전화가 걸려 왔는데, 목사님께서 응급치료를 잘 받고 계시고, 의식도 있으니 너무 걱정 말고 호주의 일정을 잘 마치고 왔으면 한다고 말씀해 주셨다.

내가 호주에서 일정을 마치지 못하고 되돌아오면 모두에게 걱정이 되고, 불필요한 말이 와전될 수도 있다는 내용이었다. 사모님의 전화내용을 듣고 나니 다소 안도감은 있었으나, 나는 4박 5일의 일정을 지내는 동안 마음이 너무 무거워 표정이 굳어져 있었다. 더욱이 일행 장로님들에게 아무런 내용도 말하지 않고 나 혼자 속을 태우며 지내려하니, 하루하루가 지옥이었고 어서 빨리 일정이 지났으면 하는 생각 외에 다른 생각이 없었다. 그러면서 만약에 목사님이 잘못된다면, 다가오는 모든 일에 대해 '선임 장로로서 어떻게 현명하게 처리해 나가야 할 것인가?'라는 생각이 엄습해 왔다.

이런저런 생각에 잠겨 무거워진 마음으로 표정이 굳어져 있는 나의 모습에 가이드는 내가 인솔자로서 책임감이 크기 때문에 표정이 그런 줄로 알고, 관광버스 내 동승자들에게도 그렇게 말을 하면서 분위기를 바꿔보려고 노력하는 듯 했다. 나는 호주 수련회 일정 동안 매순간마다 담임목사님이 치료를 잘 받아 무사하게 건강을 회복하실 수 있으시기만을 하나님께 간절한 기도했다.

당면한 중요 문제 처리

　무겁고 지루한 시간들이 지나고 수련회 일정을 마친 뒤, 토요일 오후 늦은 시간에 한국에 도착했다. 도착하자마자 우선적으로 처리해야 할 일이 주일예배를 드리는 문제였다. 그래서 시간이 없는 관계로 당회원 개인들에게 전화로 동의를 받아 선임 부목사님에게 2부 본 예배를, 다른 부목사님에게 1부 예배를 주관하게 하여 집례하도록 조치하였다. 그리고 주일예배를 드리면서 내가 특별광고를 하여 교인들에게 담임목사님의 교통사고 내용을 알린 뒤, 치료를 잘 받고 계시니 너무 걱정하지 말라고 안심시키고 성도들의 집중적인 중보기도를 부탁했다.

　이렇게 담임목사님의 교통사고 후 첫 번째로 맞는 주일예배를 마친 후, 당회를 소집하여 다음과 같은 내용들을 결의했다. 첫째, 담임목사님은 35년 간 본 교회 주일학교 출신으로서 목회를 하는 동안 안식년을 제대로 드리지 못했으니, 이번 기회에 치료를 받고 강단에 복귀하실 수 있을 때까지 안식년을 드려 편안하게 치료를 받게 한다. 둘째, 담임목사님 부재중에 일체의 외부 목사님을 강단에 세우지 않고 부목사님들에게만 강단을 맡긴다. 셋째, 주일 1부 예배와 2부 예배에 집례 부목사님들을 고정시키고, 기타 수요예배 등 모든 예배는 부목사님들이 잘 의논해서 서로 돌아가면서 집례하도록 한다. 넷째, 담임목사님 부재 기간이 장단기일지 모르지만,

그 기간 중에 일체의 목회 프로그램을 새로 개발하지 않고 담임목사님이 예전에 하신 프로그램으로만 한다. 다섯 째, 부목사님들은 예배중심과 성도관리에 집중하고, 교회의 모든 행정적 처리는 선임 장로가 맡아서 한다. 여섯 째, 당회는 교단의 결의대로 2개월마다 개최하고, 필요시는 임시당회는 최소한으로 소집한다는 것을 결의했다.

이처럼, 당면한 교회의 운영에 대해 필요하고 중요한 내용들을 당회에서 은혜스럽게 정리하였다. 여기에서 중요한 것은, 당회에서 담임목사님께서 교통사고로 치료 받고 교회에 복귀하실 때까지의 기간을 안식년으로 처리한 것은 앞에서 말했듯이 '교회의 본질'에서 비롯되었다는 점이다. 이는 교회가 위기와 어려움에 직면할 때에 사회적인 상식에 의존하지 않고, 교회의 본질에서 해결책을 찾아야 한다는 것이 가장 현명한 지혜라는 신앙심에서 기인한다. 그리고 예배집례에서 외래 설교목사를 일체 초빙하지 않고, 부목사 중심으로 강단을 지키고 예배를 집례하도록 결의한 것은 담임목사님 부재중에 불필요한 내용들이 대내외적으로 와전되는 것을 차단하고 예배의 안정성을 고려한 결의였다.

담임목사님 외상 상태 확인 및
긴급한 후송의 결단

  주일이 지난 뒤, 월요일에는 교단 목회자 컨퍼런스 개회식에 내가 부총회장으로서 기도하는 순서가 들어 있었으나, 병원에서 응급치료를 받고 계시는 목사님을 찾아뵙지 않고 그 기도 순서를 담당하기 위해 참석한다는 것은 도리가 아닐 뿐만 아니라, 목사님의 상태를 우선적으로 직접 확인해 보아야 한다는 생각이 들었다. 그래서 총회장님께 정중히 전화를 하여 담임목사님의 교통사고 사정으로 목회자 컨퍼런스에 참석할 수 없으니, 내가 해야 할 기도 순서 담당을 다른 분에게 맡겨 달라는 부탁 말씀을 드렸다.

  그리고 나는 월요일 날 전남대 병원 응급환자실에 후송되어 치료를 받고 계시는 담임목사님을 찾아가 뵈러 갔다. 담임목사님을 찾아가 뵙는 순간, 목사님은 한시 바삐 서울에 있는 큰 병원으로 이송시켜 정밀 치료를 받게 해드려야 한다는 판단이 들었다. 그러면서 내가 한국에 있었다면 어떤 수단을 강구해서라도, 헬기라도 이용하여 사고 당시에 목사님을 서울에 있는 큰 병원으로 후송시켜 처음부터 치료를 받게 하였을 것이라는 생각이 들었다. 그 순간 너무 아쉬웠고, 그때 내가 한국에 없었다는 것이 담임목사님께 죄송스러운 마음이 들었다. 이렇게 착잡한 심정으로 담임목사님의 상태를 확인하고 난 후, 사모님께 간곡히 말씀을 드렸다.

  "지금이라도 하루빨리 목사님을 서울에 있는 큰 병원으로 이송시켜야 한다는 생각이 들었고, 내가 병원을 수소문할 터이니, 그렇게 준비를 하시라"말씀드렸다. 사모님께서도 나의 제안에 동의를 하셔서, 화요일에 모든 안전장구가 마련되어 있는 구급차량에 응급 구호 간호사를 동승시켜 서울에 있는 모 병원으로 목사님을 이송시킨 뒤, 뇌와 신체 전반에 이르기까지 검사를 다시 받으시게 하였다. 몇 시간에 걸쳐 모든 검사를 마친 후, 담당 주치의 교수가 가족들에게 검사 결과와 향후 치료 방안을 설명했다. 담당 교수의 설명에 의하면, 뇌는 수술 치료를 하지 않고 약물 치료가 가능하며, 신체의 골절 부위는 나타나 있지는 않으나 충격에 의해 치아의 손상이 있어서 치과와 협치를 할 것이다.

그리고 뇌의 완치는 시간이 해결할 문제라고 하였다. 이렇게 담당 교수의 설명을 듣고 난 후, 사모님은 "이제야 안심이 간다"고 하시면서 치료의 불투명성에 대해 그동안 노심초사한 속 마음을 드러내 보이였다. 이처럼 목사님은 서울에 큰 병원으로 후송되어 뇌와 신체에 이르기까지 전반적으로 치료를 잘 받아 위기를 넘겼고, 지금은 서울에 있는 모 재활치료 병원에서 2020년 10월 정년 은퇴시까지 만 3년동안 치료를 받고 계신다. 지금 나의 솔직한 심정은 그 당시 목사님께서 지방병원에서 치료를 계속 받지 않고, 바로 서울에 있는 큰 병원으로 후송되어 치료를 받으셨기 때문에 그나마 목숨을 건지신 것이라는 생각을 지울 수가 없다.

목사님의 외상 상태를 내가 직접 확인하고 서울로 후송해야 한다는 판단을 한 뒤, 곧바로 후송 조치를 한 것은 내 스스로도 현명했다고 자부한다. 후송과정에서도 나는 목사님의 상태에 대하여 나와 사모님과 선임 부목사님 외에는 일체 외부에 알리는 것을 통제했다. 후송하여 모든 조치를 마친 후, 당회원들을 비롯한 성도들에게 목사님이 안정적인 치료를 받기 위해 후송되었다는 사실을 알리고 안심시켜드렸다.

　이렇게 극비밀리에 후송 조치를 한 것은, 후송과 관련된 여러 가지 의견들이 나와 후송이 지체될 수도 있고, 여러 가지 의견으로 후송을 하지 말자는 의견도 있을 수 있다는 판단 때문이었다. 어떠한 의사결정을 함에 있어서는 관계자 다수의 의견을 수렴해야 하는 것이 당연하지만, 중대한 결정을 함에 있어 때로는 직접 당사자의 판단을 우선시해야하고, 신속성을 위해서 다른 경우와는 다른 특단의 의사결정을 하는 것도 지혜다.

담임목사님 부재중에도
평안하고 든든히 서가는 교회

담임목사님께서 오랫동안 병원치료 중에도 성도들의 이탈이나 동요가 전혀 없는 신앙생활을 차분하게 하고 안정적으로 하고 있는 가운데, 교회의 재정 또한 담임목사님께서 계실 때와 다름없이, 아니 오히려 더 풍성하며 교회가 평안하게 든든히 서가고 있는 것은 하나님의 은혜가 아닐 수 없다. 교단에서나 지역의 다른 교회 목회자, 또는 성도들이 우리 교회가 담임목사님이 오랫동안 부재중에 있는데 아무런 흔들림이 없기 때문에 대단한 교회라고 말을 한다. 그러면서, 그 비결이 뭐냐고 묻는 사람도 왕왕 있다.

그럴 때마다 나는 서스럼 없이 일관되게 하는 말이 있다. 담임목사님의 그동안 목회 방향이 '시스템 목회'였다. 이를 테면 담임목사님 혼자 목회하는 것이 아니고, 각 부서별 책임자에게 많은 것을 위임하여 책임 운영을 하도록 하였다. 그리고 담임목사님께서는 "교회의 목회자는 전병일이 아니고, 하나님이 우리 교회에 임재 하셔서 하나님이 목회자다.", "사람은 실수와 허물이 많다. 절대로 사람 바라보고 신앙 생활하지 말고, 하나님만 바라보고 신앙생활해야 한다."

"교회가 예수 십자가가 우선시 되지 않는 신앙은 본질적인 신앙이 아니다. 예수님의 십자가 사랑으로 교회에서 성도들은 쉼을 얻어야 한다."라는 등, 평소에 담임목사님께서 소신의 복음주의적 목회의 방향으로 성도들의 신앙기반을 잘 다져놓았기 때문이라고 말하고 있다. 이와 다른 면에서 생각해 보면, 우리 교회의 당회원 한 분 한 분이 모두 소중하고 감사하다는 생각이 든다. 목사님께서 부재중에 계실 때에 당회원들이 하나 된 모습으로 모든 의사결정에 적극협력하고 있다. 그리고 우리 교회 성도님들이 세태에 물들지 않고 순수한 신앙심을 갖고 있기에, 각자가 해야 할 일들에 대해 의무감을 갖고 스스로 잘 해주시고 계시는 것은 축복받을만한 일이라고 자부하고 있다.

무엇보다도, 부교역자님들이 교회와 성도님들만을 사랑하는 마음을 갖고 힘쓰고 애쓰시며 책임감을 갖고 세심한 목회를 해주시고 계시는 것은, 주의 종들로서 하나님으로부터 칭찬 받고 상급 받기에 부족함이 없다고 생각한다. 나는 확실한 믿음을 갖고 있다. 하나님이 우리 교회에 임재하셔서 담임목사님의 사고로 인한 부재중에도 선하게 역사하시고 계시고, 우리 교회에 주시는 특별한 메시지와 분명한 계획을 갖고 계신다는 것을 믿고 있다. 그렇기 때문에 나는 목사님께서 부재중에 계실 때에도 교회의 모든 일을 처리함에 있어 신중하고 또 신중하게, 그리고 최대한의 지혜를 모아 의사를 결정하고 처리를 하고자 노력하고 있다. 하나님의 뜻이 무엇인지 모르는 사람이 지극히 인간적인 사심에 치우쳐 교회와 관련된 일을 해서는 안 된다는 생각이 늘 나의 마음을 지키고 있기 때문이다.

담임목사님의 공직 유지 및
사직 결단에 대한 아름다운 모습

내가 교단 부총회장 임기를 마치고 난지 1주일 후에 담임목사님과 아주 가깝게 지내시는 목사님으로부터 전화가 왔다. "이 장로님! 내가 전목사를 누구보다 사랑하고 이 장로님도 명예스럽게 교단 부총회장을 잘 마쳤는데, 전 목사가 병원에서 오랫동안 치료를 받고 있기 때문에 서울신대 이사장직을 원만하게 수행 할 수 없으니, 이제 사직을 해야 전목사와 이 장로님이 욕을 얻어먹지 않아요. 이 장로님이 부총회장으로 있을 때는 체면상 아무도 전목사님의 이사장직에 대해 말을 하지 않았지만, 이제 부총회장을 마쳤기 때문에 말하는 사람이 있어요. 그러니 이 장로님이 전목사님께서 이사장직을 사직하시도록 역할을 해야 해요."라는 요지였다.

나는 그와 같은 내용의 전화를 받는 순간, 그 말이 옳다는 생각보다는 '누군가가 보이지 않게 교단에서 몰상식하게 정치를 하고 있구나!'라는 생각이 먼저 들었다. 그래서 나는 그분에게 이렇게 대답을 하였다. "목사님! 전목사님과 나를 생각해 준 마음은 고마와요. 그렇지만 나는 전목사님에게 이사장직을 내려놓으라는 말을 할 수 없어요. 그 이유에는 첫째, 내가 부총회장을 마친 것과 전목사님께서 이사장직을 사직하는 여부와는 상관관계가 없어요. 이사장직 사직 여부는 전적으로 전목사님이 스스로 알아서 판단하고 해결할 문제예요. 선임 장로라고해서 담임목사님의 공직에 대해 가타부타 할 수가 없어요. 더욱이 내가 부총회장직에 있을 때는 말을 하지 않았어도, 부총회장직을 마쳤기 때문에 말하는 사람이 있다고 하는 것을 동의 할 수 없어요.

정당하게 꼭 해야 할 말이 있다면 하는 것이 원칙이지만, 누구의 체면 때문에 하지 않았다라고 하는 것은 비겁한 행위라고 생각합니다. 담임목사님은 지금 현재 담임 목사직과 서울신대 이사장직 유지에 강한 의지를 가지고 계시고, 이것은 치료에도 많은 도움을 주고 있습니다. 그런데 내가 목사님께 병원에 오랫동안 누워 계셔서 서울신대 이사장직을 원만하게 수행할 수 없으니, 이사장직을 그만 내려놓으라는 말을 한다면, 이는 마침내 목사님께 담임 목사직도 내려놓으라는 말이 될 수 있습니다. 사직 권고가 이렇게 왜곡되게 받아들여져 담임목사님이 충격을 받는다면 치료에 큰 문제를 야기할 수 있습니다. 그러므로 본인이 스스로 모든 일들을 판단해서 어떤 의견을 먼저 내놓거나, 신중하게 처리할 문제이지, 경솔하게 일을 처리해서 그것이 치료에 영향을 준다면 절대로 안 된다는 생각을 하고 있습니다.

지금은 담임목사님의 인지상태가 정상이 아닌데, 내가 경솔한 짓을 해서 담임목사님이 정상으로 회복되고 난 후 그간의 과정에 대해 알게 되면, 나에 대해 서운함을 갖게 되고, 또 치료에 영향을 주게 되어 그 책임은 모두 내가 지는 일이 됩니다. 나는 담임목사님이 재활치료를 잘 받아 하루빨리 교회에 복구하는 것을 바라고 있기 때문에, 치료에 집중하는 것 외에 지금 시점에서 담임목사님의 서울신대 이사장직 유지 여부에 대해 결정하는 것은 나의 권한 밖의 일입니다.

현재 이사장 대행이 잘하고 있는데도 이런 말들이 나오는 것은, 누군가 자신들이 이사장이 되기 위해 인정사정이 없이 몰상식한 정치행위를 하는 것에서 비롯되었다고 여겨지니, 이사장 유지 여부에 대해서는 나에게 더 이상 불편한 말씀을 하지 않았으면 합니다."라고 단호하게 입장을 정리하고 전화를 끊었다. 1주일 후, 나에게 전화했던 그 목사님은 "이 장로님 내가 경솔했던 것 같습니다. 이 장로님 말이 맞다고 생각합니다. 전 목사가 치료를 잘 받아 하루빨리 교회에 복귀할 수 있었으면 좋겠습니다. 나도 전 목사를 위해 기도를 많이 하고 있습니다."라고 하셨다.

또한, 교단의 모 중진 목사님 한 분도 나를 만나 "이 장로님 미안합니다. 나도 나름대로 전목사님을 존경하고 있고, 또한 그 누구보다도 이 장로님을 사랑하고 있기 때문에 전한 말이었는데, 이 장로님의 생각을 듣고 나니 내가 생각이 짧아서 한 말이었습니다. 이해 해 주십시오."라고 하셨다. 그 목사님께서 그간의 과정에 대해 나름대로 판단을 하고 한 일이라고 스스로 말씀을 해주셨기 때문에, 오해를 해소할 수 있었다. 그리고 그 목사님께 감사한 마음도 들었다. 그런데 담임목사님이 지금도 병원에서 치료를 받고 계시고, 담임목사님의 정년은퇴가 9개월 밖에 남지 않았으며, 그간 이사장 대행이 책임 아닌 책임을 지고 법인을 잘 이끌어 온 공로가 있는데, 그분에게 더 이상 부담을 드려서는 안 된다는 생각이 들었다. 그래서 이 시점에서 이사장직을 사직하는 것이 어떨지 사모님께 조심스럽게 나의 이런 의견을 전달하였고, 목사님께서 기분이 좋으실 때 현명하게 의사 타진을 해보시라고 하였다. 그러자, 사모님께서는 2주 후 나에게 전화를 걸어와 "담임목사님과 아주 조심스럽게 의사 타진을 잘했습니다. 목사님께서 아주 좋은 생각이라면서 적극적으로 동의해 주셨다."라고 하셨다. 나는 그 후 이사장 대행을 만나 이러한 내용을 전달하고, 이사회의를 거쳐 이사장을 새로 선출하도록 사직서와 관련된 서류를 전해 드렸다. 서울신대 이사회에서는 이사회의를 거쳐 현재 대행을 맡고 계시는 목사님을 이사장으로 선출하였다.

새로 선출된 이사장은 "목사님 이사직은 임기가 얼마 남지 않았으므로, 현 이사들과 같이 끝나길 모두 바라고 있어 그대로 유지하기로 결의하였습니다. 이사회의 이런 뜻을 받아 주십시오."라고 하셨다. 나는 사모님께 서울신대 이사회의 결과를 전달하고, "그간 담임목사님이 이사장직을 원만하게 수행할 수 없었던 점을 고려하여, 이사회의 결의를 수용해 주는 것이 도리인 것 같습니다."라는 의견을 전달했다. 사모님께서는 "목사님이 이사직을 유지하고 싶은 욕심이 있어서 그런 줄로 오해가 있을 수 있으니, 좀 더 생각해 봅시다."라고 하셨다. 어찌하든 그간의 담임목사님의 오랫동안의 치료 기간 중에 이사장직을 놓고 이런 저런 말들이 있었으나, 다소 늦은 감은 있지만 목사님의 뜻을 잘 수용하여 지혜롭게 마무리 한 것에 대해 나는 감사를 하고 있다.

그리고 이사장 대행이 새로 이사장으로 선출된 것도 너무 잘 된 일이라서, 담임목사님 명의로 축하 화분을 보내 드렸다. 새로 선출된 이사장 최명덕 목사님은 "형님의 이름으로 된 축하 화분을 받고나니, 너무 감동이 됩니다. 내가 존경하는 형님을 이사장으로 끝까지 모시지 못하고, 중간에 제가 이사장직을 수행하게 되어 기쁨보다는 아쉬움이 너무 큽니다."라고 하셨다. 이 어찌 아름다운 말씀이 아닐까요? 이사장 대행으로 책임을 지고 이사회를 이끌어 오면서 고통스러운 일들이 많았겠지만, 그 분은 단 한 번도 불편한 심기를 보이지 않으셨다.

우리 담임목사님과의 관계 때문에, 남모를 고통을 스스로 감수하시면서

까지 맡은 사명을 묵묵히 수행하시지 않았겠는가? 아마 다른 사람이 이사
장 대행을 오랫동안 맡아 왔었다면, 이런 아름다움이 있었을까?를 생각하
게 한다. 뒤늦게 이사장으로 선출되셨지만, 평소에 우리 담임목사님을 형
님으로 모시면서 존경심을 표하는 최명덕 목사님의 아름다운 마음에 나는
감사하고, 또 감사할 따름이다. 그리고 존경한다.

예수님은 참 좋은 진정한 친구

우리가 일반적으로 생각할 때, 친구라는 개념은 나이가 비슷한 사람이나 친근하게 지내는 사람을 친구라고 생각한다. 친구에 대한 사전적 의미는 '가깝게 오랜 사귄 사람'이라고 표현되고 있다. 그렇다면 친구는 반드시 나이가 같아야만 되는 것이 아니라, 힘들 때 곁에 있어주고 서로 허물없이 바라볼 수 있는 사람을 친구라고 말 할 수 있다. 그래서 미국의 유명한 공상과학소설가 로이스 맥마스터 부욜은 "역경은 누가 진정한 친구인지 가르쳐 준다."라고 말을 하였고, 스페인의 신부이며 「영웅론」의 저자인 발타자르 그라시안은 "친구를 갖는다는 것은 또 하나의 인생을 갖는 것이다."라고 말하였다.

이는 친구가 역경을 겪고 있을 때 자신과 무관하게 생각하면서 바라보지 않고, 그 역경에서 벗어날 수 있는 힘과 지혜와 능력을 가지고 돕거나 협력하면서 고통을 분담하는 노력을 해주는 사람을 진정한 친구라고 말하는 것이 아닌가 싶다. 이러한 진정한 친구 관계가 형성되어 있다면 그 친구로 인한 또 하나의 인생을 갖는 것과 다를 바가 없다는 것이다. 반면, 미국의 저널리스트 아서 브리즈번은 "좋은 친구는 일 분 안에 당신의 문제가 무엇인지 말해 줄 수 있다. 그런데, 그 말을 한 후에는 좋은 친구로 보이지 않을 수도 있다."라고 하였다. 이 말은 친구의 좋은 점이 아니라, 나쁜 점에 대해서 지적을 하여 개선해 나갈 수 있도록 용기를 갖고 말해 주는 친구가 진정한 친구라는 것을 말해주는 것 아닌가 싶다.

어쨌든, 친구의 개념은 다양성을 갖고 접근할 수 있다고 보기 때문에, 이것이 '친구'의 개념이라고 딱히 단정적으로 말할 수는 없다고 생각한다. 다만 친구를 성경적으로 바라본다면 요한복음에서 "사람이 친구를 위하여 자기 목숨을 버리면 이보다 더 큰 사랑이 없나니"라고 예수님이 말씀을 하셨는데, 예수님은 "너희는 내가 명하는 대로 행하면 곧 나의 친구라"고 하셨다. 하나님의 독생자로서 인류의 죄를 대속하시기 위해 이 땅에 오신 예수님은 스스로 우리의 친구임을 자청하셨고, 겸손함으로써 친구들을 위하여 목숨을 버리는 데까지 사랑을 선포하셨다.

나는 어느 목사님께서 자신이 소년 시절에 겪었던 실화에 대해 얘기하시는 것을 듣고 감동을 받은 바 있다. 어느 날 어머니가 없이 불행하게 살아가는 소년가장이 학교에서 친구들로부터 집단폭행을 당하고 피멍이 든 몸으로 비를 맞으며 처절하게 집으로 가고 있었다고 한다. 그런데 그 소년과 친구였던 자신은 집단폭행하는 친구들을 말리지도 못했고, 아무런 힘이 되지 못한 채 방관하고 있었다고 한다. 폭행을 당했던 친구는 비를 맞으며 앞서갔고, 자신은 우산을 쓰고 뒤를 따라 갔었다고 한다. 그런데 그 친구는 "엄마 어디 있어? 엄마 보고 싶어."라는 말을 계속 반복하면서 엉엉 울고 가는데, 자신은 우산을 쓰고 뒤따라가고 있었던 것이 잘못되었음을 깨닫게 되었다고 한다.

이렇게 양심의 가책을 받은 자신은 우산을 접고, 앞서가는 친구에게 다가가서 비를 같이 맞으며 "친구야 미안하다. 친구야 용서해다오."라고 위로의 말을 하면서 어깨를 감싸주었는데, 순간 그 소년은 자신을 진정한 친구로 받아주어 신앙생활을 같이하게 되었다고 한다. 그 후 그 친구는 성장해서도 훌륭한 신앙인이 되었고, 자신은 목사가 되었다는 것이다. 비록 처절하게 당하고 있는 친구를 위해서 목숨을 내놓을 수 있는 사랑은 못했을지라도, 그 불쌍한 친구에게 자신이 도움을 주지 못한 죄를 고백하며 용서를 빌었을 때, 그 위로의 말 한마디가 그 친구에게 큰 위로와 신앙생활을 할 수 있는 힘이 되었다고 한다.

우리 신앙인들은 예수님의 가르침대로, 내 이웃들의 '진정한 친구'가 되어주는 노력이 복음을 심는 능력이 된다는 것을 새삼 깨달아야 한다. 사도 바울이 말한 것처럼 경건의 모양만 있고 경건의 능력이 없는 사람이 되지 않기 위해서라도, 우리 모두 예수님의 친구개념을 올바르게 깨달아 실천하여 복음을 심는 능력자들이 다 되었으면 좋겠다. 나는 이 글을 쓰면서 내가 어린 시절에 겪었던 서러움이 문득 떠올라 눈시울을 적셨다. 초등학교 2학년 때이다. 나는 학교 교정에 심겨진 살구나무에서 풋살구 하나를 따먹었다가 선생님께 들켜 교실에 불려 들어가 회초리로 온 몸이 피멍이 들도록 두들겨 맞았다.

일곱 살에 아버지가 돌아가신 뒤, 홀어머니의 양육으로 살아오면서 가정 형편이 너무 가난하여 배가 고파지니, 풋살구 하나를 따먹게 되어 죄 값을 혹독하게 치른 것이다. 선생님께 그렇게 두들겨 맞고 나와 하늘을 쳐다보니, 하늘이 노랗게 보였다. 너무도 서러움이 북받쳐 올라 그 노란 하늘을 쳐다보면서 돌아가신 아버지가 그리워 "아버지! 아버지! 아버지!"라고 큰 소리로 부르면서 하염없이 흘렸던 눈물이 지금도 나의 눈을 적셔주고 있다. 이렇게 외롭고 힘들고 서러움을 느껴왔지만, 나는 유년시절부터 신앙생활을 착실하게 잘 해왔다. "예수님은 우리의 생명을 살리신 구세주이

시오, 참 좋은 친구이다"라는 교회 선생님의 가르침이 늘 나의 마음을 두드리고 있었다.

그렇기에 나의 주일날 교회에 가는 발걸음은 마음의 기쁨이 되었다. 나와 항상 동행하시고, 위로해 주시고 사랑해 주시는 예수님이 나의 마음 한가운데 계셔서 나의 삶을 선하게 인도해 주셨다. 그렇기에 내가 여기까지 축복받은 자로서 이글을 쓰는 종이 되었다고 생각한다. 그러므로 나는 감사! 감사! 또 감사! 할 따름이다.

어느 날 나의 기도

할렐루야! 참 좋으신 하나님 아버지! 이 부족하고 연약한 사람을 사랑하시사, 주님의 큰 손으로 덮으시고 큰 바위에 숨기시어 늘 보호하여 주시고 행복의 터전인 주님의 몸된 제단의 종으로 세워주사 사용해 주시니 감사합니다. 주님의 사랑과 은혜를 힘입어 여기까지 받은 축복, 다 헤아릴 수 없을 정도로 풍성하나, 주님을 사랑하고 주님의 영광을 위해 최선을 다하는 삶을 살지 못한 것을 생각하며 회개합니다.

용서하시는 주님! 이 종의 회개를 받으시고, 용서하여 주시옵소서! 다시금 용서를 구하는 어리석은 사람이 되지 않게 하시고, 지혜로운 사람으로 살아가는데 부족함이 없게 하여 주시옵소서! 내 인생에 있어서 온 맘과 정성 다해 주님께 예배하는 시간이 가장 소중한 시간 되게 하시고, 죄인 된 몸이 주님을 만나 회복되어 마음의 바라는 모든 소원을 이루어 나가는 삶을 살 수 있도록 이끌어 주시니 감사합니다.

온유와 겸손과 절제 신앙의 근간으로, 주님이 기뻐하시며 영적 풍요로움이 넘치는 삶이되기를 소원합니다. 무슨 일을 하든지 기도보다 앞서지 않게 하시고, 성령님의 도우심을 받아 주님의 뜻에 따라 살아가는 종 되게 하시며, 맡겨진 사명을 겸손하게 잘 감당하도록 축복하여 주시옵소서! 교회에 나갈 때마다 주님의 영광을 바라보게 하시고, 찬송과 감사가 종의 마음 안에 샘솟는 기쁨으로 나타나게 하시옵소서!

감사하면 감사를 낳고, 감사하면 축복을 낳고, 감사하면 기적이 일어난다는 믿음을 지켜, 이 종이 받은 은혜와 사랑을 감사를 통해 하나님께 표현하게 하시며, 감사를 실천하는 삶으로 채워 주시옵소서! 한 해의 끝자락에서 지난날을 바라보며 후회하는 삶이 되지 않게 하시고, 내일의 희망을 바라보며 기도하는 종으로 살아가게 해주셔서 감사합니다.

많은 사람에게 유익을 주고, 많은 사람에게 본을 보이고, 많은 사람에게 은혜를 끼쳐 담임목사님의 목회사역에 걸림돌이 되지 않는 협력자로서 일생을 살아가게 하시옵소서! 이 종이 섬기며 사랑하는 정읍성결교회 제단이 평안과 행복을 주는 교회로, 영혼구원과 지역 사회 복음화를 위해 아름다운 사명 감당하게 하시니 감사합니다.

지금보다 더 좋은 영광을 주님께 돌려 드리도록 역사하여 주시옵소서! 교회의 본질에 충실한 교회로서 거듭나게 하시옵소서! 담임목사님의 목회를 주님이 끝까지 책임져 주셔서, 목회의 승리자로 명예롭게 목회를 마무리 하시도록 도와주시옵소서! 이러한 목사님의 사역에 이 종이 감당하고 협력하기에 부족함이 없도록 마음을 지켜주시고, 지혜와 능력으로 채워 주시옵소서! 지금도 살아계셔서 영광 받으시는 예수 그리스도 이름으로 기도하였습니다. 아멘.

신뢰를 바탕으로 좋은 만남

이사야 26장 3절부터 4절을 보면, "주께서 심지가 견고한 자를 평강하고 평강하도록 지키시리니 이는 그가 주를 신뢰함이나이다. 너희는 여호와를 영원히 신뢰하라 주 여호와는 영원한 반석이심 이로다"라고 하였다. 우리가 영원한 반석이신 예수님의 신성을 신뢰하고 예수님으로부터 신뢰를 받는 사람이 되면, 그는 성공한 사람일 뿐만 아니라 축복을 받는 사람이다.

그렇지만 필자는 여기서 예수님에 대한 신뢰는 논외로 하고, 인간관계의 신뢰에 대해서 조명해 보고자 한다. 인간관계의 신뢰는 각 사람의 내면에 내재하고 있는 인격과 인품의 가치를 평가하는 중요한 요소이다. 지식과 지혜와 재능, 그리고 부와 권력을 소유했다고 해서 신뢰마저 주어지는 것은 결코 아니다. 정직성과 성실성, 그리고 근검성과 근면성이 있어야 하고, 무엇보다도 정신적 물질적 신용성이 충분하게 평가 되어야 하며, 이것이 객관적으로 담보되어야 인간관계의 신뢰가 주어진다.

이렇듯, 인간관계에 있어서 신뢰가 주어지지 않으면, 진정한 인간관계의 형성은 사실상 어렵다고 생각한다. 신뢰를 바탕으로 한 진정한 인간관계가 형성되어지는 사람은 성공의 삶을 살아간다고 말할 수 있다. 그렇지만 신뢰가 주어지지 않는 사람은 제아무리 지식과 지혜와 재능이 있고 부와 권력을 소유하고 있다고 하더라도, 결코 성공한 사람이라고 말하기 어렵다. 이러한 사람은 자기중심에 이끌리어 오히려 이기주의적인 발상을 많이 하고 다른 사람을 배려하지 않기 때문에 가증스럽게 느껴지고 거부감을 갖게 할 것이다.

우리는 살아가면서 내 자신이 신뢰를 바탕으로 진정한 인간관계를 맺고 살아가는 사람이 과연 얼마나 되는가?에 대한 깊은 성찰이 있어야 한다. 왜냐하면, 좋은 인간관계로 생각되었던 사람이 자신의 이해관계에 따라 추하게 매몰되어 버리는 일들이 허다하기 때문이다. 그래서 지나치게 신뢰하였던 사람에게서 실망의 결과가 더 크게 나타날 수 있다. 반면, 평소에 적극적인 신뢰보다는 평범한 인간관계로 맺어 온 사람에게서 의외로 희망의 결과를 얻을 수도 있다. 그렇기 때문에 특별한 선입견이나 편견에서 벗어나, 보편적이고 지극히 평범한 인간관계를 맺고 그 범주에서 신뢰하는 것이 중요하다.

그 이유는 적극적으로 신뢰하였던 사람이 자기중심에 이끌리어 변질과 변절로 배신을 함으로써 실망을 안겨주게 될 때, 그것으로 입는 상처가 크기 때문이다. 그렇지만 평소에 깊은 인간관계로 얽혀지지 않았던 사람이 어떠한 이해관계 앞에서 너그러움으로 배려하고 오히려 호의와 호감을 보여 줄 때, 우리는 그것으로 인하여 이전에 가졌던 우리 자신의 편견에 대해 부끄러움을 발견하게 되는 계기가 있을 것이라는 생각이 든다. 특별한 이유나 이해관계로 인하여 힘없이 인간관계를 무너지게 하는 사람 앞에서는 비전이나 신뢰를 기대할 수 없다.

그러나 특별한 신뢰를 갖지 않았던 사람으로부터 의외로 호의나 호감을 받아 신뢰가 심어지면, 그 인간관계야 말로 기대되고 신뢰가 지속되는 관계가 될 수 있다. 이러한 신뢰의 바탕에는 '내가 은혜를 입었으니 나도 은혜를 갚아야 한다'는 보상심리가 있는 것이기 때문에, 이는 개인 간의 좋은 인간관계를 돈독히 하는 데에 꼭 필요하다고 본다. 자신의 필요에 따라 신뢰를 주고받는 인간관계가 되지 않고, 아무런 이해관계 없어도 양심과 영혼을 속이지 않고 신뢰를 주고받을 수 있는 인간관계가 된다면, 참 좋겠다는 생각이 든다. 작금의 우리 교단의 상황을 놓고 보면, 상호 신뢰하지 못함으로써 지방회나 총회가 어렵게 얽혀지는 일들이 왕왕 발생하고 있어 안타깝다는 생각이 든다.

특히 교단에서 일부 중추적인 역할을 하였거나 하고 있는 목회자, 또는 장로들이 상호 신뢰를 주거나 신뢰를 받지 못하고 있다면, 우리 교단은 크고 작은 사건 사고에 휘말릴 수밖에 없고 결국 성도들에게 실망감만 안겨 주게 될 것이라는 사실을 분명히 염두해야 한다. 지금은 우리 교단 구성원 모두는 예수 그리스도의 사랑 안에서 상호 신뢰를 회복하여야 할 때이다. 교회와 당회가 하나 되고, 지방회와 총회가 하나 되고, 우리의 마음도 생각도 뜻도 하나 되며, 화목 하는 일에 하나 되어, 오병이어의 기적을 이루는 교단이 되기 위해 서로가 좋은 만남이 있기를 소망한다.

예수님은 심지가 견고한 자를 평강하고 평강하도록 지켜 주시기 때문에, 우리 교단의 구성원들 모두가 이러한 축복을 받는 주인공들이 되어야 한다. 이는 내가 교단 부총회장을 비롯한 임원활동과 교단의 주요 항존 부서에서 일 해왔던 사람으로서, 교단 내 갈등이 해소되길 바라고 교단의 부흥과 성장에 구성원 모두가 매진하기를 간절히 바라는 충정에서 비롯된 말이다.

베드로의 실수와
순교를 생각해보며

기독교인이면 예수님의 수제자 베드로를 모르는 사람이 거의 없을 것이다. 그는 베다니에서 예수님을 만나 베드로라는 이름을 얻고 제자가 되었으며, "주는 그리스도시요 살아계신 하나님의 아들"이라고 복음의 가치를 확실하게 고백했던 사람이다. 또한, 그는 예수님이 물을 포도주로 변하게 하는 첫 기적을 일으킬 때에도 함께 있었고, 예수님의 많은 이적과 기적을 직접 체험하면서 예수님을 믿고 따랐던 사람이다. 그런데도 그는 마태복음 26장에 나타나 있듯이, 결정적일 때 예수님께 대하여 큰 실수를 저지르고 말았다. 예수님을 세 번 부인하는 것에 앞서, 예수님이 대제사장에게 끌려갈 때 멀찍이 거리를 두고 따라만 가는 큰 실수를 범한 것이다.

베드로가 결정적일 때, "왜 예수님께 가까이 가지 못하고 멀찍이 따라가는 심리 상태를 보였을까?"에 대해 곰곰이 생각을 해 보았다. 이는 예수님을 믿고 따르던 믿음과 용기는 없어지고, 자신도 붙잡혀 죽을지도 모른다는 불안감과 두려움이 가득 차 있었던 심리 상태였다. 그렇기 때문에 예수님이 붙잡혀 가는 상황에서 적극적으로 그들에게 저항하지도 못하고, 그저 체념한 상태에서 멀찍이 따라가고 있었던 것이다. 또한, 결정적일 때 예수님을 외면하고 회피하고자 하였으며, 예수님과 일정한 거리를 두고 그 일원이 되고 싶지 않은 심리상태였다.

뿐만 아니라 어떤 문제를 적극적으로 해결하려고 하기 보다는, 적당히 떨어져 있어 거리를 두고 그 결과를 관망하는 소극적인 심리상태였으며, 결정적일 때 남의 눈을 속이고 거짓말을 하면서 예수님을 저주하면서까지 부인하는 심리상태를 보였던 것이다. 우리가 신앙생활을 하는 가운데 긍정적인 태도를 많이 갖고 있지만, 결정적일 때 부정적으로 돌변하여 성숙하지 못한 신앙생활을 하고 있지는 않는 가를 스스로 잘 살펴보아야 한다. 예수 그리스도의 복음을 확실히 믿는 성도는 세상의 이치에 짓눌려 비겁하게 살아가며 신앙생활을 하여서는 안 된다.

예수님 때문에 자신에게 어떠한 어려움이 닥쳐온다 할지라도, 끝까지 예수님을 가까이 하고 예수님을 믿는 용기가 있어야 한다. 그래서 그리스도인의 일원이 되고자 하는 노력으로 교회 안에서나 교회 밖에서 정의를 불태우고, 어떤 일에 관망하면서 자신의 이익만을 구하지 않고, 복음의 믿음 안에서 적극적으로 해결해보려는 긍정적인 태도가 필요하다. 베드로가 결정적일 때 부정적이고 불안한 심리상태를 보였지만, 그는 그나마 뒤늦게라도 심히 통곡을 하며 회개하였다. 만약 베드로가 자신의 실수를 끝까지 회개하지 않고 잘못을 뉘우치지 않았더라면, 예수님께서 명령하신 천국복음을 전하다가 순교를 당하는 믿음의 용기 또한 가질 수 있었겠는가? 를 생각해 보지 않을 수 없다.

베드로도 인간으로서 연약한 면이 없지 않았지만, 결국 복음 때문에 살고 복음 때문에 순교하였던 인물이었기에 위대한 삶이 아니었을까?하고 생각한다. 우리가 신앙생활을 하는 가운데, 때로는 본의 아니게 크고 작은 실수를 할 수 있다. 그렇지만 베드로처럼 자신의 실수를 회개하고 예수님 앞에 바로 설 수 있는 사람이된다면, 그 실수가 그렇게 큰 문제가 될 수는 없다. 나는 신앙생활의 연륜이 깊어질수록, 스스로를 되돌아 보면서 예수 그리스도의 복음을 사랑하며 겸손하고 성숙한 신앙인의 자세를 갖고 살아 가는 데에 부족함이 없기를 늘 기도하고 있다.

마음을 여는 말 한마디

따뜻한 말 한마디, 위로와 격려가 되는 말 한마디가 닫힌 마음을 열어 세상을 밝게 하고, 용기와 희망을 갖게 한다는 것을 새삼 느끼게 하는 이 아침이다. 나는 우리가 사회생활이나 직장, 그리고 가정에서 일상적으로 하는 말은 긍정적이고 창조적이어야 한다고 생각한다. 우연히 내뱉은 말 한마디가 듣는 사람으로 하여금 마음에 큰 상처를 갖게 할 뿐만 아니라 희망과 소망을 주지 못하고 실망과 좌절감을 갖게 한다면 그것은 죄를 짓는 것이나 다름없다.

우리 말 속담에 '말 한마디에 천 냥 빚도 갚는다', '말이 씨가 된다', '발 없는 말이 천리 간다', '말 속에 뼈가 있다', 그리고 '가는 말이 고와야 오는 말이 곱다'등이 있는데, 이들은 모두 말의 중요성과 위력을 느낄 수 있는 속담들이다. 이러한 속담들을 좀 더 깊이 생각해 보면, '말의 상대성'으로 인해 그 위력이 부메랑이 되어 돌아올 수 있다는 뜻으로 볼 수 있다. 다시 말하면, 말을 잘못하면 더 큰 화를 당할 수도 있다는 것을 생각해 볼 수 있다. 성경 잠언 15장에 '유순한 대답은 분노를 쉽게 하여도 과격한 말은 노를 격동 하느니라'라고 하였다. 비록 화가 나서 누군가 말을 한다 할지라도, 유순한 대답으로 분노를 쉽게 할 수 있다면 그 말은 지혜로운 말이 된다.

반면, 과격한 말은 분노를 더 격동하게 할 뿐 아무런 유익이 없다는 것도 마음에 새겨 두어야 한다. 성경 에베소서 4장에는 '무릇 더러운 말은 너희 입 밖에도 내지 말고 오직 덕을 세우는데 소용 되는대로 선한 말을 하여 듣는 자들에게 은혜를 끼치게 하라'라고 하였다. 이는 덕을 세울 수 있는 선한 말을 많이 하여야 한다는 뜻이고, 은혜가 되지 않는 말은 입 밖에도 내지 않아야 한다는 교훈이다. 성경 야고보서 3장을 보면, '말에 실수가 없는 자면 곧 온전한 사람이다'라는 구절이 나온다.

예수님 외에는 사람은 온전하지 못하다. 그래서 말에 실수가 없을 수 없다. 다만, 그 안에 진정성이나 진실성이 있느냐 없느냐가 문제라고 생각된다. 고의로 빚어진 말실수가 아니라면, 그 말의 진정성이나 진실성만으로도 충분하게 해명될 수 있으므로 그것으로 인해 오해나 감정도 있을 수 없다. 그렇지만 마태복음 12장에 보면, '마음에 가득한 것을 입으로 말함이'라고 하였다. 즉 마음에 없는 말은 할 수도 없다는 것이다. 그래서 말의 진정성이나 진실성이 그 말의 가치를 가늠하게 한다고 생각해 보아야 한다.

요즈음 우리 사회에서는 수많은 말이 너무 난무하다. 귀담아 들어야 할지, 듣지 말아야 할지, 도무지 판단이 되지 않는 말들이 너무 많다. 자신의 말이 듣는 사람들로 하여금 신뢰를 받지 못하게 하고, 오히려 짜증나게 하며 실망감을 안겨 준다면 누구든지 최소한 자신 말에 대한 책임성만이라도 느껴야 한다고 생각한다. 국가 위정자들은 말보다는 실천이 중요하다. 자신이 내뱉은 말을 이리저리 짜 맞춰 국민들을 속이려 하고 임의로 해석을 하려고 든다면, 이에 국민들은 항상 속아서 살아야만 한다는 것인가?

아무쪼록 우리는 말에 대한 책임성을 가지고 말을 해야 한다. 그리고 해서는 안 될 말과 해도 되는 말을 가려서, 많은 사람들에게 유익한 말은 많이 하고 무익한 말은 아낄 줄 아는 지혜가 필요하다. 성경 마태복음 12장에 '사람이 무슨 무익한 말을 하든지 심판 날에 이에 대하여 심문을 받으리니 네 말로 의롭다 함을 받고 네 말로 정죄함을 받으리라'라고 하였다. 우리가 어떤 말을 하느냐에 따라서 의롭다함을 받을 수도 있고 정죄함을 받을 수 있다고 본다면, 말이 얼마나 중요하고 그 위력이 어떠한지 새삼 깨달을 수 있다. 그러면 서로가 마음을 여는 말 한마디를 실천해 나갔으면 한다.

우리 사회를 바로 세우는 권세

요즈음 우리 사회가 물질만능을 뛰어넘어 권세만능 시대가 되지 않았는가를 생각하게 한다. 대부분의 사람들은 부귀영화와 권세를 누리며 살아가기를 원하고 있다. 그렇기 때문에 이러한 과분한 욕구에 짓눌려 자신이 처한 신분을 망각하고 정도를 벗어나 권세를 부리다가 패가망신 당하는 일들을 흔하게 접하게 된다. 최근에 있었던 고위 공직자 국회 인사청문회 과정에서 무소불위의 권세를 부린 결과가 나타난 내용을 지켜보면서 착잡한 마음을 갖지 않을 수가 없었다. 우리 각 사람은 모두 깨끗하고 완전하고 완벽하다고는 장담 할 수가 없을 것이다.

그렇지만 우리 사회 구성원 모두가 이를 위해 구조적 모순을 탈피하는 노력은 끊임없이 하여야 한다. 그렇지 않다면, 우리 사회는 결코 꿈과 희망을 실현하는 정의로운 사회의 비전을 갖지 못하기 때문이다. 신약성경 로마서 13장을 보면 '권세는 하나님께로 나지 않음이 없나니 모든 권세는 하나님의 정하신 바라'고 하였다. 또한 '권세를 거스르는 자는 하나님의 명령을 거스르는 것으로 심판을 자취 한다'고 하였다. 그렇기 때문에 '권세를 두려워해야 하고 두렵지 않기 위해서는 선을 행하라'고 하였다. '선을 행하는 자는 하나님의 사자로부터 칭찬을 받지만 악을 행하는 자는 진노하심의 보응이라'고 하였다.

이렇듯, 하나님께로부터 나오는 모든 권세를 하나님의 뜻을 저버리고 사리사욕 할 때야 말로 심판을 자취하고 보응을 받지만, 하나님의 뜻에 따라 선행으로 권세를 바로 세워 나간다면, 하나님의 사자로부터 칭찬을 받는 것은 물론, 우리 사회는 밝고 맑고 깨끗하게 되고, 꿈과 희망이 있는 정의로운 사회의 비전을 실현하게 되지 않을까 싶다. 구약성경 잠언 10장 9절에 '바른길로 행하는 자는 걸음이 평안 하려니와 굽은 길로 행하는 자는 드러나니라'고 하였다. 이 시대를 살아가는 기독교인들이야 말로 하나님의 뜻을 따르는 권세에 붙잡힌 자가 되어 우리 사회를 바른 길로 주도해가는 주인공들이 되어야 할 줄로 믿는다.

꿈을 실현하기 위한 열심과 열정

전(前) 민승규 농림수산식품부 제1차관의 세미나 강연내용이 마음에 와 닿는다. '목표가 없으면 계획이 없다. 계획이 없으면 행동이 없고, 행동이 없으면 실적이 없다. 실적이 없으면 반성도 진실도 없으며, 결국 꿈이 없게 된다.'는 것이다. '세상은 꿈꾸는 자의 것이다'라는 말이 있다. 기본적으로 꿈을 가지고 있어야 그 꿈을 이룰 수 있다는 것이다. 꿈을 이루기 위한 열심과 열정은 참으로 중요하다는 생각이 든다. 어떠한 목표를 이루기 위해 온 정성을 다하여 힘쓰고, 애정을 가지고 열중하는 마음이 있어야만 그 뜻을 이루는 데에 근접할 수 있다. 이러한 면에서 일반적으로 근대선교의 아버지로 불리우는 윌리암 캐리를 소개하고 싶다.

윌리암 캐리는 1761년 영국의 노스 햄프튼에서 아버지가 직조공인 평범한 가정환경에서 태어났다. 정원사가 되겠다는 꿈을 가졌던 캐리는 16세에 구두방 수선공으로 들어가 28세가 되기까지 그 일을 하였다. 그는 여기에 머물지 않고 이교도를 구원하기 위해 인도에서 선교사가 되는 꿈을 끊임없이 키워왔다. 그는 20세의 젊은 나이에 5년 연상의 여인과 결혼하여 빈곤한 생활을 하는 가운데서도 공부와 평신도 목회를 계속해 왔으며, 마침내 32세에 가족의 반대와 재정 및 선교지의 문제가 있음에도 불구하고 인도로 선교하기 위해 떠난다. 그는 인도 내륙의 말라리아에 의해 아들과 첫 번째 부인을 잃게 되는 슬픔을 겪었고, 두 번째 부인까지도 죽게 되었으며, 세 번째 부인은 62세의 캐리보다 16세 연하였다. 그는 가정적, 재정적으로 어려움과 고통을 겪으면서도 이교도 선교의 꿈을 실현하기 위해 73세의 죽음에 이르기까지 40여 년 동안 열심과 열정을 다하였으며, 그 결과 인도의 다양한 64개 언어와 방언으로 된 34가지의 인도 말을 번역하여 선교하였고, 6개의 성경전서 번역판을 완성하였다.

또한 그는 유럽인이 결코 수백만 인도인을 개종시킬 수 없음을 깨닫고, 원주민 기독교인들에게 믿음을 가르침으로써 자기 민족에게 내보낼 수 있는 지도자를 양성하기 위해 대학 창설을 꿈꾸었다. 58세에 세람포르대학이 창립됨으로써 그의 꿈은 실현되었으며, 이 대학은 인도 최초의 학사 학위를 수여하는 대학이 되었다.

'하나님으로부터 위대한 일을 기대하라. 하나님을 위해 위대한 일을 시도하라.'는 그의 유명한 설교가 주지하는 바와 같이, 인도의 이교도를 구원하는 일이 그에게는 오직 위대한 일이었으며, 최고의 목표가 되었다. 그렇기 때문에 그는 여기에 모든 열심과 열정을 쏟아 놓았다. 우리 모두 열심히 살려는 생각은 많이 한다. 그렇다면, 과연 그 열심에 나의 혼을 담은 열정이 있었는지를 생각해 보아야 한다. 어렵고 힘든 일이 있으면 피하려 했고, 부딪쳐서 해결하기 보다는 애써 감추려는 경향은 없었는지 생각해 보아야 한다. 그리고 각자가 갖고 있는 꿈을 실현하기 위해 열심과 열정을 가져야 한다.

3가지 물건이 주는 의미

예수님의 일대기 가운데 3가지 물건을 주목해 볼 필요가 있다. 그것은 말구유와 세숫대야, 그리고 십자가이다. 말구유는 외양간에 말과 소에게 먹이를 주는 나무통이고, 세숫대야는 물을 담아 세수와 세탁을 하는데 사용하는 그릇이며, 십자가는 죄인에게 형을 가하는데 사용하는 형틀이라고 말할 수 있다. 이 물건들은 모두 눈여겨 볼 필요도 없는, 별로 큰 효용가치를 생각할 수 없는 것들이다. 그렇지만, 말구유는 짐승이 태어난 곳에 놓여진 나무통으로서 예수님이 태어나신 곳이다. 즉 가장 낮고 천한 자리에서 예수님이 태어나신 것이다. 이는 겸손을 상징한다고 볼 수 있다.

하나님으로부터 '인류구원'이라는 큰 사명을 받고, 하나님의 계획에 의하여 이 땅에 희생양으로 오신 독생자 예수님은 태어나실 때부터 겸손의 표상이 되신 것이다. 세숫대야는 예수님이 물을 담아 베드로를 비롯한 열두 제자들의 발을 스스로 씻어 준 섬김을 뜻한다. 예수님은 제자들에게 섬김의 길을 스스로 보여주신 것이다. 십자가는 단순한 형틀만이 아니고, 예수님의 수난과 죽음이 가져다준 '인류구원의 은총'이라고 생각한다. 일반적인 죄 값에 사용한 형틀이라면, 그것을 기념할만한 가치가 있겠는가? 그렇지만 그것이 인류구원의 희생과 사랑이 담겨진 형틀이라고 말할 때, 참으로 고귀하므로 기념하지 않을 수 없다.

이렇듯, 인간사회에서 삶의 한 도구로만 생각하고 그것을 무심코 바라볼 때는 아무런 큰 가치를 느끼지 않는 '말구유'와 '세수대야', 그리고 '십자가'는 그 자체로 물건에 불과하다. 그러나 예수님께서 인간들에게 겸손과 섬김을 보여 주시고 자신의 희생과 사랑을 실천하는 데에 사용하였던 물건이라고 생각해 본다면, 그 물체에 담겨진 의미는 참으로 형언할 수 없을 것이다. 따라서 예수님께서 인류에게 겸손과 섬김, 그리고 희생과 사랑을 솔선수범하며 보여주시고 실천 하신 것들은 우리가 아무리 듣고 깨닫고 실천해도 무색하지 않으며, 이는 하면 할수록 그 가치가 더욱 빛나고 중요하다. 그런데 우리들의 일상생활 가운데 별로 효용가치를 생각해 보지 않고 무심코 지나치거나 방치하는 일들이 많이 있을 수 있다.

　우리가 여기에 머무르지 말고 그 하나하나의 일에 특별한 의미와 상징을 부여하고 거기에 마음을 담아 그 뜻에 부합하기 위하여 혼신의 노력을 한다면 결코 효용 가치가 없는 일만은 아닐 듯싶다. 예수님의 일대기 가운데 등장하는 3가지 물건에 의미를 부여하여 새롭게 느껴보듯이, 나 자신도 의미가 있는 삶을 살아가기 위해 하루하루를 소중하게 생각하고, 마음을 가다듬는 신앙적 자세가 필요하다. 그럴 때에 만 우리는 자신에게 주어진 사명을 생각할 수 있으며, 그 사명을 잘 감당할 수 있도록 하는 힘의 에너지를 만드는 가치를 증대 시킬 수 있고, 마침내 우리의 삶은 빛나게 되리라고 생각한다.

눈이 가려진 신앙과
눈이 밝아진 신앙

신앙생활을 하면서도 마음이 뜨겁지 못하고 냉랭한 사람이 있다. 또한, 교회 안에서나 교회 밖에서 마음에 평안과 기쁨을 갖고 모든 사람들과 원만한 대화로 친교하면서 인간관계를 맺고 소통하는 사람이 있다. 반면, 항상 표정이 굳어져 기쁨도 감사도 은혜도 없으며, 마음을 닫아 놓아 대화도 친교도 소통도 하지 못하는 사람이 있다. 누가복음 24장 1절부터 35절을 통해 두 가지 논점을 생각해 보고자 한다. 이는 눈이 가려졌을 때와 눈이 밝아졌을 때의 상황에 대한 내용이다. 예수님이 십자가에 죽으신지 삼일 만에 부활 하셔서 엠마오로 가는 제자들에게 나타나 그들과 동행 하였으나 눈이 가려진 제자들은 예수님을 알아보지 못했다. 오히려 "너희가 주고받는 이야기가 무엇이냐?"라고 묻는 예수님을 향하여 슬픈 빛을 띠고 머물러 섰다고 한다.

그러나 눈이 밝아졌을 때 그들은 예수님을 알아보았다. 그들이 눈이 가리어진 것은 선지자들을 통해 예수님에 대해 많은 것을 듣고 배웠으나, 말씀을 깨닫지 못하여 예수님이 살아나신 소식을 듣고도 확신하지 못하고 있었던 것이다. 그래서 예수님은 누가복음 24장 25절부터 27절에서 "가라사대 미련하고 선지자들의 말한 모든 것을 더디 믿는 자들이여 그리스도가 이런 고난을 받고 자기의 영광에 들어가야 할 것 아니냐"하시고 자신에 관한 성경의 말씀을 자세히 설명하신 것이다. 예수님을 바로 믿지 못하는 사람은 믿음의 확신이 없기 때문에 항상 슬픈 빛을 띠고 살아가는 것이다. 또한 기쁨도 감사도 소망도 없어 표정도 밝지 못하다. 그리고 슬픔에서 벗어나지 못하고 항상 거기에 머물러 서 있는 것이다. 그렇다면, 그들의 눈이 밝아져 예수님을 알아보게 된 배경이 중요하다고 여겨진다. 무엇보다도 그들은 예수님의 말씀에 긍정하는 신앙을 가졌다라고 생각한다. 이전에는 깨닫지 못하였으나 예수님의 설명을 듣고 깨달아 긍정하며 예수님을 믿었던 것이다. 그러는 가운데 강권하여 예수님을 모신 것이다. 내 삶에 예수님을 강권적으로 모시는 신앙이 중요하다. 예수님께서는 엠마오로 가던 길을 더 가고자 하였으나, 그들이 강권하여 모시고자 함으로써 함께 유하신 것이다.

또한, 그들은 예수님이 주관하는 예배에 참여한 것이다. 그들이 예수님을 모셨지만 그들을 나타내지 않고 철저하게 낮아져 예수님이 축사하시고 떡을 떼어 주는 것에 참여한 것이다. 예배의 주관자는 우리들이 아니고, 예수님 자신인 사실을 깨달아 예수님께 영광 올려 드리는 겸손한 신앙의 자세가 중요하다. 마지막으로, 우리는 말씀을 들을 때 뜨거워야 한다. 누가복음 24장 32절에 "저희가 서로 말하되 길에서 우리에게 말씀하시고 우리에게 성경을 풀어 주실 때 우리 속에서 마음이 뜨겁지 아니 하더냐?"라고 하였다. 우리가 성령충만하여 말씀을 아멘으로 화답하며 긍정하는 믿음을 가질 때 마음이 뜨거워지는 것이다. 우리들에게는 눈이 가려지지 않고 밝아져 예수님을 알아보는 신앙생활이 필요하다. 그리하여 우리의 얼굴에는 슬픔에 잠기지 않고 밝은 표정을, 마음의 평안과 기쁨과 감사가 있어야 한다. 우리가 소망 가운데 사랑을 나누고 친교하며, 소통하면서 좋은 인간관계로 살아가는 성숙한 성도가 될 때에 복음의 문이 열린다는 사실을 새롭게 깨달아야 한다.

마음의 평안과 안정,
그리고 기쁨이 주어지는 삶

현실 사회에서 공통적으로 추구하는 가치가 있다. 그것은 무엇보다도 무병장수하고 부를 축적함으로써 부귀영화를 누리며, 무소불위의 권세와 권력을 갖는 것일 것이다. 다른 측면에서는 이것을 행복의 조건이라고 말할 수도 있을 것이다. 그렇지만 행복은 이러한 물질세계로부터 주어지는 가치에만 있지 않다. 마음의 평안과 안정, 그리고 강물같이 흐르는 삶의 기쁨 속에 범사를 하나님께 감사하며 소망을 갖는 정신적 차원의 내면적 가치가 주어지지 않는다면, 우리는 결코 행복하다고 볼 수 없다. 물론 무병장수와 부귀영화, 그리고 권세와 권력 등을 균형있게 누릴 수도 있겠으나, 이러한 물질적 가치는 불완전하여 무한정한 인간의 욕구를 항상 충족시킬 수 없다.

돈은 있어도 무병장수하거나, 권세와 권력이 없고 무병장수하더라도, 돈과 권세와 권력이 없기 때문에 삶의 질을 높일 수도 없다. 또한 권세와 권력이 있더라도 돈이 없고 단명한다면, 그 삶이 결코 행복한 삶이라고 볼 수는 없다. 그렇지만 우리들의 마음 안에 평안과 안정이 있다면, 삶의 기쁨과 감사 또한 반사적으로 이루어진다고 볼 수 있다. 그렇기 때문에 이러한 내면적 차원의 정신세계는 완전하다고 본다. 이러함에도 불구하고, 현실 사회에서는 이렇게 완전하고 내면적인 가치를 추구하기보다는, 지나치게 물질만능주의 망상에 빠져들어 불완전하고 외형적인 가치만을 추구하는 경향이 없지 않아 안타까운 마음이 든다. 우리들의 삶이 물질 만능주의에만 젖어 있다면, 우리는 밝고 아름다운 비전이 있는 사회에서 행복한 모습을 만들어 나갈 수 있는 기대를 할 수 없다.

오히려 정신병적인–사이코패스 같은–흉악 범죄를 비롯하여 각종 범죄가 발생되고, 심한 우울증세의 고통을 겪으며, 그에 따른 폐단으로 우리 사회의 역기능적인 어두운 면이 더 많아질 것이라고 생각한다. 우리가 육신적이고 물질적인 욕구를 충족하기 위해 노력과 희망을 갖는 것도 어느 정도 필요 하다. 그러나 이보다 더 중요한 것은, 믿음의 실상인 소망을 갖고 주님을 바라보는 삶이 우리에게 주어진다면, 그 안에 평안과 안정이 있고 기쁨과 감사가 넘쳐나 우리 사회와 우리의 모습은 해맑게 되리라고 믿어진다. '사람이 마음으로 자기의 길을 계획 할지라도 그 걸음을 인도 하는 자는 여호와시니라'라는 성경 잠언서 말씀에 의지하여야 한다.

세상 것을 바라보면서 근심과 걱정, 염려를 하지 말고, 모든 것을 하나님께 맡기고 주님만 바라보아야 한다. 그리고 믿음을 갖고 그분의 인도하심으로써 소망을 이루어, 마음의 평안과 안정을 누리며 기쁨과 감사가 넘쳐나는 삶이 되어야 한다.

소중한 생각

    인간은 세상을 살아가면서 수많은 생각을 하고 살아간다. 그 생각은 긍정적인 생각일 수도 있고, 부정적인 생각일 수도 있다. 또한, 일상생활에서 필요한 생각과 필요하지 않는 생각도 있다. 그리고 경우에 따라서는 생각하면서 오래 오래 기억하고 싶은 일들을 접하며 살아가는가 하면, 아예 생각조차 하기 싫은 일들을 접하며 살아가기도 한다. 그래서 파스칼은 그의 저서인 「팡세」에서 '인간은 생각하는 존재'라고 표현하고 있다. 인간은 갈대와 같이 약한 존재이지만, 생각하는 데에 따라서는 이 우주를 포용할 수 있는 고귀함과 위대성을 가진다. 마태복음 12장 20절과 이사야 42장 3절에서도 인간을 상한 갈대와 같이 '연약한 존재'라고 비유하고 있다.

    이렇듯, 인간은 연약하기 그지없는 존재임에 틀림없다. 그러나 인간은 생각하는 존재이기 때문에 그 생각 여하에 따라서 '위대함의 상징과 표상'이 될 수 있다. 다시 말해 인간은 생각하는 것 그 자체로 생산적인 가치를 창출할 수 있는 반면, 무가치하고 무의미할 수도 있다는 데에 주목해야 한다. 로마서 8장 6절에 '육신의 생각은 사망이요 영의 생각은 생명과 평안이니라'라고 하였다. 이는 하늘나라로부터 오는 소망을 갖고 하나님을 바라보고 생각하는 영의 생각은 영원한 생명과 평안이 되겠지만, 썩어지는 육신만을 생각하는 것은 다시 돌이킬 수 없는 사망에 이른다는 의미이다.

그래서 우리는 로마서 12장 2절 하반부에서 말하고 있는 것처럼, '하나님의 선하시고 기뻐하시고 온전하신 뜻이 무엇인지 분별하도록 하라'는 말씀을 마음에 새기고, 하나님의 생각과 뜻에 따라 적극적인 삶을 살아가야 할 것이다. 그러면서도 우리들은 우리의 생각이 긍지와 자부심 위에서 긍정적으로 변화되기를 희망해야 한다. 우리가 잘 알고 있는 은반의 여왕, 김연아 선수가 국제올림픽위원회 더반 총회에서 2018평창 올림픽 유치가 결정된 후 모 언론사의 기자와 인터뷰를 하였다. 그녀는 "평창이 호명되는 순간, 올림픽 금 매달을 땄을 때하고는 다른 차원의 감동과 성취감이 밀려왔어요. 한국에 태어나서 정말 자랑스럽다는 마음이 들었어요."라고 긍지와 자부심이 가득 담긴 말을 하였다.

또한, 의족 스프린터로 유명한 오스카 피스토리우스(24세, 남아공)는 2011년 7월 20일 이탈리아 리그나노에서 열린 남자 400미터에서 2011년도에 대구에서 열리는 세계 육상선수권 대회 티켓을 따냈다. 그는 자신의 최고기록 45초 61를 0.54초나 앞당기고 A기준기록 45초 25를 통과한 것이었다. 그는 의족을 끼고도 "나와 형제들의 차이점은 형제들이 신발을 신을 때 나는 의족을 붙인다는 것뿐이다"라고 긍정적인 말을 하였다.

위에서 두 선수가 말했던 내용의 공통점은 '본인의 땀방울이 없이는 최고의 성취를 이룰 수 없다'는 것이다. 즉 자신에 대한 긍지와 자부심을 갖고 긍정적인 생각으로 꿈과 용기를 잃지 않아야 한다는 것이다. 전 UN사무총장 반기문은 세계수석외교관으로서, 막대한 임무를 수행하는 비결을 묻는 모 외국통신사의 질문에 "내가 가장 중요하게 생각하는 것은 정신과 사상, 마음을 집중하는 것"이라고 하였다. 그는 '천도는 만물을 해치지 않고 이롭게 하며, 성인의 도는 사람과 다투지 않고 일을 한다.' (天之道, 利

而不害, 聖人之道, 爲而不爭,)는 노자 제81장에 나오는, '이 사상이 자신에게 방향을 인도하고 자신의 내재적 역량의 원천이 되었다.'고 말하고 있는 것이다.

우리는 자신에 대한 질문을 해 보아야 한다. '비록 나는 연약하지만, 내가 가장 중요하게 생각하는 것은 무엇이냐?'고 말이다. 내가 생각하는 것이 자신의 영혼을 살리는 것이 되는 것은 물론, 국가와 국민에게 긍지와 자부심을 심어주는 것이 되어야 한다. 그리고 나의 긍정적인 생각이 자신과 다른 사람에게 용기와 희망을 잃지 않게 하며, 창조적인 변화를 도모하게 하는 '위대한 힘'이라는 것을 느끼면서 살아가야 한다.

삶과 신앙생활의 결심

우리가 세상을 살아가면서 어떠한 일에 대해 스스로 결심을 하는 것은 양심과의 약속이기 때문에, 그것을 실천할 수 있도록 최선을 다해야 한다. 결심은 하고자 하는 일과 하지 않아야 하는 일에 대해 마음을 굳게 정하는 일이기 때문에 그 의지가 수반되지 않고서는 실천할 수 없다. 나는 어릴 때부터 삶과 신앙에 대해 꼭 하고자 하는 일과 꼭 하지 않아야하는 것에 대한 결심을 했다. 그것은 나름대로 이유가 있었다. 첫째, 하지 않아야겠다는 결심은 '내 평생 절대로 술을 먹지 않겠다'는 것이다. 그 이유로는 내 나이 7살 때 아버지가 돌아가셔서 할아버지를 많이 의지하고 살았는데, 어느 날 할아버지가 술을 드시고 나들이를 다녀오시다 교통사고를 당해 돌아가셨다.

이렇게 뜻하지 않게 갑자기 할아버지마저 내 곁을 떠나시게 되어, 9살 된 내가 겪어야 하는 고통과 그 허전함은 이루 말할 수 없었다. 그 때 큰 충격을 받았던 나는 '내 평생에 술은 절대로 먹지 않는다.'고 결심을 했다. 솔직히 세상을 살아오면서 이러한 결심을 실천하는 일에 많은 유혹이 있었지만, 나의 의지는 굳건했다. 그렇기 때문에 나는 현재 68세이지만 술을 먹지 않고 있다. 둘째, 꼭 하고자 하는 결심이 있다. 그것은 '하나님의 영광을 위하여 사는 것'이다. 소년시절에 다니던 교회에서 담임목사님으로부터 세례를 받기 위한 문답에서 인생 제일의 목적은 '하나님의 영광을 위하는 사는 것'입니다. 라고 질문에 답한 것이었다. 그렇기 때문에 나는 유년시절부터 신앙생활을 해 오면서 33살에 장로 임직을 받았고, 2020년 현재 장로임직 35주년이 되도록 '하나님의 영광을 위하여 살아야 한다는 것'이 나의 삶과 신앙생활의 목표가 되었다.

그 당시 나는 하나님 영광을 위하여 산다는 것이 어떠한 삶인지는 잘 몰랐으나, 그 대답을 하는 순간 나의 마음은 뭉클했다. 그리고 그 순간은 결심과 각오를 다짐하는 순간이 되었다. 이는 하나님의 영광을 위하여 사는 삶과 신앙생활이 무엇인지를 스스로 발견하여 실천하겠다는 결심이었다. 그렇기 때문에 신앙생활의 해가 더해갈수록 하나님의 뜻을 쫓아 살고 바른 신앙생활을 하는 것이 '하나님의 영광을 위하여 사는 것'이라는 것을 깨우치게 되었다. 하나님의 뜻에 맞는 올바른 삶, 올바른 신앙생활을 하는 것은 말처럼 쉽지 않다. 그렇지만 나는 내가 할 수 있는 한 최선을 다해 '소년 시절에 세례문답을 통해 받았던 감동을 벗어나지 않겠다'는 다짐과 각오를 거듭 거듭 다짐해 오면서 오늘에 이르고 있다.

나는 일반적으로 신앙생활 하기 어렵다고 말하는 '경찰공무원'으로 재직하면서 젊은 나이에 장로 임직을 받았고, 그 직분에 맞는 사명을 감당하기 위해 나름대로의 노력을 해왔다. 이에 대해 나는 하나님께 감사를 드릴뿐이다. 나는 누가 뭐라고 해도 말로 다 표현할 수 없는 축복을 받았고, 때마다 일마다 순간순간 지켜주시고 보호하시는 하나님의 은혜를 힘입어 지금까지 살아왔다. 이 모두가 '하나님의 영광을 위하여 살겠다'는 신앙결심 때문이라고 여겨진다. 신앙생활의 목표는 분명해야 한다. '예수 믿고 구원받아 축복받는다'는 사실을 모르는 것이 아니다. 그렇지만 무엇보다도 중요한 것은, 모든 일을 '하나님의 영광을 위하여'하고 '그렇게 살겠다'는 결심으로써 흔들림 없이 믿음을 지켜나가는 것이라고 생각한다. 유다가 패망한 후, 다리오 왕이 자기 외에 다른 신을 섬기지 못하도록 금령을 내렸음에도 불구하고 다니엘은 예루살렘을 향하여 예전에 행하던 대로 하루에 3번씩 무릎을 꿇고 기도하였다.

그는 하나님께 예배함으로 인해 사자굴에 던져졌으나 살아났고, 오히려 그를 참소한 사람들은 사자 굴에 던져져 사자에 의해 뼈까지도 부서뜨려져 죽었다는 것을 우리는 잘 알고 있다. 우리도 다니엘처럼 하나님을 향한 믿음으로 어떠한 어려움에 처해있을지라도 그 믿음을 지켜 나가는 결심을 할 때에 하나님의 영광을 위하는 삶과 신앙이 아닐까 싶다. 다니엘처럼 신앙생활의 결심을 지키며 무릎을 꿇는 겸손과 기도, 감사 생활의 본분을 다하기 위해 끝까지 노력하고자 한다.

우리 모두 친구가 되자

우리가 세상에 살면서 진정한 친구가 없다면, 외롭고 쓸쓸하고 괴로운 삶의 연속이 될 것이다. 일반적으로 친구는 같은 동년배나 학우들로서 우정을 나누는 관계라는 개념으로 이해하고 있다. 그렇지만 친구는 우정을 나누는 관계이면서도 서로 마음에 담아놓은 얘기를 허심탄회하게 나눌 수 있고, 외롭고 힘들 때 도움이 되고자 하는 마음과 위로와 격려를 해줄 수 있는 친구를 말한다. 이렇게 생각할 때, 친구는 같은 동년배나 학우들로만 제한되어 있다고 볼 수 없다. 직위 고하는 말할 것도 없고 빈부격차와 선후배 관계없이 서로 마음과 사랑을 나눌 수 있는 관계라면 모두가 친구인 것이다. 그렇기 때문에 예수님은 "서로 사랑하라 사람이 친구를 위하여 자기 목숨을 버리면 이보다 더 큰 사랑이 없나니 너희가 나의 명하는 대로 행하면 곧 나의 친구라"고 하신 것이다.

우리 사회가 어느새 물질만능주의에 치우쳐 진정한 친구, 진정한 사랑의 공동체를 찾아보기 힘들다는 것은 안타까운 일이 아닐 수 없다. 이러한 시대적 상황에서도 우리들에게 신선한 감동을 주고 사랑을 실천하는 일들이 교회에서 전개되었다고 하는 것은 다행스럽고 감사한 일이다. 정읍성결교회에서는 당회장 전병일 목사의 '생명나눔운동'이라는 목회철학에 따라 교우들을 대상으로 주일 예배 후에 장기기증에 참여하는 운동을 실시

하였다. 이러한 장기기증 운동에는 사후 각막 166명, 뇌사 장기 기증 185명, 신장 5명, 그리고 장기기증을 위한 월 후원 84명이 참여하여 장기기증 각서에 서명을 하였고, 66여명이 헌혈에 참여하였다.

앞으로도 장기기증과 헌혈운동을 지속적으로 실천해 나가기로 한 일, 그리고 사랑나눔 바자회를 개최하여 얻어진 이익금 1,100여만 원을 불우한 이웃돕기에 사용하는 일등은 우리 사회를 더욱 밝게 하는 완전한 '사랑운동'이라고 말하지 않을 수 없다. 스턴버그는 사랑에는 친밀감과 열정과 헌신이라는 세 가지 측면이 있다고 말한다. 친밀감과 열정은 있으나 헌신이 없는 사랑은 낭만적 사랑이고, 친밀감과 헌신은 있으나 열정이 없는 사랑은 우애적 사랑이며, 열정과 헌신은 있으나 친밀감이 없는 사랑은 얼빠진 사랑이라고 한다. 친밀감과 열정, 그리고 헌신, 이 세 가지 요소를 모두 갖추었을 때 비로소 완전한 사랑이 된다는 것이다. 우리 사회가 이러한 완전한 사랑으로 가득 하면 얼마나 좋은 일이겠는가?

평화로운 목장 할렐루야 생애

전병일 담임목사님께서 37년 전 정읍성결교회에 부임하셔서 첫 주일 낮 예배 때 해주신 설교의 제목은 '평화로운 목장'이었다. 설교 본문은 사도행전 9장 31절의 '그리하여 온 유대와 갈릴리와 사마리아 교회가 평안하여 든든히 서가고 주를 경외함과 성령의 위로로 진행하여 수가 더 많아지니라'였다. 이러한 첫 설교의 배경에는 교회의 재정이 투명하게 집행되지 않아 그동안 교회 내에 불신 여론이 많이 형성되었던 측면이 고려되었던 것이다. 그래서 담임목사님은 목회의 첫 과제가 교회의 재정의 투명성 확보를 위해 노력하셨다.

그러므로, 목사님은 이처럼 교회 내에 형성된 불신을 먼저 해소하고, '예수중심' 말씀의 반석 위에 성령님의 도우심을 간구할 때, 교회가 평안하여 든든히 서가고 부흥할 수 있다는 확신을 가지셨던 것이다. 또한, 교회 재정의 투명성 확보를 위해서는 교회에 새로운 일꾼을 세워야 하고, 재정 담당자를 바꾸어야 한다는 것도 판단하신 것이다. 그래서 담임목사님은 나를 장로로 세우셨고, 이와 함께 재정부장을 맡기셨다. 나를 재정부장으로 내세울 때, 나이가 많으신 장로님이 재정부장이 되어야 한다면서 당회의 반대가 있었지만, 담임목사님은 뜻을 굽히지 않고 강행하셨다.

나는 담임목사님이 어떠한 의도에서 나를 재정부장으로 내세웠는지를 익히 알고 있었다. 그렇기 때문에 나는 법과 원칙에 따라 정확하게 재정집행을 하면서도, 목사님 목회에 탄력을 주고 적극협력하는 방향으로 유연성을 가졌다. 한번은 목사님께서 나에게 전화를 걸어와 총회일로 서울에 올라가고 있다고 하시면서 정읍 북면에 3,000평의 야산이 있는데 그 산을 매입하여 성결동산을 만들면 좋겠다고 말씀하셨다. 오늘 중으로 시간을 내서 한 번 둘러보고 그 산을 매입할 수 있도록 계약을 해주면 좋겠다고 말씀 하시면서 산의 번지수를 알려 주셨다. 나는 당시 교회 재정부원 2명을 대동하여 그 산을 찾아가 둘러보았다. 그 산은 성결동산을 만들기에는 너무 아까울 정도로 평지의 야산으로서 너무 좋은 산이었다.

그러나 교회재정 상황은 잔액이 없었기 때문에 당장의 교회재정으로는 산을 매입할 수 없었다. 나는 재정부원 2명과 같이 은행을 찾았다. 내가 공직자였기 때문에 대출받기가 용이하여 당시 1,600만원을 대출받았는데, 내가 차주가 되고 2명의 재정부원은 보증인이 되어 대출을 받았다. 그리고 산주인을 찾아가 당일 계약을 하였다. 계약을 마친 뒤 담임목사님께 전화를 드렸더니, 담임목사님은 오늘 큰일을 했다면서 너무 좋아 하셨다. 담임목사님의 목회에 협력하기 위해 재정적 유연성을 갖고 행한 일들을 여기에서 다 열거할 수 없지만 참으로 많이 있다.

나는 현재의 정읍성결교회 새 성전을 건축하기까지 18년 동안 재정부장을 맡아오면서, 목사님 목회를 협력하는 가운데 재정이 없다는 이유로 단 한 번도 반대해 온 일이 없다고 감히 자부한다. 나는 어떤 수단을 강구해서라도 목사님이 하시고자 하는 일에 뒷받침을 해왔다. 그렇게 하다보면, 나중에는 모든 일이 순조롭게 다 해결되었다. 물론 나 혼자 하는 일은 아니었다. 그렇지만 재정 담당자가 어려운 상황이라고 판단하여도, 목사님 뜻에 긍정적으로 생각하고 협력하면 다른 장로들이 반대할 이유가 없었다. 일단 돈을 만들어 내는 역할을 하는 사람은 재정부장이기 때문이다. 새성전 건축하기까지 130여개의 통장을 가지고 재정을 효율적으로 운용하며, 건축비 총액 60억 원을 차질 없이 집행함으로써 여러모로 목사님의 목회에 적극 협력하였던 것은 장로로서 긍지와 자부심을 갖게 한다. 담임목사님께서 부임하시고 나서 두 번째 주일 낮 설교제목은 '할렐루야 생애' 였다. 성경 본문 말씀은 시편 1편 1절부터 6절 말씀이었다. 이 성경구절은 성도들이 사도신경이나 주기도문 다음으로 많이 암송하는 성경구절이 기도 하다.

즉 '복 있는 사람은 악인의 꾀를 좇지 아니하며 죄인의 길에 서지 아니하며 오만한 자의 자리에 앉지 아니하고 오직 여호와의 율법을 즐거워하여 그 율법을 주야로 묵상하는 자로다. 저는 시냇가에 심은 나무가 시절을 좇아 과실을 맺으며 그 잎사귀가 마르지 아니함 같으니 그 행사가 다 형통하리로다. 악인은 그렇지 않음이여... 이하 생략, 악인의 길은 망하리로다.' 이처럼 성도는 복 있는 사람과 악인의 결과를 구별하여 행함으로써 '할렐루야 생애'가 된다고 하셨다. 따라서 담임목사님은 이후 교회의 항구적인 표어로써, 교회상은 '평화로운 목장'으로, 교인상은 '할렐루야 생애'로, 선포하시어 성도들의 신앙과 삶을 지도하셨다. 나는 담임목사님을 37년 동안 모시고 목회에 협력을 해오면서 이러한 목사님의 항구적인 목회 계획을 늘 마음속에 간직하고, 성도로서 올바른 길을 가고자 기도하면서 스스로 마음을 다스려가고 있다.

담임목사님과의 대화와 소통

　대부분의 성도들은 담임목사님과 대화하는 것을 부끄러워하거나 꺼리는 경향이 있다. 그렇지만 나는 평신도로서 담임목사님과의 관계에서 조금은 다르게 접근했다. 다시 말하면, 담임목사님과 대면하여 대화하는 시간이 많았다. 또 수시로 전화를 통해 대화를 하였다. 물론 내가 담임목사님께 드릴 말씀이 있어서 만나거나 전화하는 일도 있었지만, 때로는 담임목사님이 필요해서 나를 찾고 전화하는 일도 많았다. 어떻게 보면 목사님과의 대화나 전화하는 일은 나에게 일상 생활화 되었다. 주된 대화 내용은 목회의 당면 문제를 사전에 논의하고 의견을 나누는 일도 있었지만, 때로는 교단문제나 사회적 문제가 화제이기도 하였다. 주일 후 한 주간을 지내면서 목사님을 수요예배 드리는 날 등 수시로 만날 시간이 많았지만, 때로는 내가 먼저 목사님께 전화를 드려서 "목사님! 별일 없으세요?"라고 안부를 묻거나, 그날 직장에서 해 온 주요한 일이나 지역사회의 현안 주요사항 등을 대화의 화제로 삼기도 하였다.

　목사님과 대화할 때 지역사회의 현안사항 등을 화제로 하는 것은 목사님께 지역의 견문을 넓혀 드리기 위한 수단이기도 하였다. 이렇게 목사님과 대면대화를 하고 전화를 자주하는 것은 어떻게 보면 목사님의 사생활을 제한하는 일일수도 있다. 그런데도 목사님은 나와 대화하는 시간들이 목사님께 유익한 점이 많다면서 대화하시길 좋아하셨다. 평신도가 목사님의 사정도 모르고 무분별하게 목사님의 시간을 무작정 소비시키는 일은 삼가 해야 한다. 그렇지만 목사님이 불편하시지 않은 범위 내에서 대화를 자주하는 것은 소통하는 일이기도 하지만, 친교의 시간이 될 수 있기 때문에 결코 문제될 것이 없다.

　오랫동안 목사님과 이런 관계로 지내오다 보니, 목사님의 말씀을 듣다 보면 목사님이 속마음을 드러내 보이시지 않아도 목사님의 마음을 읽을 수 있다. 그래서 대화하는 가운데 목사님의 속마음에 대해 스스로 알아차리고 목사님께 간접화법으로 적절한 대답을 해드리면, 목사님께서 "어떻게 내 마음을 알았느냐?"고 물으시면서 좋아하셨다. 이렇게 나와 허물없이 일상을 지내온 목사님께서 2년 반 동안 병원에 계시고 교회에 안계시니 내 일상생활의 한 축이 멈춰버린 느낌을 받으며 허전하기만 하다. 그리고 목사님 부재중에 선임 장로로서 교회의 모든 의사결정과 행정적인 일들을 차질 없이 처리하고자 하니, 중압감도 많이 갖게 된다.

　솔직히 며칠 전에 모 권사님이 나를 만나서 상담할 일이 있다고 전화가 왔을 때, 무슨 일로 나를 만나서 상담하자고 그러는지 생각하며 아주 궁금했다. 그래서 나는 담당전도사님께 전화해서 "모 권사님이 만나서 상담할 일이 있다고 하는데, 무슨 일이 있느냐?"고 사전에 물어보기도 하였다. 좋은 일인지 나쁜 일인지 모르지만 담임목사님 부재중에 성도들로부터 전화를 받는 것 자체가 교회와 연관성이 있는 것인지 모른다는 생각이 들어 마음이 무겁게 느껴졌다. 이와 같이 나는 목사님 부재중에 교회의 책임자로서 갖게 되는 책임감이 무겁다는 것을 새삼 느끼고 있다.

　담임목사님과 수시로 대화하는 시간들은 소통할 수 있어 상호 유익하였으며 참으로 즐거운 시간들이었다는 것을 생각하면서, 그러한 시간들이 하루빨리 다시 오기만을 기도하고 있다. 이와 같이 목사님과 자주 대화하면서도 내 의견을 관철시키려고 하지 않고 주로 목사님의 의견을 경청하고 그 뜻을 따라 응원하고 지지하는 의견을 제시함으로 인해, 목사님께는 큰 힘이 된 것 같았다. 담임목사님들은 우리가 생각하는 것보다 의외로 외로울 때가 많다. 그러기 때문에 성도들과 대화하는 시간은 즐거운 시간이 될 수 있다. 목사님의 목회와 사생활에 침해되지 않고, 제한되지 않은 가운데 편안한 마음으로 성도들과 대화를 자주하는 것은 목회의 활력이 될 수 있다고 생각한다.

둘.
삶 속에 담긴 생각

둘. 삶 속에 담긴 생각

경찰직을 퇴임하며

오늘은 제2의 인생과 함께 몸 담아 온 경찰 제복을 벗는 퇴임식, 기대 반 아쉬움 반으로 기다려 온 날이 됐다. 민중의 지팡이가 되고자 하는 큰 뜻을 품고 참수리의 날개를 펼쳐 온지 35년의 세월이 흘렀다. 그리고 이제 업무를 마감하고 사랑하는 동료들의 곁을 떠나게 되었다.

막상 오늘에 이르고 보니, 정년퇴임이라는 영예보다 왠지 착잡하고 허전하고 아쉬운 생각이 마음을 꽉 메우게 되는 것 같았다. 돌이켜 보면 지난 세월 속에 국민의 민복이 되고자 경찰의 소임을 다하려고 노력하면서 영광스러운 일들도 많았지만, 경찰로서 기억조차 하기 싫은 가슴 아픈 사연들도 참으로 많았다.

그렇지만 퇴임하는 입장에서는 '해조수핍'(解組誰逼)이라는 말이 어울리지 않게 받아들여지고 있다. 해조수핍은 '관의 끈을 풀어 해직하고 돌아가니 누가 핍박하리오'이다. 우리가 조직생활을 하면서 직간접적으로 받는 스트레스가 핍박으로 여겨진다면, 조직을 떠남으로써 핍박에서 벗어난다고 생각할 수 있다. 그러나 지금 나의 솔직한 심정은 어렵고 힘들어도 조직생활에서 벗어나지 않고 현직에 더 남아 있고 싶은 생각이다. 우리 경찰은 과거보다 미래지향적으로 발전에 발전을 거듭해 오고 있다. 그래서 행복한 경찰임에 긍지와 자부심을 가져야 한다.

어렵고 힘들다고만 생각하지 말고, 현실을 즐기면서 직무에 최선을 다해 충실해야 한다. 현직이 생명이라고 생각하면서 국민의 기대에 어긋나지 않고 부응하며 끝까지 국민과 함께 가는 자랑스러운 후배 경찰들이 되어야 한다. 막상 경찰제복을 벗는 입장에서 생각을 해보니, 같은 부서에서 근무하였던 동료들에게 업무를 독려하며 얼굴을 붉혀 왔던 일들이 왠지 부끄럽게 생각되었고, 이것이 마음 한 구석에 작은 흔적으로 남아 있는 것 같아 마음에 걸린다. 혹독하게 하는 것이 꼭 잘못한 것만은 아니지만, 조금 더 참고 조금 더 잘 해 주지 못한 아쉬움이 남아있는 것이다. 만일, 나와 같이 근무하면서 서운한 생각이 들었던 동료들이 있었다면, 너그럽게 이해해 주길 바랄 뿐이다. 언제 어디서 만나든지 현직 때와 다름없이 더 친근감을 갖고 정을 나눌 수 있다면, 후회 없는 경찰 생활이었다고 자부하며 보람을 느낄 것 같다. 그러기 위해 나는 퇴직 경찰관으로서 후배 동료들에게 누를 끼치지 않는 삶을 살기 위해 더 많은 노력을 할 것이다.

현직에 있는 동안 나름대로 열심히 근무한다고 하였지만, 막상 퇴임식장에서 기억된 것은 잘한 일보다 부족한 점이 많았고, 지나 온 시간들이 파노라마처럼 뇌리를 스쳐간다. 아무쪼록 현직에 충실하면서도 내 가정과 자녀들을 위해 부족한 시간들을 쪼개어 가정의 행복을 만들어 가는 일을 소홀히 해서는 안 된다는 것을 당부하고 싶다. 이제 우리 경찰의 무궁한 발전을 기대하면서 경찰의 좋은 소식만을 많이 접하게 되기를 기대한다. 나 역시 미력한 힘이지만, 이에 도움이 되고자 최선의 노력을 다 할 것이다.

핸드폰이 들려주는
연금소식의 감회

항상 손에 쥐고 지냈던 핸드폰이 별로 필요하지 않은 듯, 어느 날부터 자택 서재의 책상 위에 놓여 있다. 민중의 지팡이가 되고자 하는 큰 꿈을 안고 참수리의 날개를 펼쳐 온 35년의 세월을 정년퇴임으로 마감하였기에, 항상 손에 들려 있던 핸드폰 또한 나의 손을 떠나 책상 위에 놓여 있는 것이다. 항상 긴장하고 바쁜 정보업무를 25년간 수행해 온 나에게 핸드폰은 업무수행의 필수품으로서 애지중지 아끼고 언제나 필요로 여겨왔던 것이지만, 공직 마무리와 함께 핸드폰이 그 본분을 잃은 듯 한가롭게 책상 위에 놓여 있는 것을 보면서, 인생의 무상함을 새삼 느껴보는 시간이 되었다.

그러던 어느 날, 핸드폰에서 문자 알림음이 울렸다. 퇴임을 하고 자택에 머무는 동안, 거의 울리지 않던 문자 알림음이라서 '무슨 소식인가?'하고 곧장 다가가 핸드폰을 열어 보았다. 문자내용은 공무원 연금공단에서 보내 온 서비스 문자였다. 그 내용인즉 '오늘은 연금 지급일 입니다. 항상 건강하고 행복한 한 달이 되길 바랍니다.'라는 내용이었다. 그 문자를 읽는 순간 나에게 감도는 감회가 새로웠다. 이는 공직 생활을 해오는 동안 한 번도 받아보지 못한 문자이기도 했지만, 나 자신이 어느새 연금에 의존하는 사람이 되었다는 것을 깨닫고 있는 것이다.

그러면서도 그 문자는 나의 뇌리에서 지워지지 않고, 너무나도 반갑고 고맙게 받아들여지는 소중한 문자로 기억되었다. 경찰공직 35년 동안, 업무수행 중에 울고 웃고, 또 기쁠 때도 슬플 때도, 그리고 외롭고 힘든 일도 많았지만, 그 보상으로 받는 봉급의 소중함을 깨닫지 못했던 것이 사실이다. 그저 봉급날이니 당연히 받는 것이라고만 느껴 왔던 것이다. 그러나 퇴임 후 지급받는 공무원연금은 물론, 공무원연금공단은 내 인생의 새로운 길잡이가 되고 있다는 고마움을 느껴 보면서 지난날 나의 공직생활을 잠시 회상하는 순간, 나는 나의 눈가에 젖어오는 눈물을 두 주먹으로 훔쳐냈다. 격무로 인해 심한 스트레스를 받고 간농양과 부폐렴성 늑막염으로 대학병원에서 50일 동안 입원 치료를 받는 중 직장 동료들은 내가 다시금 직장에 복귀할 수 있을 것인가에 대해 의구심이 있었다고 한다. 병원신세를 지고 있는 나 자신은 물론, 병간호를 하고 있던 사랑하는 나의 아내를 비롯하여 아직 어린 5자매 딸들의 걱정도 마찬가지였다고 한다.

남편과 아빠로서 영영 꺼져가는 심지가 될지, 아니면 밤하늘의 어두움을 밝게 타오르는 횃불이 될지, 운명의 갈림길에 서 있는 남편과 아빠를 쳐다보면서 나의 아내와 딸들은 그 날들을 기억조차 하고 싶지 않다고 한다. 지난 15년 전 병원에서 장기간 입원치료를 하면서, 절박했던 상황에서 하나님만을 의지하고 기도하였던 시간들은 참으로 소중한 시간들이었다. 나는 하나님의 은혜로 건강을 되찾아 건강한 모습으로 2012년도 전반기에 정년퇴임을 하였다. 또한, 나는 오늘을 살아가고 있으면서 공무원연금 수급자로 혜택을 누리고 있기 때문에, 공무원연금의 고마움을 새삼 느끼고 있다. 요즘도 나의 핸드폰에서는 공무원 연금공단에서 보내오는 서비스 문자가 가끔씩 들려온다.

문자의 내용은 일자리 창출을 위한 프로그램 참여, 또는 각종 일자리 안내 서비스 등이다.

이는 참으로 고마운 일이 아닐 수 없다. 나는 이러한 서비스 문자를 받기에 앞서, 퇴임 후 27일 만에 전북서남권 상공회의소 국장직에 재취업을 하여 2년간 근무한 바 있다. 또한, 정읍시청소년수련관 관장직과 정읍시 청소년상담복지센터 소장으로 재취업하여 근무 하였다. 현재는 정읍시 지역 활성화센터 이사장으로 재직하고 있다. 그렇지만 이러한 일자리에서 받는 봉급은 별로 소중하게 느껴지지 않는다.

아직은 건강하기 때문에 일할 수 있다는 긍지와 자부심을 갖고, 활동거리로 생각하며 감사하는 마음으로 맡겨진 직책을 성실하게 수행하고 있을 뿐이다. 그러나 공무원 연금은 현직에 있는 동안 온갖 피와 땀이 묻어 있는 보상이라고 여겨지기 때문에, 더 값지고 소중하게 느껴진다. 이러한 공무원연금이 안정적으로 잘 관리되고, 수급자들의 희망과 보람으로 자리매김 되어지기를 반대할 사람은 아무도 없을 것이다. 솔직히 말해서 퇴임 후 잠시 갖는 일자리는 영원할 수 없을 뿐만 아니라, 공직에 있었던 긍지와 자부심보다 더 앞설 수 없으며, 나의 그 자존심 또한 그것을 허락하지 않는다고 생각할 때가 한두 번이 아니다. 그래서인지는 몰라도, 고단하고 외롭고 힘들었어도 나 자신을 지켜주었던 공직 생활이 새삼 그리워 질 때가 많았다. 나는 후배 공직자들에게 자신 있게 말한다.

내가 퇴임 후 나름대로 좋은 일자리에 재취업을 하고 있으나, 현직보다 좋다고 생각하지는 않는다. "후배들이여! 현직에 있는 동안 경거망동하지 말고, 현직에 최선을 다해서 충실하라, 반드시 그날이 그리워질 때가 있다는 것을 잊지 말라."고 당부하고 싶다. 퇴임한 공직자들 대부분은 나와 같은 생각을 하고 있으리라고 여겨진다. 하지만 현직에서 일했던 그날들은 우리에게 다시금 주어지지 않는다. 지난날의 나의 꿈과 희망과 비전들이 차곡차곡 쌓여져 만들어낸 믿음직한 공무원 연금이 평생 나를 지켜주고 있다. 여기에 위로와 안정과 평안이 있다. 나는 전직 공직자로서 부끄러움 없이 의연하고 떳떳하게, 그리고 긍지와 자부심을 갖고 보람되게, 우리 사회의 헌신자로서 국가 발전에 기여하는 영원한 공직자로 살아가려고 한다. "핸드폰아! 지금처럼 쉬지 말고 희망 담은 기쁜 연금소식을 많이많이 담아내어 주렴!"

잡초에서 느껴보는 사랑

"아! 이 풀 좀 무성한 것 보아! 이 풀을 베어다 소를 먹이면 어금니 사각 사각 비벼 대면서 맛있게 잘 먹겠다." 어느 날 모처럼 논두렁 밭두렁을 비롯한 들녘을 거닐다 보니, 탐스럽고 무성한 잡초에 치어서 다닐 수 없을 정도로 불편함이 있었지만, 그보다는 이 탐스러운 잡초에 대한 욕심이 마음 한 구석에서 솟구쳐 나왔다. 그야말로 '견물생심'이란 바로 이런 것 아니겠는가?'하는 느낌을 갖는 순간이었다. 요즈음 농부들은 논밭에서 작물을 재배하고자 할 때, 잡풀들 때문에 농사짓고 먹고 살 수 없을 정도로 피곤함을 느끼면서 잡풀 제거 전쟁을 하고 있다.

그러함에도 불구하고, 필자는 탐스럽고 무성한 잡풀에 마음이 다가 가고 있는 것이다. '왜 그럴까?' 이에 필자의 어린 시절로 돌아가 본다. 내가 황소 한 마리를 사육하면서 고등학교 다닐 때의 시절이다. 그 시절 아침 등 굣길에 나는 냇가 두렁에 소를 메어놓고, 소가 스스로 풀을 뜯어 먹도록 하기 위해 이곳저곳 좋은 풀이 있는 곳을 찾아다니곤 하였지만, 적당한 장소를 찾기가 쉽지 않아 당황할 때가 한두 번이 아니었다. 그뿐만 아니라, 나는 이른 아침에 구럭을 메고 이슬을 제치며 풀 한 구럭을 베어오기 위해 온갖 들녘을 돌아 다녔는데, 그렇게 해도 풀을 베어 오기가 쉽지 않았다. 그것은 집집마다 소를 한두 마리씩 사육을 하면서 꼴을 베어다 소먹이를 하고 있었기 때문에, 탐스러운 풀들은 이미 많은 사람들이 베어가고 없었기 때문에 풀 베어오는 것이 그리 쉽지 않았다.

하지만 지금 시대는 들녘에서 풀을 베어다 소를 먹이는 농가가 거의 없다. 왜냐하면, 모두가 사료작물이나 사료를 먹이며 자동화 시스템에 의해 대규모로 소를 사육을 하고 있기 때문에 그렇다. 시대가 시대인 만큼 농사 짓는 기술이나 가축 사육 방법도 발달되어 옛날 방식으로는 할 수 없고, 일손도 많이 부족하기 때문에 경쟁력을 갖기 위해서는 옛날 방식은 생각조차 할 수 없다. 그렇지만 탐스럽고 무성한 잡초를 보는 순간, 시대적으로 어울리지 않게 견물생심이 마음에서 솟아나고 있다. '아! 이 풀 참 아깝다'는 생각이 저절로 나온다. 이는 이른 아침에 들녘을 돌아 다녀도 풀 한 구럭 담아오기가 쉽지 않았던 그 시절의 애환과 추억이 그려내는 정서가 아닐까 싶다.

어느 누구도 좋아하지 않고 무시하고 짓밟히는 잡초일지라도, 그것으로 인하여 그 시절의 추억을 담아내 보면서 그 가치를 새삼 느껴보는 발길은 한층 더 가볍고 흥겨웠다. 마찬가지로 우리 주변에서 보잘 것 없는 인생으로 살아가는 사람일지라도, 그 영혼과 생명을 소중하고 귀하게 느끼면서 사랑하는 사람이 있다면 그 가치는 크다고 여겨진다. 그 생명과 영혼은 사람의 판단과 소유에 있지 않고 하나님 권능의 소유물이며, '그가 어떻게 사느냐?'보다 '그 영혼에 무엇을 담고 살아가느냐?'가 더 중요한데, 그 영혼도 하나님께서 사랑 하시는 대상이 되기 때문이다. 그렇기 때문에 함부로 업신여기고 무시하고 천대하기보다는, 그 누군가에게 소중하게 여겨지는 사람이라고 생각하면서 그 영혼을 더욱 사랑으로 감싸주고 아껴주고 돌보아 주는 우리 사회가 되었으면 좋겠다는 생각이 든다. 이러한 상념에 잠겨 한발 두발 내딛는 발길에 축복을 새삼 느끼고 있다. 또한, 나에게 이처럼 행복을 창조하는 옛 추억이 있다는 것에 감사하고 있다.

당신을 생각하면서

어느 날 승용차를 운전하며 집으로 퇴근 하는 길에 나도 모르게 두 눈에서 눈물이 주룩 흘러내려 앞을 가렸다. 순간적으로 더 이상 운전할 수가 없어서 잠시 갓길에 차를 세우고 두 손으로 눈물을 훔친 후, 마음을 가다듬고 운전을 계속하여 집에 도착했다. 아무 일도 없었던 것처럼 아내에게 태연하게 보이려고 하였지만, 반겨주는 아내를 바라보는 순간 나도 모르게 또 다시 눈시울을 적시게 되었다. 이러한 내 마음을 안정시키려고 아내와 눈 맞춤도 억지로 피했다. 35년간 경찰 공직을 해 온 남편의 뒷바라지와 다섯 딸들을 키우며 대학공부를 시키느라 남모르게 고생을 많이 하였던 아내가 요즈음은 정신적으로나 육체적으로나 많이 지쳐 있는 것 같다.

항상 건강하게만 느껴졌고 곱게만 보였던 아내가 면역력이 떨어져 잦은 질병에 시달리고 피곤해 하며 얼굴엔 잔주름도 부쩍 늘었다. 이런 아내를 바라 볼 때마다 남편으로서 잘하는 척은 하였어도, 사실상 남편의 도리를 다하지 못하였다는 죄책감을 갖게 된다. 아내와 결혼할 때에는 어느 누구보다도 내 아내를 행복하게 하겠다는 결심과 각오가 남달랐으며 자신감도 있었다. 그러나 공직 생활의 도덕성과 제한, 그리고 한계성에 의해 그것은 꿈과 희망이었을 뿐, 현실적으로는 너무나 부족하였다는 것을 많이 느끼고 있다. 초년에는 고생을 많이 하였어도, 노후에는 나름대로 하고 싶은 일을 마음대로 하면서 여유 있게 즐기면서 행복한 삶을 살게 하여야 한다.

그렇지만 내 아내는 줄 곧 다섯 딸들의 뒷바라지에 여념이 없고, 경제력의 한계로 인해 지금까지의 삶의 테두리를 크게 벗어나지 못하고 있어서 마음이 아프다. 이러한 솔직한 심정을 아내에게 말로써 다 표현하지 못하고, 나 홀로 상념에 잠겨 눈물이 나오곤 한다. 사실, 말로서 표현한들 형식에 그치는 구호일뿐 '행함이 없는 말이 무슨 소용이 있겠는가?'를 생각하기 때문에, 그저 마음에만 표현을 담아 두고 있었다. 한편으로는 하나님의 은혜를 힘입어 공직을 잘 마쳤고, 자녀들 또한 나름대로 잘 양육하였다고 자부하면서 하나님께 감사를 하고 있다. 그러면서도 경제적으로 충분한 여유가 없고 뭔가 조금은 부족한 듯 넉넉하지 못하여 일생동안 근검절약하는 아내의 모습이 안타깝기만 하다.

그러나 하나님의 뜻이 여기에 있다면, 내 삶에 원망과 불평보다는 감사를 먼저 하지 않을 수 없다. 경찰 공무원으로서 아내를 사랑하는 만큼 일상을 같이하지 못하였고, 재직 중에 50일 동안 병원에서 입원치료를 받았던 일과 또 다른 질병으로 죽을 고비를 넘기면서 아내를 놀라게 했던 일들을 생각할 때마다 마음이 아프다. 공직을 떠나와 재취업을 한 남편이 공직에 있을 때보다도 휴식시간이 없이 바쁜 일정을 보내는 것을 못내 안타까워하는 아내이기에, 이 또한 아내에게 미안한 마음이 든다.

오늘도 퇴근하는 길은 이런 생각 저런 생각으로 깊이 잠겨 있다. 나의 부족함으로 인해 내가 사랑하는 아내에게 기쁨을 주지 못하고 있다고 생각하면, 답답하기만 하다. 그래서 사랑하고 사랑하였던 만큼 다가갈 수 없고 바라다 볼 수 없어 눈물만 나온다. 이제라도 당신을 더 가까이 바라보고자 하는 사랑하는 남편을 위해서, 항상 건강하게 오래 오래 남편 곁에 머물러 있어 달라는 바람이다. 사람은 누구나 자기중심으로 소중한 무엇인가를 마음 속에 품고 살아간다고 한다. 그 소중함을 아무도 모르게 자기 마음속 깊이깊이 간직하면서 스스로 갈고 닦아 나갈 때, 아마도 '화씨의옥'이 되지 않을까? 싶다. 그러함에도 불구하고 이런 생각과 달리 나의 소중한 감정을 노래로 표현해 보는 것은, 내 스스로에게 위로가 될 뿐만 아니라 아내를 진심으로 사랑하기 때문이다.

우리가 재력은 비록 남보다 미약할지 몰라도, 여기까지 우리의 삶을 이끌어 주신 것은 하나님의 사랑과 은혜라고 생각한다. 당신이 내 곁에 오래오래 머물러 있는 한, 내 삶의 감사가 영원히 빛나고 승리하리라 믿는다. 정읍성결교회 장로이고 권사인 우리 부부의 긍지와 자부심을 갖고, 하나님의 영광과 하나님이 기뻐하시는 일, 그리고 하나님의 뜻을 따라 인생의 성공자로서 부끄럼이 없는 삶을 오래오래 건강하게 살아 갈 수 있기를 기도한다. 그래서 나는 오늘도 나의 사랑하는 아내를 생각하면서, 나 홀로 이 노래를 작사 작곡하여 부르고 있다.

제목: '나의 소중한 당신'

"너무나 사랑하기에 너무나 사랑하였기에 당신에게 다가 갈 수 없고, 너무나 사랑하기에 너무나 사랑하였기에 당신을 바라 볼 수 없어, 움츠린 이 마음 표현 못해 답답한 가슴을 움켜잡고 말없이 눈물만 흘리려내, 아! 당신은 나의 사랑. 아! 당신은 나의 보배. 오랜 세월이 내게 소중했건만 이 마음 아시나요? 아! 당신은 나의 사랑. 아! 당신은 나의 보배. 오랜 세월만큼 성숙한 내 모습 이제는 아낌

없이 드리려 하오니, 네 곁에 오래오래 머물러 지난 세월 사랑을 노래하리라. 당신만이 나의 소중한 것, 이제는 아시나요?"

이렇게 나만의 노래를 가끔씩 부르고 있을 때면, 아내를 사랑하는 만큼 나 역시 행복하다는 생각이 든다.

밝고 맑은 청소년은
가장 빛나는 기쁨

어느 아침 방송사로부터 두 가지 소식을 들으면서 착잡한 마음과 훈훈한 마음이 교차되었다. 착잡한 마음이 들게 한 소식은, 경찰청 통계에 의하면 청소년 성폭력 피해가 2011년도에는 7,800명이었으나 2013년도에는 9,700명으로 2년 사이 무려 24.3%로 늘었다는 것이다(주: 글 쓸 당시의 통계임). 또 훈훈한 마음이 들게 한 소식은, 지난 부산 기산 마을에 집중폭우가 내려 마을 전체가 성인 남성 가슴높이로 침수된 상태에 있을 때, 미처 빠져나오지 못한 4개월 된 갓난아기와 그 엄마를 동네 주민 한 사람이 구출해 냈다는 것이다. 그는 몰아치는 비와 물살로 인해 위험한 상태인데도, 자기희생을 감수하고 그 상황을 뚫고 집안에 들어가 대야를 배처럼 띄워 갓난아기를 구출해 냈다는 것이다.

그때 그 엄마는 자신에게 점점 더 차오르는 물로 인해 아기가 피해를 입지 않도록, 갓난아기를 머리 위에 올려놓고 긴박한 상황을 지내고 있었다고 한다. 천진난만한 갓난아기는 아무것도 모르고 눈을 말똥말똥 뜨고 있었다고 한다. 자신은 위험에 처할지라도, 아기만큼은 구하고자 하는 모성애와 자기희생 정신을 발휘한 주민 한 사람의 장면이 아침에 눈시울을 뜨겁게 하였다. 우리 사회는 이러한 미담이 많이 있다. 반면, 국가 발전에 미래의 발전소가 될 청소년들의 성장환경은, 마치 집중 폭우로 인해 빗물이 차올라 간난 아기의 위험을 우려하는 것 이상의 상황이 아닐까?하는 걱정이 된다. 일부 몰상식한 기성세대들이 청소년을 대상으로 하는 파렴치한 범죄행위는 말할 것도 없고 청소년기를 올바르게 성장하게 하는 성장기반 기능들이 사라져 가고 있기 때문이다.

즉 한 부모가정과 맞벌이 가정 등으로 인해 소위 예전의 밥상머리 교육이 사라지고 있기 때문이다. 뿐만 아니라, 지역사회 공동체가 갖는 교육적 기능이 사라지고 있고, 학교에서도 입시경쟁치중으로 인해 인성교육도 제대로 못하고 있는 실정이며, 인터넷 등을 통한 자극적이고 부정적인 가치를 쉽게 접할 수 있는 문화전달체계도 청소년들에게 문제라고 전문가들은 지적하고 있다. 필자가 직접 임상 실험을 한 바는 없지만, 나는 휴대폰 문화가 청소년들의 교육을 멍들게 하는 원인이 될 수 있다는 생각을 오래전부터 해오고 있다. 청소년들이 휴대폰을 거의 다 소지하고 있고 이에 의존하는 경향도 문제이지만, 직접적인 통화로써 의사소통을 하기보다는, 단순한 은어나 이모티콘에 의한 의사소통을 하는 문화에 익숙해져 있는 것도 문제라고 여겨진다.

이러한 단순 뇌기능 발달 환경들은 청소년들의 창의력을 기르는 데에도 차질을 줄 것으로 보인다. 이뿐만 아니라, 단순해지는 일상 대화나 휴대폰 사용은 청소년들의 성격도 단순해지게 만들고, 학교폭력 발생 원인이 될 우려가 된다고 생각한다. 위험에 처해 있어도 위험한 줄 모르고 눈을 말똥말똥 뜨고 있었던 천진난만한 갓난아기처럼, 우리 청소년들이 위험한 성장환경에서 벗어나 초롱초롱한 눈망울로 천진난만하게 성장해 갈 수 있는 환경을 만들어 주는 것이 매우 중요하다. 그러기 위해서는 무엇보다도, 앞에서 지적한 청소년들의 성장기반 여건을 개선해 주는 것이 무엇보다도 시급하다. 이것은 우리 어른들의 관심과 도움과 희생, 그리고 사랑과 투자로 만들어지는 것이다. 이 세상에서 가장 빛나는 기쁨은 '단란한 가정의 행복한 웃음'이라고 한다. 우리들의 가정과 사회가 밝고 맑은 청소년들로 인해 행복한 웃음과 기쁨이 되었으면 참 좋겠다.

세 가지 관리

　사람이 살아가면서 국가나 사회에서 필요로 하는 중요한 직책을 맡거나 큰일을 하고자 할 때, 아니 꼭 중요한 직책을 맡지 않고 큰일을 하지 않는다고 하더라도 그 사람의 가치를 높이고 신앙인의 덕목으로 삼기 위해서는, 적어도 세 가지 관리를 잘해야 한다고 생각한다. 그 첫 번째는 자기관리이다. 즉 자신을 평소에 어떻게 관리해 왔는가는 중요한 가치 평가 기준이 된다. 자기관리는 언행과 품행과 소행을 잘 관리하는 것이다. 언행은 말과 행동이 일치되는 삶을 보여주는 것이 되어야 한다. 무심코 던져지는 말 한마디가 듣는 사람으로 하여금 큰 상처를 주고 실망감을 주기 때문에, 부정적으로 이끌어지는 말은 해서는 안 된다고 생각한다. 말과 행동의 실수는 다시 돌이킬 수 없는 흠집으로 남아 있을 수 있기 때문에, 말 한마디 한마디마다 긍정적이고 창조적이어야 하며, 듣는 사람에게 기쁨을 주는 말을 써야 한다.

　품행은 일시적으로 다듬어서 만들어지는 것이 아니다. 품행은 그 사람의 가치판단에 있어서 품격의 기준이 되기 때문에 중요하다 하지 않을 수 없다. 품성과 행실은 부모로부터 타고난 본능적 성품이 환경적 지배를 받으면서 행실이 바꾸어 질 수도 있기 때문에, 오랜 경험과 체험을 통해서, 또 학습과 종교적 수련을 통한 깨우침과 자기반성을 거듭하면서 다듬어져야 한다. 소행의 사전적 의미에는 이미 행한 짓이라는 소행(所行)과 본디의 행실이라는 소행(素行)이 있다.

어찌하든 그 사람이 하는 행동이라고 부정적으로 여겨지지 않고, 누가 뭐라고 해도 이해와 납득이 되는 상식적이고 정의로운 행실로 반듯해야 한다. 두 번째로는 사람관리이다. 사람관리는 대인관계라고도 할 수 있다. 사람관리는 인격과 신뢰를 바탕으로 이루어져야 한다고 생각한다. 자신에게만 유익된 측면에서 사람관리를 하는 것은 자신의 목표와 목적 달성을 위해 그 사람을 이용하는 수단이 될 뿐, 인격과 신뢰를 바탕으로 하는 진정한 사람관리라고 할 수 없다. 인격과 신뢰를 바탕으로 하는 사람관리는 좋을 때나 힘든 때, 어려울 때나 고통스러울 때에 외면하지 않고 이해하며 위로와 격려를 아끼지 않는 것이다. 또한 그 사람으로 인하여 자기관리에 손실이 없어야 하겠지만, 비록 손실이 있다고 하더라도 그것을 감수할 수 있을 정도의 아량이나 배려와 덕망을 소유하고 있지 않다면, 진정한 사람관리를 할 수 없다.

이는 상호 인격적인 대우와 신뢰 없이는 결코 이루어질 수 없는 일이라고 생각한다. 이렇게 함에도 불구하고, 사람관리를 잘못했다고 하면, 이는 자신이 상대방을 배려하지 않고 나만의 일방적인 관리를 하지 아니었는가를 반성해 보아야 한다. 세 번째는 돈 관리이다. 인간생활에는 돈으로 인해 빚어지는 사건, 사고나 일들이 거의 태반이다. 돈이 많다고 해서 꼭 행복한 것은 아니며, 돈이 없다고 해서 꼭 불행한 것도 아니다.

다만, 돈으로 인해서 인간이 추해지지 않도록 하는 것이 더 중요하다고 생각한다. 그러함에도 불구하고, 우리 사회에서는 돈이나 부가 이렇게 이해되지 않고 있다는 것이 문제다. 돈으로 인해서 자신의 영혼까지도 망가

뜨리거나, 또 돈을 이용해서 상대방의 영혼까지도 소유하고자 하는 욕심 때문에 사람들이 추하게 추락되는 일들이 많이 있다. 돈은 꼭 필요하게 쓸 수 있을 때, 쓸 줄 아는 사람에게 주어져야 그 효용의 가치를 높일 수 있다. 반면, 꼭 필요할 때 유효적절하게 쓰지 못하는 돈은 곡간에 쌓아두는 검불에 불과한 것이라고 생각한다. 돈으로 인해서 신뢰를 잃게 되고, 돈으로 인해서 죄를 짓게 되고, 돈으로 인해서 폐가망신당하는 일들이 많이 있다.

돈은 필요할 때 어느 정도 쓸 수 있다는 데에 만족해야만 행복하다. 그렇지만 쓸 수 없을 정도가 되더라도 그것으로 인하여 비굴하지 않는다면, 그 사람에게 있어서 돈이 차지하는 가치는 절대적이지 않기 때문에 불행하지도 않은 것이다. 그렇기 때문에 돈이 권세를 부리는 기준이 되어서도 안 되는 것이다. 우리가 살아가면서 자기관리, 사람관리, 돈 관리가 중요하다는 것을 새삼 느껴보면서, 이것으로 인하여 실패하지 않고 성공하는 인생으로 살아가기 위해, 항상 나를 뒤돌아보면서 걸어가야 한다.

엄마의 손길과 부성애

　자식에게, 특히 딸들에게 있어서 엄마라는 존재는 자신이 어렵고 힘들 때나 괴롭고 슬플 때, 또 좋은 일 궂은일 있을 때에 허심탄회하게 대화하고 속마음을 털어 놓을 수 있는, 어려울 때마다 위로와 격려, 그리고 충고를 받을 수 있는 유일한 존재이다. 자신이 처한 곤경에서 엄마의 목소리만 들어도 그 곤경에서 곧바로 벗어날 것 같은 위안을 받으면서 눈물이 쏟아지는 기쁨과 감동을 갖고 자라 온 우리네 자식들이기 때문이다. 이러한 자식들에게 어렸을 때는 물론, 성인이 되어서 시집 장가를 갔을 때도 항상 필요한 것이 엄마의 정이고 엄마의 손길인 것 같다.

　부모자식 간의 인륜적으로 맺어진 정이라고 하는 것은 인위적으로 끊으려고 해도 끊을 수 없는 것이다. 그 정 때문에 일생 동안 자식들을 위해 희생을 하였어도 자신이 자식을 위해서 희생을 하였다고 생각하지 않고, 도리어 자식들을 위해서라면 무엇이든지 더 해주고 싶은 마음을 갖는 분들이 우리 어머니들이다. 어느 부모들이나 자식들을 애정과 사랑으로 키우는 줄 알지만, 누구보다도 내 아내는 자식들에게 애정을 더 많이 갖는 엄마라고 할 수 있다. 그러기에 내 아내는 큰 딸의 전화 목소리를 듣고서 목소리가 좋지 않으면 하루 내내 마음 아파한다.

　그 속마음을 잘 아는 남편인 나는 "마음 아파하지 말고 한 번 가보지 그래."라고 말을 하지만, 그렇게 하지 못하는 아내에게 그저 이야기만 한다. 특히 나의 아내는 하늘나라에 계시는 친정엄마와 자식이라기보다는 친한 친구와 같은 사이로 지냈었기 때문에 딸들에게도 그런 정을 많이 보여주고 있는 것 같다. 우리가 흔히 모성애에 대해서 많은 공감을 하면서도, 부성애에 대해서는 별다르게 공감하지 못하는 경향이 있다. 부모 자식 간의 문제에 있어서 모성애가 더 중요 하느냐? 부성애가 더 중요 하느냐?라는 문제는 거론할 가치가 없다고 생각한다. 왜냐하면, 부모가 자식을 위하는 마음은 다 똑같기 때문이다.

그런데도 우리 주변에서는 인륜이 파괴되는 일들이 가끔씩 발생되고 있어서 안타까운 마음이 든다. 엄마와 아빠가 큰 소리를 내고 부부싸움을 하는 것을 보고 10대 자식이 칼로 아빠를 살해하는 일이 있었는가 하면, 엄마와 형을 살해하여 부모의 상속 재산을 독차지 하려고 했던 사건들도 있었다. 그러한 반면, 며칠 전에는 모 방송 프로그램을 통하여 70세의 노부가 다운증후군의 시한부 인생을 살아가는 아들을 온갖 정성과 사랑으로 키워 오는 내용이 방송되어 시청하게 되었다. 3살 먹은 아이가 다운증후군 진단을 받게 되자, 그 엄마는 어느 날 홀연히 집을 나가버렸다. 그 아이는 20세까지만 살 수 있는 시한부 인생이었기에 절망적이었지만, 70세의 노부는 걷지도 못하고 말도 잘 못하는 아들을 위해 혼자서 목욕도 시키고 밥도 떠먹이고, 매일 오토바이에 태워 밖의 세상을 보여주는 등, 온갖 정성과 사랑을 다 쏟아 17여 년 동안 키워 왔다. 그러던 어느 날 아빠가 잠깐 20여분간 집을 비운 사이, 그 아이는 자기의 생명을 다해 "아빠!"라고 한 번을 불러보지도 못한 채, 집에서 누워 있던 자리에서 혼자 세상을 떠났다.

아들을 그렇게 떠나보낸 노부는 아들의 빈자리를 바라보면서, 살아 있을 때 조금 더 잘 해 주지 못한 것이 후회스럽다고 하며 허전한 마음으로 눈시울을 축축하게 적시고 있었다. 이 방송 프로그램을 시청하는 동안, 나 역시 부모 자식의 도리와 정, 그리고 인륜에 대하여 새삼 느끼게 되면서 나도 모르게 주루룩 두 줄기의 눈물이 흘러나왔다. 우리 사회에서 반인륜적 사건들도 많이 있었지만, 이 이야기를 통해 모성애 못지않게 부성애에 대한 감동을 새롭게 받았다. '사랑하는 딸아! 엄마의 정을 느끼고, 엄마의 손길을 그리워하면서, 엄마의 목소리만 듣고도 눈물이 나와 전화를 이어가지 못하였다는 말을 엄마로부터 들었다. 그때 아빠 역시도 가슴이 찡한 마음을 갖기는 마찬가지였단다. 딸아! 사랑한다.'

현대사회와 부부생활에서
대화의 필요성

철학자 하이데커는 '언어는 존재의 집이다. 언어의 주택 속에서 인간은 산다.'라고 하였다.

이와 같이 인간생활은 언어의 생활이나 다름없다고 생각할 수 있다. 그러함에도 불구하고, 우리나라 부부 3쌍 가운데 1쌍은 하루에 30분조차도 채 대화를 나누지 않는 것으로 조사된 바 있다. 인구보건복지협회가 전국 기혼남여 1천 2명을 대상으로 설문조사(2013. 11월)를 한 결과, 우리나라 부부의 하루 평균 대화 시간은 32.9%가 30분에서 1시간 사이라고 답했다고 한다. 반면, 10분에서 30분 사이의 대화가 이뤄지는 부부는 29.8%이고, 10분 미만은 8.6%로서, 결국 38.4%의 부부는 하루 30분도 서로 대화하지 않고 지내고 있는 셈이다. 또한 배우자에게 '사랑한다'는 애정표현이나 '최고다. 예쁘다. 멋있다. 고맙다.' 등의 칭찬과 격려의 말을 얼마나 자주하는 가에 대한 질문에서는 50.4%가 '가끔씩 기분 좋을 때'라고 답했다고 한다.

'거의 매일 한다.'는 경우는 25.9%뿐이었고, '거의 안한다.' 19.8%, '한 적이 없다.'는 응답자도 1.4%로 나타났다. 부부는 서로 다른 환경에서 살아 온 사람들이 결합하여 가정을 이루고 사는 것이기 때문에, 서로를 잘 알고 이해하는 데에는 무엇보다도 대화가 많이 필요하다고 생각한다. 대화가 없는 부부는 자신의 생각이 옳고 정답이라고 하면서 자기중심적으로 생각하기 때문에, 갈등이 조성되어 부부생활에 적지 않는 문제가 발생 할 수도 있다. 대화의 중요성을 강조하는 윤치영 박사는 "누군가 자신의 입장이 되서 끝까지 자기 말을 들어 주면 마음 속에 쌓인 우울함과 불안함이 해소되고, 억압된 감정의 응어리를 행동이나 말을 통해 발산하게 되면 후련함과 함께 정신적 균형이나 안정감이 회복된다."라고 하였다.

또한, "진솔한 대화를 많이 하게 되면 내가 생각하지 못한 부분을 알게 되어 더 나은 생각으로 서로를 이해하면서 문제와 갈등을 해결하는데 도움이 된다."고 하였다. 다시 말하면, 진솔한 대화의 공감이야말로 마음을 정화시켜 자기를 치유하게 된다는 것이다. 말에는 힘이 있고, 말은 '살아 움직이는 에너지'라고 한다. 부부생활에서는 물론, 우리 사회에서 '진솔한 대화'의 중요성은 백번을 강조해도 부족하다. 아메리카 인디언의 금언에 '당신이 생각하고 있는 것을 만 번 이상 반복하면 당신은 그런 사람이 되어 간다.'는 말이 있다. 일상생활에서 부부가 서로를 칭찬하고 위로하고 격려하는 좋은 생각과 말을 아끼지 않고 반복하여 대화를 많이 함으로써, 행복한 부부생활의 지름길을 걸었으면 좋겠다.

한줄기 눈물의 의미

얼마 전 병원에서 1년 반 가까이 식물인간으로 누워 계시는 할머니의 존엄사 문제를 놓고 사회적으로 적지 않는 논란이 일고 있었다. 나는 존엄사에 대해서 '옳다, 그르다'는 것을 이야기하고 싶지는 않다. 부모를 사랑하는 자녀들이 존엄사를 신청하기까지 그 고뇌가 얼마나 컸겠는가를 생각한다면 이해하지 못할 것도 없지만, 하나님이 주신 인간의 생명이 고귀하다는 것을 생각한다면 사회적 제도나 법으로 어떻게 생명의 가치를 인위적으로 재단할 수 있겠는가?하는 물음이 생긴다. 대법원 판결에 의해 존엄사를 집행하는 과정과 이에 대한 뒷이야기를 언론보도를 통해 접했을 때, 안타까운 마음이 들었다. 생명연장기구인 산소마스크를 제거한 후, 짧게는 20분 길게는 2시간 만에 고요히 숨을 멈추고 식물인간이라는 고통에서 벗어날 줄로만 알았던 할머니가 산소마스크 제거 후에도 자의적으로 숨을 계속 쉬고 생명을 이어 가고 있었던 것이다.

놀랍게도 산소마스크 제거 후에 할머니가 한줄기의 눈물을 흘리셨다는 것을 듣는 순간, 나의 마음은 왠지 찡하였고 안타까움을 금할 수가 없었다. 혹시 할머니는 의식이 전혀 없었던 것이 아니고, 자신의 존엄사에 대해 이미 알고 있지는 않았는지 생각해 보게 되었다. 할머니에게 산소마스크를 제거하는 순간은 지극히 고귀한 생명을 마치게 되는 자신의 처지를 생각하는 순간이 아니었겠는가? 할머니는 지금까지 식물인간으로 누워 계시면서 흘리지 않았던 눈물을 왜 그때 흘리셨을까! 과연 그 할머니가 흘리신 한 줄기 눈물의 의미는 무엇이었을까?

　말 못하는 할머니의 속마음은 알 수 없는 일이지만, 할머니가 흘리신 한 줄기의 눈물은 우리들로 하여금 생명의 고귀함을 다시금 느끼게 하는 데에 충분해 보였다. 우리 사회는 어느 때부터인가 자신의 생명을 고귀하게 생각하지 않고 존중하지 않음으로써 발생하는 자살관련 소식들을 흔히 접하고 있다. 우리나라가 세계에서 자살률이 제일 높다는 것은 놀라운 일이 아닐 수 없다. 우리는 자신의 생명을 존중하고 고귀하게 여기면서 아름다운 삶을 만들어 가는 노력을 해야 한다. 비록 메말라 버린 이 시대일지라도, 진정한 삶의 의미를 갖는 자에게 주어지는 행복의 가치는 따로 있기 때문이다.

행복을 위한 감정을
다스리는 노력

21세기는 정보화시대, 물질만능시대, 행복 추구의 시대라고 불려진다. 이러한 시대를 살아가면서 많은 사람들이 시대적 변화에 적응하고 삶의 질을 향상시키기 위하여 노력을 하고 있는 반면, 일부에서는 현실 사회의 자연적 순리적 변화에 순응하며 적응하지 못하고, 한탕주의적 망상에 빠져 사회 불의와 타협하고 역행하는 일들이 종종 있다. 이것은 물질만능주의와 함께 행복추구의 가치를 잘못 이해하고 혼돈에 빠져버리는 것으로 인해 빚어지는 결과라고 감히 생각하지 않을 수 없다. 우리가 흔히 행복감에 대하여 말할 때, 좋은 집을 소유하였거나 돈과 권력 명예가 있거나 자녀가 우수한 대학을 진학하거나, 좋은 직장을 갖는 것 등, 환경적 조건을 들어 행복하다고 생각하는 견해가 많다.

그렇지만 어떤 심리학자의 연구 결과에 의하면, 위와 같은 환경적 조건의 행복지수는 10%에 불과하고 감정지수가 50% 자기노력 지수가 40%로서, 행복감을 구성하고 있다는 것이다. 나는 이러한 설명을 듣는 순간, 정확한 비율은 아닐지 몰라도 심리학자의 연구 분석결과가 타당하다는 생각을 하였다. 사실 돈이나 명예 권력 등의 환경적요건이 행복을 구성하는 원인의 전부라고 생각한다면, 우리 사회에서 행복한 사람보다 불행하다고 느끼고 사는 사람들이 훨씬 더 많을 것이라는 생각이 든다. 인간은 욕심이 무한정하기 때문에, 그 욕구를 충족시키는 것만으로는 만족을 해결할 수가 없다고 본다. 그러함에도 불구하고, 사람들은 자기의 감정을 잘 조절하지 못하거나 자기의 노력이 부족함으로 인해 행복하지 않다는 것을 느끼지 못하고 있다.

우리는 영원히 존재하지 않는 여러 가지 환경적 조건에 얽매여 행복감을 잃어버리지 말아야 한다. 자신의 감정을 긍정적이고 적극적으로 잘 다스려 나가고 행복을 창조하기 위한 노력을 한다면, 행복감을 90%로 느낄 수 있다고 생각한다. 급변하는 시대를 살아가는 우리가 시대의 변화에 적응하고 순리에 순응하면서 행복을 창조하는 삶을 살기 위해서는, 감정을 잘 다스리는 자신의 노력이 필요하다. 이러한 행복의 조건에 대한 새로운 인식을 갖고, 실천하는 지혜가 필요하다.

학교폭력의 실질적인
원인과 대책

요즈음 우리 사회에서 심각하게 받아들여지고 있는 화두는 '학교폭력'이다. 부모들이 자녀들을 학교에 보내기가 무섭게 느껴질 정도로 말이다. 기성세대의 일부는 학교폭력이 어제 오늘의 일이 아니고 옛날부터 있었다고 말하며, 비교적 가볍게 생각하는 사람도 많다. 물론 학교폭력은 어제 오늘만의 일이 아니다. 다만, 학교폭력에 대해 심각하게 반응하지 않고 사회적으로 이슈화하지 않았을 뿐이다. 그러나 요즘 학교폭력은 기성세대들이 겪은 과거의 학교 폭력과는 차원이 다르다. 지난 과거 기성세대들의 학교폭력은 교우들 간의 사소한 의견 다툼으로 인한 폭력으로 진전되었어도, 나중에는 서로 화해하고 사이좋게 지내는 것으로 끝났다.

간혹 그렇지 못한 경우가 있었어도, 대부분은 그랬다고 생각한다. 그리고 학교폭력이 있더라도 다른 교우들이 모두 나서서 싸움을 말리는 등, 교우들이 관심을 보였었다. 또한, 학교폭력 피해자들이 요즘과 같이 심리적으로 불안해 하며 목숨을 내던지는 등의 극단적인 결정을 하지 않았다. 물론, 폭력이나 왕따가 지속적이고 조직적으로 이루어지지 않았던 것도 이유가 되겠지만 말이다. 다시 말하면, 그 당시에는 정신적으로 전이되는 사회적 불안 요소들이 요즘 사회에 비해 비교적 적었다.

그리고 개개인의 학생들은 강인함이 있었다고 본다. 이러한 차이는 과거에는 대부분의 학생들이 빈부차이와 결손가정 등, 가정 형편과 상관없이 서로 화해하고 지낼 수 있는 보편적인 인성과 지성을 원만하게 잠재하고 있었기 때문이라고 느껴진다. 이러한 관점에서 바라본다면, 학교폭력에 대한 원인을 분석하고 대처능력을 배양할 수 있다. 우선, 사회 환경적 관점으로 범죄예방에 있어서 '깨진유리창 이론'을 접목해 본다. 청소년들이 쉽게 접근할 수 있는 오락실이나 PC방과 노래방 등, 비교적 청소년들이 배회하기가 용이한 곳의 출입을 최대한 제한하는 법적 제도적 보완책이 요구된다.

학교교육 운영측면에서 담임선생님들의 직무공간을 교무실에서 학급교실로 옮겨 학생들과 일상생활을 함께할 수 있도록 제도적 구조적 개선책을 만들어야 한다. 교내, 학교사각지대에 CCTV를 설치하여 학교폭력을 의식적으로 압박하고, 교실 안팎에 학교폭력 신고함을 설치한 뒤, 가해학생과 피해학생을 사전에 찾아내어 적극적으로 대처하는 대책이 필요하다. 가정적 관점에서 결손가정의 자녀들을 소외시키지 않고 담임선생님이나 학교 상담 선생님이 정기적, 또는 수시로 상담제도를 통하여 학생의 애로사항을 사전에 해소시키고, 연간 2회 정도 학부모와 학생들을 대상으로 각 학급별로 공개토론회를 개최하여 학교, 학생, 학부모가 소통할 수 있는 기회의 장을 마련해야 한다.

교육적 관점에서 보면, 입시위주의 교육에서 벗어나 주 1회 1시간 정도 외래강사를 초청하여 인성 및 지성교육을 강화하고, 정신적 심리강화를 위해 체육시간에 구기종목와 태권도나 검도 등의 교육이 필요하다. 또한, 학생들의 개인주의적 성향을 개선할 수 있는 팀웍을 구성하여 극기교육훈련 정례화로 집단의식을 길러주어 학급 학생들이 학교폭력 가해자나 피해

자에 대한 관심을 줌으로써 학생들 스스로가 학교폭력이 더 이상 지속되지 않도록 유도한다.

뿐만 아니라, 학교폭력에 있어서 담임선생님들은 학부모가 직접 나서는 일에 대해 부담을 갖지 말아야 한다. 그리고 학교폭력이 발생한 학습의 담임선생님에게도 인사적으로 불리한 처분을 하는 제도를 개선해야 하며, 의무교육 중의 학생이라 할지라도 가해 학생은 같은 지역이 아닌 타 시군 지역으로 강제전학을 시키고, 다시 그 학교에 전학오지 못하게 하는 제도가 필요하다. 대부분의 선생님들은 가해학생이나 피해학생 모두가 제자라는 측면에서, 문제를 키우지 않고, 학생 상호 간에 스스로 문제를 해결하기 원하는 면도 없지 않다.

선생님들의 이러한 소극적 대처의식으로부터 탈피하여 적극적 개입을 함으로써, 학교폭력의 예방과 대처에 효과를 주는 것이 바람직하다고 생각된다. 그리고 학교폭력의 효과적 대처에 있어서는 학교 측에만 모든 책임을 전가시키지 않아야 하며, 학교와 경찰, 그리고 교육지원청과 지자체 및 각급 유관 사회단체 모두의 유기적인 협의 연구기구를 마련하여야 한다. 이렇게 함으로써 학교폭력 발생과 대책에 대한 실질적이고 지속적인 대책을 강구하여 운영해 나갈 수 있도록 사회적 관심이 필요하다는 생각이 든다.

주는 것, 받는 것, 그리고 느끼는 것

우리는 흔히 사랑이야기를 많이 한다. 사랑 때문에 살고, 사랑 때문에 죽기도 하는가 하면, 사랑 때문에 울고 웃는 등, 사랑은 그만큼 정신세계를 차지하는 비중이 크다. 그래서 많은 사람들은 사랑에 대해 나름대로 정의하면서 그 가치를 추구하기 위한 수단이나 방법을 정리해 놓기도 한다. 사랑은 위대한 것인데, 그 이유는 사랑의 결과로 얻어지는 파급효과가 그만큼 중요하기 때문이 아닌가 싶다.

그렇기 때문에 사랑이야기에 대해 그것이 옳고 그르다고 말하기 보다는, 그것을 내 것으로 받아들여 실천하는 지혜가 더 중요하다는 생각이 든다. 필자 역시 평소에 사랑에 대해 많은 생각을 해본다. 그러는 가운데 이와 같이 정리를 해 보았다. '사랑은 주는 것이다 또 받는 것이다 그리고 느끼는 것이다'이다. 내게 있는 모든 것을 아낌없이 내어 줄 수 있다면, 그것을 받는 자세 또한 이에 못지않아야 한다. 그리고 이러한 마음을 서로 공유하면서 느끼는 것이 진정한 사랑이라는 생각이 든다.

어떤 지인이 사랑의 3종류를 이렇게 말하는 것을 들었다. 그 첫째는 '만약 사랑' 둘째는 '때문에 사랑' 셋째는 '그러함에도 불구하고 사랑'이라는 것이다. 다시 말하면, '만약 사랑은 만약 내가 너를 사랑한다면, 만약 네가 나를 사랑한다면 나도 그렇게 하겠다는 것'이고 '때문에 사랑은 네가 나를 사랑하기 때문에, 내가 너를 사랑하기 때문에 나도 그렇게 하겠다'는 것이며 '그러함에도 불구하고 사랑은 만약이나 때문에 같이 조건부적인 사랑이 아니고, 네가 나를 사랑하지 않음에도 불구하고 나는 너를 사랑한다는 것'이다. 이 중에서도 그러함에도 불구하고 사랑은 아무 조건이 없이 그저 주시는 '하나님의 아가페적인 사랑'을 말하는 것이다.

'사랑은 주는 것이다. 또 받는 것이다. 그리고 느끼는 것이다.'라고 말한다면, 여기에는 아무런 조건이 없는 하나님의 무한하신 '아가페 사랑'이 전제되어 있다. 우리 사회에서는 사랑의 손길이 요구되는 일이 많다. 그렇기 때문에 사회각계 각층에서 나름대로 사랑을 실천하는 노력을 많이 엿볼 수 있다. 그러나 주는 순기능에 비해 받는 역기능은 없는 것인지, 그리고 주는 마음 받는 마음이 사랑으로 소통되고 그에 대한 진정한 느낌을 갖고 있는지를 생각해 보지 않을 수 없다. 아무 조건이 없는 사랑이라고 해서 그 진정성이 외면 된 채, 남용되어서는 안 된다는 생각이 든다.

하나님의 무한하신 아가페적인 사랑을 주고 받고 느끼는 지혜를 갖는 것이야 말로, 진정한 사랑의 실천이 되는 것이라고 생각한다. 그리고, 그 사랑은 위대하고 값지고 보람된 것이라고 말하고 싶다.

둘. 삶 속에 담긴 생각

좋은 기억을
오래 간직한 기쁨

부부가 살아가면서 잊어버려야 할 일과 잊지 않고 기억해 두어야 할 일이 있다. 좋지 않은 일은 빨리, 그리고 영원히 잊어버리는 것이 좋고, 좋은 일이나 추억으로 남겨 두어야 할 일, 그리고 관심을 보여야 할 일은 오래오래 잊지 않고 기억해 두어야 한다. 물론, 좋지 않은 일을 잊어버리지 않고 기억하는 것은 지난날을 되새기며 새로운 교훈으로 삼을 수 도 있겠으나, 대개는 상처의 흔적이 되어 마음이 아플 뿐, 유익하다고는 보지 않는다. 그러나 좋은 일과 추억되는 일, 부부가 서로 관심을 보여야 할 일은 잊지 않음으로써 부부가 서로 긍정적인 대화를 할 수 있고, 그것으로 인하여 새로운 기쁨을 맛볼 수 있으며, 또한 애틋한 사랑이 묻어 나오기도 한다.

얼마 전에 나의 아내와 가볍게 차려 입고 전주지방 장로연합회 야유회 모임을 가게 되었다. 나의 아내는 그날따라 유난하게도 옷장을 뒤적거리면서 야유회에 입고 나갈 옷을 찾고 있었다. 마침내 아내는 자신이 생각했던 티셔츠를 찾아 입게 되었다. 나는 무심코 '아! 당신 그 티셔츠 참 멋있다.'라고 하였다. 그 말을 들은 나의 아내는 '여보! 이 티셔츠를 사서 입은 지가 15년이 되었어요. 그때도 당신이 이 티셔츠가 멋있다고 하더니만, 지금도 똑같은 말을 하네요.'라는 것이었다. 나는 그때의 일을 까마득하게 잊고 기억하지 못하고 있었다. 그렇지만 나의 아내는 내가 그때 한 말을 기억하고 있었던 것이다.

　나는 나의 아내가 하는 말을 들은 순간, 생각해 보았다. 15년 전에 내가 한 말을 기억하고 있는 아내가 고맙게 느껴지면서, 나의 무심했던 기억에 자책감이 들었다. 그러면서 그 옷에 얽힌 사연들을 아내로부터 듣게 되었다. 그 티셔츠를 처음 입고 교회에 갔을 때, 교회 집사님 한 분이 나의 '아내에게 옷을 참 잘 어울리게 코디한다.'라는 말을 하였다는 것이다. 15년 전에 입었던 티셔츠를 장롱에서 꺼내 입는 아내가 알뜰하게 느껴지고, 또한 그 옷에 담긴 여러 추억의 말을 듣는 순간, 지난날의 애틋한 사랑을 새롭게 느꼈고, 부부가 좋은 대화로 이어나가는 하루가 돼서 즐거웠다.

인생의 줄서기

지난주일 우리 교회 청년 한 사람이 찬양 연습을 마치고 식당으로 이동하는 과정에서 찬양대원들끼리 대화하는 가운데 "야! 인생은 줄서기이다"라는 말을 하였다. 나는 그 말을 그냥 스쳐 듣는 이야기로만 받아들이지 않았다. 그래서 그 청년에게 방금하였던 말 "'인생은 줄서기이다'를 책에서 보았니? 아니면 누구한테 들은 이야기이니?"라고 물어 보았다. 그 청년은 아무 대답을 하지 않고 웃고만 있었다. 대답을 하지 않는 청년에게 꼬치꼬치 물어 보는 것도 실례인 것 같아서, 더 이상 묻지 않고 나는 그 청년에게 한마디 했다. 네가 조금 전에 한 말이 왠지 철학적인 말로 받아 들여져 물어 보는 것이라고…

우리들은 초등학교 때 줄서기를 많이 했다. "앞으로 나란히!"라는 선생님의 구령에 맞춰서 말이다. 이 줄서기야말로 질서를 바로 세우기 위해 선생님의 교육차원에서 이루어진 줄서기가 아니었던가? 군복무를 하면서도 줄서기는 많이 있었다. 훈련을 받는 중에 기압차원의 소위 '선착순 뺑뺑이'를 돌릴 때에 재차 뺑뺑이를 돌지 않고 앞 순서에 도달하기 위해 있는 힘을 다해 달려와 줄을 섰고, 식사 시간에 허기진 배를 빨리 채우기 위해 앞 다투어 줄을 서지 않았던가?

이 줄서기야말로 생존을 위한 줄서기였다. 물론, 필요에 따른 줄서기는 이것뿐만이 아니다. 그런데 우리 사회에서 잘못된 줄서기의 폐단들이 만연되어 있어 안타깝다. 줄서기를 잘해서 성공한 사람이 있는가 하면, 줄서기를 잘 못하여 패가망신 당하는 사람이 있다. 또한, 이러한 일들로 인해서 선량하고 열심히 노력하는 사람이 선의의 피해를 입고 세상을 원망하는 일들이 많다는 것이다. 다는 아니지만 일부 공직사회를 비롯해서 정치경제 사회 문화 종교 등, 사회 전반에 걸쳐 이러한 인식들이 많은 것은 우리 사회를 밝게 하기보다는 갈등과 위화감으로 조성되어 시기 나 질투 등의 사회를 병들게 하는 원인이 되기도 한다.

재능이나 실력이 인정받지 못하고 줄을 세우고 줄을 서는 사회에서 여기에 끼어들기 위해 체면도 없이 처신하는 사람들이 많이 있는 한, 객관적이고 누구나 인정할 수 있고 납득할 수 있는 일들은 기대할 수 없다. 자신의 재능이나 지혜로 선량하게 열심히 노력하여 헌신적이고 희생적인 삶을 사는 사람들이 인정받고 출세하는 사회가 되어야 '인생은 줄서기'라는 말이 현실 사회에서 어색한 표현이 되지 않을까 싶다. 우리가 코 흘리면서 어렸을 때 선생님의 가르침에 배웠던 줄서기를 제대로 응용하는 우리 사회가 되기만을 바라면서, '인생은 줄서기'라는 말을 다시 한 번 되새겨 본다.

어느 교장 선생님의 목멘 외침

"어떻게 이런 일이 있을 수가 있습니까?", "수 십 년간 교직에 몸담아 온 사람으로서 이렇게 억울한 일을 당하는 것은 처음입니다." 동료 교사가 잘못을 저지른 학생을 훈계하면서 회초리로 엉덩이에 체벌을 하였다고 하여, 학부모가 이를 문제 삼아 거액의 합의금을 받아낸 일이 있었는데, 이는 그 사실에 대한 어느 교장 선생님의 외침이다. 우리 사회는 이제 선생님이 학생들을 지도한다는 이유로 체벌행위하는 것을 너그럽게 받아들이지 않고 있다. 이는 일부 교사들이 학생들을 지도하면서 비이성적으로 정도를 벗어난 체벌행위를 함으로써, 사회적으로 물의를 야기시키는 일이 종종 일어나 생겨난 결과다.

학생들에 대한 교육은 지극히 민주적이고, 인격적이며, 사랑으로 이루어져야 한다. 그렇다고 해서 체벌행위 그 자체가 비민주적이고, 비인격적이며, 사랑이 담겨져 있지 않다고 생각하지 않는다. '부형청죄(負刑請罪)'라는 말이 새삼 생각난다. 이는 자신의 잘못을 인정하고 그 처벌을 자청한다는 말인데, 이는 회초리를 꺾어들고 스스로 매를 맞겠다는 뜻과 마찬가지이다. 회초리를 꺾어 들어 스스로 매를 맞지 않는다고 하더라도, 스승이 회초리를 들어 올바르게 교육을 하였다고 한다면, 이는 민주적이고 인격적이며 사랑이 담겨져 있는 교육인 것이다.

그럼에도 불구하고 일부 학부모들은 자신의 자녀가 잘못하여 교육적 차원의 체벌을 받았는데도, 자신의 자녀가 잘못했다고 생각하기보다는 피해 정도에 따라 진단서를 발급 받아 형사처벌 등의 문제를 삼겠다면서 위협하는 형국이다. 모 초등학교 교사가 형법상 금지된 불량 행위를 대여섯 차례 한 학생에게, 그 학생의 장래를 위해서 염려와 사랑이 담겨진 체벌을 했었을 것이다.

　　그렇지만, 그 학부모는 상식 밖의 합의금을 요구하였다. 관련 교사는 자신의 체벌행위로 인해 형사처벌과 행정처분을 받았고, 사회적으로 물의를 빚을 것을 두려워 하여 학부모와 합의를 할 수밖에 없었다. 이를 뒤늦게 알게 된 교장 선생님은 "어떻게 이런 일이 있을 수가 있습니까?", "교사가 학부모를 찾아가 용서를 빌었음에도 불구하고, 형사고발 등의 압박을 하여 거액의 합의금을 받아 냈다면, 이는 진정 그 학생의 장래를 위한 것이라고 볼 수 있습니까?", "합의금을 받더라도 상식선에서 이루어져야 할 문제인, 일반적이지 않은 거액을 받아냈다면 이에 대한 처벌을 할 수는 없는 일입니까?"라고 목멘 외침을 하였다. 이를 듣게 되었을 때 나는 마음에 씁쓸함이 찾아오는 것을 금할 수가 없었다.

　　물론, 말썽부리는 학생의 학부모로서 그 자녀가 잘못을 하여 매를 맞았다고 한다면 그 심정이 좋을 수만은 없다고 생각한다. 그러나 체벌의 진정성을 먼저 따져 보는 것이 학생의 장래와 교육을 위해서 더 옳다고 생각한다. 필자는 학교 내에서 학생들 간의 학교 폭력과 교사들의 비이성적인 체벌행위에 대해 동의하지 않는다. 다만 교육적 차원에서 멀리 내다보고 선의의 체벌행위를 이해해 보자는 것이다. 그리고 교사가 학부모의 협박을 받아, 자의가 아닌 타의에 의해 돈을 뜯기는 학교 환경을 개선해 보자는 것이다.

승산 없어 보이는
싸움의 승리

    구약성서 사무엘상에 나타나는 다윗과 골리앗의 전장(戰場)에서의 싸움 승패 이야기는 종종 신문기사의 제목이나 논평, 광고에서 텍스트(Text)로 쓰이고 있다. 중국으로부터 40여년 이상 억압받아 온 티벳 민족이 중국과 UN안전보장이사회에서 종종 회자(膾炙)되는 것에 대하여, 언론에서는 '물맷돌이 없는 다윗이 안전보장이사회에서 의석을 가진 골리앗과 싸운 다.'라고 표현하였다. 도내 한 일간지에서는 유통업계의 거대 공룡으로 지칭되는 L업체가 입주하는 것과 관련하여, 전주시내 영세상인은 물론 향토 백화점과 슈퍼마켓이나 재래시장의 울상 짓는 모습을 '전주판 다윗과 골리앗 싸움'이라고 인용하는 등, 대기업과 벤처기업의 마케팅 전략을 '골리앗과 다윗의 싸움'이라고 표현하였다.

    언제부터인가 우리 사회는 힘의 논리가 만연되어 있는 현상들이 많이 있다. 이는 국가와 국민을 외면한 채 정치적, 경제적, 사회적으로 '집단이기주의'와 '자기중심'에서 벗어나지 못하고 힘만 의지하고 큰소리치는 골리앗이 많다는 것이다. 이러한 사회가 지속된다면, 비전이 있는 사회 건설을 약속 할 수 없다고 본다. 다윗의 승리는 애당초 하나님을 의지하고 전쟁터에 나갔기 때문에 예상된 승리였다고 신앙적 측면에서 말할 수 있다. 그렇다고 하더라도, 다윗은 국가가 위태로울 때 갑옷과 투구, 그리고 무장을 벗어 던지고 자기희생적으로 국가를 위해 헌신을 다짐한 충신이며, 자기 양을 지키기 위해 최선을 다한 사명감 있는 사람이다.

또한, 물맷돌을 골리앗에게 던져 넘어뜨린 기법은 자기가 하는 일을 평소 능숙하게 연마하였기 때문에 가능했던 것이다. 다윗은 어려운 일을 회피하지 않고 스스로 나서서 해내겠다는 용기를 가졌고, 자신의 힘이나 능력을 믿지 않고 하나님을 의지하여 전쟁터에 나가는 지혜를 가졌는데, 이 지혜야말로 우리 사회가 절실히 요청하는 귀감이 되는 리더십이 아니겠는가? 캐나다의 영성 신학자 유진 피터슨은 '골리앗에게 압도당한 타락한 상상력은 다윗을 보잘 것 없게 여겼다. 골리앗을 경외하는 사람들은 다윗을 멸시했다. 악에 의해 우리의 상상력이 지배당하고 우리의 사고방식이 좌우되며 우리의 반응이 결집되는 순간, 우리는 선한 것과 참된 것과 아름다운 것을 볼 수 없게 된다.'라고 말하였다.

우리 사회가 보다 선하고 참되며 아름답게 되기 위해서는 하루 빨리 골리앗을 탈피하고 올바른 사고방식을 정착하여 단결하는 국민의 힘이 필요하다. 그러므로 우리 사회가 바라는 리더들은 골리앗과 같이 자신의 힘을 의지하여 교만하게 큰소리만 치는 카리스마적 거인이 아니라, 다윗과 같은 작은 영웅을 바라고 있다. 이렇게 될 때 지금의 어려운 상황에서 승산이 없어 보이는 고정관념이 무너지고, 명예로운 승리로써 나라가 든든히 서 갈 수 있을 것이다.

가정환경이 자녀들에게
미치는 영향

　며칠 전, 모 TV 방송국에서 방영하는 인터뷰 게임 프로를 우연히 시청하게 되었다. 아내가 세상을 떠난 지 1년 만에 당시 26살 먹은 딸이 홀연히 집을 나간 후, 아무런 소식이 없는 딸을 7년 동안 애타는 마음으로 찾아온 아버지의 사연이었다. 어떻게 성인이 된 딸로서 홀로되신 아버지를 두고 아무런 사유도 남기지 않은 채 집을 나갈 수 있다는 말인가? 하고 처음에는 잘 이해가 되지 않았다. 그러나 방송 프로가 진행되어 가면서 새로운 사실을 알게 되었다. 딸은 어머니가 유방암으로 병석에 누워 있는 동안, 욕창 한 곳 발생하지 않도록 깨끗하게 병수발을 하여 어머니를 이 세상에서 떠나보냈다.

　그동안 아버지는 다른 여자를 만났고, 어머니가 살아 있는 동안 어머니에게 함부로 대했다. 딸은 아버지에게서 도저히 행복한 모습을 찾아 볼 수가 없었던 것이다. 또 아버지는 딸에 대해서도 상처 입을 만한 말을 하곤 했었다. 그러므로 그 딸은 아버지에 대해 마음을 열어 놓을 수가 없었고, 아버지가 자신에게 짐이 되는 것을 받아들일 수가 없었다. 그렇기 때문에 딸은 한마디 쪽지만 남겨 두고 집을 나가버린 것이었다. 필자는 여기서 누가 잘하고 잘못했다는 것을 지적하고자 하는 것이 아니다.

　가정환경의 중요성을 강조하고 싶은 것이다. 자녀들은 가정생활을 통해 인간에 대한 기본적인 신뢰를 얻게 되고, 자아개념을 확립해 나가며 자율성과 근면성, 그리고 도덕성과 창의성 및 협동성을 학습하게 된다. 그렇기 때문에 인간형성이라는 관점에서 생각해 볼 때 가정환경은 학교환경이나 사회 환경에 비해 보다 큰 영향력을 지닌다 할 수 있다. 가정에서 경험해 보는 부모와의 관계, 그리고 부모들의 생활모습들은 자녀들의 성격형성에 영향을 미치고, 긍정적 사고와 부정적 사고를 만들어 낼 수 있다는 측면에서 중요하다.

나는 앞에서 이야기 한 프로그램 내용을 보고 나서, 어머니가 살아 있는 동안 아버지가 행복한 생활모습을 보여주고 어머니가 병석에 누워 있는 동안 남편으로서 애틋한 사랑으로 보살피면서 엄마의 병수발을 도맡아온 딸에 대해서도 따뜻한 위로와 격려를 주는 아버지였더라면, 그 딸이 홀로된 아버지를 두고 집을 나갔겠는가?를 생각해 보며 못내 아쉬워했다. 사람들은 모두가 자연적, 인위적 환경의 지배를 받고 있다. 그러면서도 그 환경을 극복하기 위해 꾸준히 노력한다.

그것은 인간 생활 안에서 이루어지고 있는 일들이기 때문에 가능하다고 본다. TV프로의 결론은 아버지와 딸이 7년 만에 만나 속마음을 드러내 놓고 용서와 화해를 하고, 행복한 저녁식사 모임을 갖는 것이었다. 가정이 제 기능을 담당하는 것은 매우 중요하다. 그렇지 못할 때 발생하게 될 문제는 한 인간의 문제만이 아니라, 우리 가족과 우리 사회의 문제가 될 수 있다는 점을 생각해 볼 수 있기 때문이다. 좋은 부모 좋은 자녀로서 좋은 가정환경을 만들어 사랑을 실천하는 우리 가정과 사회가 되었으면 좋겠다는 것을 새삼 느껴본다.

그분이 남긴 말

'인생은 아름답고 역사는 발전 한다'는 고 김대중 前대통령이 남긴 말이 뇌리를 스쳐 마음에 담겨진다. 인생을 한 평생 살아가면서 어찌 좋은 일들만 있겠는가? 그렇지만, 그 분은 나라와 민족을 위해서… 이 땅의 민주화를 위해서… 모진 역경과 고통을 겪으며 그야말로 파란만장한 인동초 인생을 살아오신 분이시기에, 그 말씀이 더욱 값지게 우리들의 가슴 속에 스며들고 있다. 우리가 잘 알고 있는 일들이지만, 고 김대중 대통령은 한평생 정치 인생으로 살아오면서 다섯 번의 죽을 고비를 넘겼다. 그리고 6년의 옥고를 겪고 10년의 가택 연금과 망명생활을 하였다. 그럼에도 불구하고, 그에게 나라와 백성을 사랑하는 마음 하나로 자신을 불태우겠다는 헌신적인 강한 의지가 있었기에 모든 역경을 감히 버텨 낼 수 있었으리라고 생각된다.

그는 4번 도전 끝에 제15대 대한민국 대통령으로 당선되었고, 아시아에서 가장 영향력이 있는 지도자 50인 중, 1위에 선정되셨다. 그리고 2000년도 노벨 평화상을 수상하신 역사적인 인물이시기에 그 화려한 인생의 한편도 잊을 수 없는 일로 여겨진다. 우리는 인생을 한평생 살아가면서 좋은 일, 궂은 일, 슬픈 일, 괴로운 일, 참으로 생각하고 싶지 않은 수많은 일들을 겪으며 살아간다. 그러면서도 잘 될 것이라는 희망 때문에 모진 인생에 애착을 갖는다. 고 김대중 前대통령이 '인생은 아름답다'고 생각한 것은, 자신이 한 평생 생각해 오던 오직 한 길의 가치를 두고 하신 말이 아닌가 싶다.

왜냐하면, 그 가치를 추구하기 위해 겪는 고난과 고통의 생애를 아름답게 생각하지 않았더라면, 그가 그 길을 초지일관 걸을 수 없었다고 생각되기 때문이다. 자신의 마지막 생애를 정리하기에 이르기까지, 이 땅의 민주화와 나라의 경제, 평화, 그리고 국민의 삶의 질 향상에 대해 생각하는 마음을 담고 한평생 살아 온 그 생애가 어찌 아름답지 않다고 할 수 있겠는가? 그리고 그 길을 걷기 위한 그의 인동초 생애가 있었기에, 우리나라의 역사도 발전되었으리라고 생각한다. 이 시대의 큰 별을 잃어버리는 아쉬움과 함께 그가 남긴 말처럼 우리의 인생이 아름다운 것을 인하여, 우리 모두가 나라와 민족을 위해 유익을 줄 수 있는 한 사람으로서 살아갈 수 있기만을 바라는 마음이다.

느낌이 다른 감동

이 이야기는 부모로부터 버림을 받고 장애인 시설에서 성장해 오면서, 같은 처지로 버림받은 지금의 아내와 결혼하여 아들을 낳고 나름대로 행복을 창조하며 살아가는 1급 장애인 부부에 대한 이야기로서, 얼마 전에 모 TV 방송사에서 그 부부를 인터뷰했던 내용이다. "나의 부모가 내 나이 11살 때 나를 터미널에 내버려서, 나는 그 부모를 찾기 위해 평생 동안 쏟아 낼 눈물을 그때 다 흘렸지만, 지금까지 한 번도 부모를 원망하거나 미워하지 않고 살아왔다."

"혼자서는 아무런 행동도 할 수 없고 말도 제대로 하지 못하는 뇌병변 1급 장애아들을 내버리는 부모의 심정은 어떠했겠는가?를 생각하면서, 나는 그 부모를 이해하려고 하였고 미움과 원망보다는 오히려 부모를 그리워하며 살아왔다." 그 방송사의 노력에 의해 23년 만에 어머니를 상봉하게 되었을 때 그가 어머니에게 '그동안 얼마나 고생을 하면서 살아 오셨으면 어머니의 손이 이렇게 거칠어 지셨습니까?'라고 듣기도 힘겨운 언어장애를 극복하면서 어렵고 힘들게 더듬더듬 하는 말 한마디 한마디는 주옥같은 말이 아닐 수 없었다.

나는 "나는 이제 어머니도 있고 사랑하는 아내와 아들이 있으니 이 세상에서 부러울 것이 없다. 가족이 있는 것과 없는 것은 하늘과 땅 차이다. 세상 사람들이 가정을 파괴하지 않고 잘 살았으면 좋겠다."라는 그의 말과 모습 속에서 진정한 가정의 중요성을 새롭게 인식하였다. 이는 자신의 삶과 형편 때문에 임의로 가정을 해체하는 사람들에게 귀감이 되는 잔잔한 감동을 주었다. 한편, 최근에 모 TV 방송사가 '사랑'이라는 주제의 다큐멘터리 프로그램으로 국민여배우로 사랑을 받아오다 고인이 된 모 연예인의 친정어머니를 상대로 방송을 진행하였다.

그 어머니는 사랑하는 딸과 아들 남매를 생활형편이 곤란하여 어렵고 힘들게 키워 왔고, 이제는 행복하게 살게 되었다고 생각하면서 감사하며 살아왔다고 한다. 어느 날 그녀는 딸과 아들을 먼저 하늘나라에 보내게 되고, 혼자서 외손자손녀를 키우면서 견딜 수 없는 외로움을 참아내며 살아갔다. 그녀는 딸과 아들의 손때가 묻은 집과 생활용품들을 만지작거리면서 그칠 줄 모르는 눈물을 주룩주룩 흘렸다. 그녀의 눈물을 바라보면서, 필자 역시 안타까움에 방송 내내 눈시울을 적셔야 했다. 전자의 사례와 후자의 사례 모두가 감동 그 자체였지만, 이들은 모두 산업문명의 발달과 정보화시대로 접어들면서 정치, 경제, 사회, 문화 등이 급변하는 사회현실에 편승하여 인륜적 도덕적 해이로 인해 빚어지는 폐단에서 비롯된 불행한 사례들이라고 말하지 않을 수 없다.

그러면서도 인간에게는 영원한 불행과 영원한 행복도 없다는 것을 느끼게 되었다. 부모로부터 버림받고 자유롭지 못한 육체의 장애인일지라도 그 영혼의 맑음과 긍정적 사고에 의해 나름대로 행복을 창조하는 삶이 있을 수 있고, 가난하고 어렵고 힘들게 살아오다 이제 살만해서 행복감을 갖는 순간, 이 세상에서 가장 사랑하고 소중하게 생각해 왔던 자녀들을 잃고 견딜 수 없는 외로움을 극복하며 살아야 하는 인생도 있다.

인간의 삶의 질이 다르다고 할지라도, 내 안에 만족함과 평안이 있다면 그 삶은 행복한 삶이 되는 것이다. 영원한 불행이나 영원한 행복도 없다는 것을 다시 한 번 생각한다면, 지금 내게 주어지는 현실을 어떻게 받아들이고 오늘을 어떠한 사고로 만족하고 감사하면서 살아야 할 것인가를 생각해 보아야 할 것이다.

모악산 자락에
묻어오는 봄소식

엊그제 모처럼 전주, 완주, 김제를 품은 채 명산으로 솟아오른 모악산을 올랐다. 가끔씩 아내와 동반하여 등산을 했었는데, 이 날은 아내의 다른 사정 때문에 나 혼자 모악산에 오르게 되었다. 홀랑홀랑 벗어던진 겨울나무 가지들마다 이른 봄의 생기를 품어내려는 듯, 물줄기를 뿜어 올리려고 거칠게 몰아쉬는 숨소리처럼 생동감을 더해 주는 감동이 꺼졌다. 맑은 공기를 들이쉬며 세태에 찌든 두뇌를 씻어내어 세상일을 접고, 열린 가슴을 활짝 펴 상쾌한 기분에 빠져 뚜벅 뚜벅 한발 한발을 쉬지 않고 오르다 보니, 2시간도 채 걸리지 않아 정상에 도달할 것 같았다.

아내와 함께 산에 오를 때면 삶의 이런 일 저런 일에 대해 대화를 나누고 틈틈히 쉬어가기 때문에 3시간가량이 걸렸었다. 그런데 오늘은 앞세워 오르던 아내가 없으니 허전하기는 했지만, 빠른 걸음으로 정상에 오르는 일에만 집중했기 때문에 1시간가량 등산이 빨라진 것이다. 가끔씩 오르는 산이었기 때문에, 가벼운 마음으로 마실 물 한 병 외에는 아무런 준비 없이 산행을 하게 되었다. 아내와 같이 산행을 할 때면 과일 등의 먹을거리로 준비한 것들이 많았는데, 조금 아쉬운 생각이 들었다. 그러면서 이런 준비가 부족한 것도 아내가 없었기 때문이라고 생각하니, '역시 내 곁에는 아내가 늘 함께 있어야 한다'는 생각을 하면서 아내의 고마움을 새삼 다시 생각하게 되었다.

비록 작은 것이지만 아내가 없이 나 혼자 하는 일은 뭔가 조금은 어설프다고 스스로 느끼면서, 잠시 동안 아내를 생각하게 된 시간이 소중했다. 정상 가까이에 도달하게 되니, 겨울 내내 쌓인 눈이 녹아 내려 산행길이 얼어붙어 빙판이었다. 불과 정상으로부터 200여 미터가 빙판길이었기 때문에 조심조심해서 산을 오르기로 마음을 먹었지만, 내심 미끄러지면 어쩌나 하는 걱정에 마음을 무겁게 했다. 또 정상에 아무 일 없이 오른다고 하더라도 하산 길이 더 어렵기 때문에, 이런 저런 걱정이 가시지 않았다. 그러면서 매사에 준비성 없이 무작정 하는 일에 대해 경각심을 가져야 한다는 교훈을 얻게 되었다.

마침내 정상에 올라 전주시가지를 비롯하여 광활하게 펼쳐진 들녘을 바라보았는데, 그 광경이야 말로 항공사진을 찍는 것처럼 아름다웠다. 등산을 할 때마다 산의 정직함과 자연의 아름다움을 만끽하곤 했지만, 그날따라 유독 차가운 겨울 기운을 맞는 기분보다는, 먼 남쪽바다로부터 불어오는 봄기운을 맞는 기분이었다. 봄소식을 담아오는 입춘이 다가오고 있고, 그동안 매섭던 겨울 기온이 다소 오르는 등, 날씨가 많이 풀렸기 때문에 성급하게 느끼는 기분이 아닐까 싶기도 했다. 하지만 모악산 정상에 올라 젖은 이마를 수건으로 닦으며 깊은 숨을 내쉬고 산야를 바라보는 순간, 봄소식이 모악산 자락 모퉁이에 묻어오는 것 같았다. 이제 머지않아 봄소식 꽃소식을 담아오는 산수의 노래 소리가 모악산 계곡에 메아리쳐 올려 퍼질 때를 기다리며, 오늘 산행의 기쁨을 가득 담아 내려왔다.

법(法)은 다스리는 것이
아니고 지키는 것

준법정신의 사전적 의미는 '법을 올바르게 지키는 정신'이라고 한다. 다시 말하면, 이는 자발적으로 법을 존중하고 지키고자 하는 정신인 것이다. 이러한 준법정신의 토대는 정의에 부합하는 법의 제정과 집행이다. 그리고 법을 지키는 것을 당연시 여기는 시민의식의 공감대이다. 그럼에도 불구하고, 몇일 전 모 일간지 신문기사에서 우리나라 청소년의 준법의식이 낮다는 내용의 보도를 접하게 되었다. 이는 장래에 큰 사회적 문제가 될 수 있다는 생각에서 씁쓸한 마음을 지울 수가 없었다.

최근 법무부가 여론조사기관인 유니온조사 연구소에 의뢰해 전국 중·고등학생 1020명을 대상으로 실시한 설문조사(주: 글 쓸 당시의 조사임) 결과에 대한 보도내용을 살펴보면, '돈이나 권력의 위력이 법보다 세다'가 응답자의 88.7%로 나타났다. 또한 '항상 법대로만 사는 것이 훌륭한 것은 아니다'가 83.8%, '법과 규칙을 잘 지키는 사람이 존경받는 것은 아니다'가 68.8%, '법이 잘 지켜지지 않고 있다'가 58.2%, '돈이나 명예 권력이 생긴다면 법을 어길 수 있다'가 33.4%로 나타났다.

이렇듯, 우리나라의 미래 주인공이 될 청소년들의 법의식이 낮은 것은 문제가 심각하다고 생각하지 않을 수 없다. 법과 질서를 지키는 것은 한 국가의 시민이 나라의 주인이 되어 지녀야 하는 사회의 기본이므로 더더욱 그렇다고 볼 수 있다. 이와 같이, 청소년들의 법의식이 낮은 문제에 청소년들의 탓으로만 돌릴 수는 없다. 이러한 결과는 기성세대들의 관료주의에 따른 관존민비 의식과 고위공직자 특권의식 등, 준법정신부재와 법 정립 및 집행기관에 대한 부정적 인식의 만연에서 비롯되었다는데, 이를 부정할 수만은 없을 것 같다.

이뿐만 아니라, 기성세대들의 적당주의 또는 대충주의 등의 부정적 요소들도 청소년들에게 학습되었다고 보지 않을 수 없다. 이와 같은 준법정신을 이야기할 때, 영국국민의 존경을 한 몸에 받아 온 처칠 수상의 교통법규 위반과 자기 직분을 충실히 수행한 교통경찰 및 경시총감 얘기가 큰 교훈이 되고 있다. 처칠은 국회의 개원시간에 늦은 관계로 교차로에서 신호를 어기도록 운전기사에게 지시했다.

그때 그곳에서 근무하던 교통경찰은 그가 처칠 수상인줄 알면서도, 교통법규를 위반한 운전기사에게 면허증 제시를 명령하였다. 처칠은 자기 직분에 충실하여 엄격한 자세로 직무를 수행한 교통경찰에 대해 깊은 감명을 받았다. 그래서 처칠은 경시총감에게 그 교통경찰을 한 계급 특진시켜 주라고 했지만, 경시총감은 "경찰인사법에 그런 규정이 없다"며 딱 잘라서 그의 말을 거절하였다. 처칠은 이러한 경시총감에 대해 "암. 그래야지 총감의 말이 맞소, 그런데 오늘은 내가 경찰한테 두 번이나 당하는군." 하고 만족스럽게 웃었다는 얘기이다. 지휘 여하에 영향받지 않고 공정하게 법을 집행하는 교통경찰의 직무태도, 그리고 처칠의 특진명령에 대해 규정이 없기 때문에 진급시킬 수 없다고 말한 경시총감의 공과 사를 구별하는 엄정한 처사는 선진국 사람들의 준법정신을 여실히 대표하여 나타내고 있다.

이처럼, '법은 다스리는 것이 아니고 지키는 것'이라는 것을 우리 모두는 마음 속에 깊이 새겨야 한다. 그리고 기성세대들은 너나 할 것 없이 우리 나라 청소년들의 낮은 법의식에 대해 책임의식을 가져야 한다. 지금부터 라도 기성세대들은 자신의 명예를 걸고, 누가 보든지 안 보든지 자기가 맡을 일에 충실히 하고, 법을 지키며 준수하는 일에 최선의 본을 보여야 한다. 그리고 교육기관의 교육적 차원에서도 더 많은 관심이 있어야 한다. 미래세대인 청소년들이 올바른 법의식을 가지고 지켜나갈 때에 우리 사회가 투명한 사회가 될 수 있다는 기대가 부응될 것이다. 우리 사회의 법의식 선진화는 선진 시민을 기르는 지름길이라는 것을, 그리고 법은 다스리는 것이 아니고 지키는 것이라는 것을 새삼 강조하고 싶다.

보물(寶物)

"이제 아침밥을 하지 않아야겠어요. 아침식사를 가볍게 하는 방안을 생각해야겠어요." 매일 아침식사를 챙기는 것이 이제 힘들다는 아내의 투정 섞인 말이다. 보통 할 수 있는 말이긴 하나, 결혼한 지 25년(글 쓸 당시 25년, 현재는 40년) 동안 살아오면서 어쩌다 감기몸살을 앓고 있다가도 아내는 몸을 추스르고 아침식사를 직접 챙겨주었다. 매일 출근하는 남편에게 아침식사를 거르지 않고 챙겨주며 출근하게 했던 아내이었기에, 아내의 그런 말이 냉큼 받아들여지지 않았다. 나는 왜 아내가 갑자기 저런 말을 하는지 이해가 되지 않으면서도, 왠지 그 말을 들은 하루 동안 근무하는 시간 내내 머릿속에서 아내의 말이 가시지 않고 맴돌았다. 매일 아침마다 출근하는 남편이 입어야 하는 바지와 와이셔츠를 다림질한 뒤, 출근시키는 하는 것은 아내의 하루 일과의 시작이었다. 이뿐만 아니라, 아내는 다섯 딸의 교복 상의를 한 번 입은 옷은 이틀을 입지 않게 하며 매일 매일 세탁, 다림질하여 챙겨주었다.

그리고 아침마다 등교하는 3-4명의 딸들에게 새로운 도시락 반찬을 만들어 도시락을 싸서 손에 들려주고 학교 보내는 일도 아내의 중요한 하루의 일과였다. 또한, 다섯째 늦둥이 막내딸이 학교에 입고 갈 의복을 코디해 주고 머리 손질하는 일 등, 아내에게 하루의 가사일 중 아침시간에 하는 일들은 너무나 벅차고 힘들었을 것이다. 이렇게 힘든 일들을 아무 투정 없이 묵묵히, 그리고 정성스럽게 당연히 해오던 아내가 어느 날 갑자기 힘들다며 지금까지 해오던 일을 하지 않고 싶다는 말을 하기까지, 아내 또한 수백 번은 생각해 보고 한 말일 것이다.

아내의 말을 듣고 난 후, 이러한 저러한 일들을 곰곰이 생각하는 동안 무엇보다도 나는 남편으로서 아내가 하는 일에 대해 그저 하는 일이려니 하고 무심코 지나쳐버렸다는 생각이 문득 들었다. '아내를 사랑한다고 하면서도 과연 남편으로서 해준 것이 무엇이었던가?' 자문자답으로 반성을 해 보면서 못난 남편의 자책감만이 나의 마음을 무겁게 짓눌렀다. 또 한편으로는 내 아내가 어느덧 50대에 접어들면서 남편도 모르게 마음도 몸도 늙어가고 있다는 생각이 들었다. 이런 저런 생각이 나의 뇌리에 엄습하면서, 서글퍼지는 마음 또한 그 무엇으로 가눌 수 없어 못내 아쉬워해야만 하는 하루였다.

그날 밤 나는 아내에게 다가가 "여보! 당신 몸이 피곤하면 종합건강검진을 한 번 받아 보는 게 좋겠어!"라고 하면서 위로하려고 했다. 그렇지만 아내는 직장일이 바쁘다는 이유로 종합건강검진을 사전에 예약도 하지 않았고, 또한 나도 아내의 손을 잡고 병원에 같이 갈 생각도 하지 않은 채, 말로만 호들갑 대고 그저 생각에 그치고 말았다. 남편이 감기몸살만 앓아도 아내는 서둘러 남편을 데리고 병원에 갔었는데, 이런 아내에 대한 보답은 커녕, 나는 무심하고 소홀하기만 하였던 남편이었다. 우리 부부가 결혼 한 지 40주년을 맞아 지난 날 아내가 한 말이 무심코 떠올라 그 날을 회상하면서 글을 쓰고 있노라니 눈가에 뜨거운 눈물만 흐른다. '여보! 지난 날 내가 당신에게 너무 잘 못했어요.

이제라도 당신이 힘들 때 남편이 다소나마 힘이 되어 주기 위해 최선의 노력을 다 할게요.

이 남편은 당신이 없는 삶은 아무런 의미가 없다고 생각해요. 여보! 늙지 말고 지금처럼 아름다운 모습으로 오래오래 건강하게 살아요. 당신 때문에 지난날들이 행복하였었다는 것을 단 한 번도 잊지 않고, 늘 고맙게 생각하고 있답니다. 여보! 사랑합니다. 당신은 나의 영원한 소중한 보물입니다.'

역지사지(易地思之)

　　요즘 우리 사회에서 빚어지고 있는 일련의 일들을 지켜보면서 중국 상고(上古)의 전설적인 성인(聖人) 하우(夏禹)와 후직(后稷), 그리고 공자의 제자 안회(顔回)의 생활방식을 새롭게 생각한다. 맹자 8권 이루하(離婁下)에 실린 일화에서 하우는 '세상 사람들 가운데 물에 빠진 사람이 있으면 자기가 치수(治水)를 잘못하여 그들을 빠지게 한 것이라' 생각하였다. 후직은 '천하에 굶주리는 사람이 있으면 자신이 일을 잘못하여 그들을 주리게 한 것이라' 생각 하였다.

　　그리고 안회는 어지러운 세상에 누추한 골목에 살면서 한 그릇의 밥과 한 표주박의 물로만 생활하는 것에 대해 많은 사람들이 근심을 하였지만, 자신이 즐겨하는 일을 고치지 않았다. 이렇게 옛 성현(聖賢)들이 드러낸 방식은 서로 다르지만, 결국 같은 도(道)를 지향하고 있었다고 본다. 그렇기 때문에 맹자(孟子)는 "하우와 후직 그리고 안회는 뜻이 같았으며, 처지를 바꾼다 해도 모두 그렇게 하였을 것이다." 라고 가르쳤다. 즉, 우직안자(禹稷顔子) 역지즉개연(易地則皆然)이라고 말한 것이다. 문재인 정부에서는 무엇보다도 원칙을 바로 세우고 공정한 사회로 부정부패를 척결하려는 노력을 많이 하고 있다. 하지만 아직도 우리 사회에서는 구조적으로 모순된 일들이 종종 나타나고 있어, 우리를 안타깝게 하고 있다. 그 중의 하나가 사실 여하를 막론하고 최근 톱뉴스로 다루어지고 있는 조국 사건이다. 이야 말로 다음세대를 짊어지고 나가야 하는 청소년들에게 빚을 지는 일이 아니가 싶어 더욱 안타깝다.

그러나 우리 사회와 정치권들은 이해득실과 당리당략을 떠나, 사실적 접근에 의해 국민적 신뢰를 심어주고 미래의 주인공들인 청소년들에게 희망을 불어넣어 주기보다는 그저 한 탕 주의로 온 세상을 시끄럽게 만들어 국론을 분열시키고 있다. 나는 누구의 잘잘못을 탓하고 싶지는 않다. 다만 정치권들과 관련 기관들이 조국 사태를 좀 더 지혜롭게 대처할 수 없었을까? 하는 아쉬움을 갖는다. 나의 작은 소견으로는 정치권이 지나치게 당리당략만에 의존하여 조국 일가의 사태를 바라보고 접근했다는 점이다. 또한, 수사기관이 보편적 상식을 초월하여 조국 일가의 사건을 수사하고 기소한 것이 국론 분열의 한 축이 되지는 않았는지를 생각해 본다.

진영논리에 따라 다소 생각이 다르기는 하지만, 대부분의 국민들은 조국 일가의 수사와 기소는 검찰개혁과 공수처법 및 페스트트랙사건 처리와 전혀 무관하다고 보지 않고 있기 때문에 더더욱 그렇다. 검찰이 법과 원칙을 갖고 수사를 한다고 하더라도, 여야 정치권들이 민감하게 대치하고 있는 상황에서 좀 더 정무적인 판단을 하여 수사 개시와 공소의 시점을 고려하였더라면 어떠하였을까? 그리고 수사절차와 수사기법에 대한 일반 국민 모두가 일반적으로 납득할 수 있었다면 얼마나 좋았을까? 하는 아쉬움을 갖는다. 법을 위반한 사람에 대해 직위고하를 막론하고 법과 원칙과 절차에 따라 공정하게 처리하면, 그 결과에 대해 어느 누구도 탓 할 수 없다.

그렇지만 그 안에 있는 작은 것이라도 사심에 치우치는 것으로서 국민들이 납득하지 못하고 의혹을 갖게 된다면, 그 결과에 대하여 그것을 실행한 주체가 신뢰를 잃게 된다. 뿐만 아니라 그것이 자신들의 기득권을 지키기 위한 선량한 양심을 저버리는 행위였다면, 과연 우리 사회가 법과 원칙 위에서 바로 서 갈 수 있을까? 하는 위문을 갖게 된다. 우리나라는 현재 지나치게 진영논리에 매몰되어 정치권의 매끄러운 정치력을 찾아볼 수 없게 되었다. 오히려 고소고발 사건만을 남발하여 정치가 수사기관에 의존하고 있지는 않은지?를 생각해보지 않을 수 없다. 만약 누군가가 나에게 "당신이 가장 신뢰하지 못하는 단체는 무엇이냐?"고 묻는다면, 나는 주저하지 않고 정치권이라고 말하고 싶다.

그리고 수사기관은 수사의 권능으로 인하여 자신들의 양심을 속이는 일이 없어야 한다. 법과 원칙에 따라 일반 국민들이 납득할 수 있는 상식에 의해 지극히 객관적이고 공정한 수사의 기법으로써 국민들로부터 외면을 당하지 않도록 노력해야 한다. 검찰개혁 또한 개혁을 지키는 일이 자신들의 기득권 차원에서 노리는 수단이라면, 개혁을 하고자 하는 사람이나 개혁을 지키고자 하는 사람, 어느 누구도 성공하지 못한다. 왜 그런가 하면, 국민들의 의식 수준이 이미 정치권이나 국가 위정자들 의식 수준보다 훨씬 앞서 있기 때문에 국민들이 나서서 용서하지 않기 때문이다.

대부분의 사람들은 자기의 가치 판단과 기준만을 절대적인 것으로 생각하는 경우가 많다. 그러나 우리 사회가 더불어 살아가는 더 좋은 사회를 만들어 가기 위해서는, 국민들이 나를 내려놓는 일에 성숙해야 한다. 그렇게 하기 위해서는 옳든지 그르든지 자신들의 입장이 아니라, 모든 것을 국민들의 입장에서 바라보고 생각하며 판단할 수 있는 역지사지의 교훈을 되새겨 봐야 한다.

위대한 우리 조국

"어찌 한 사람의 목숨을 숫자에 비교하느냐?" 모 방송국 드라마 선덕여왕에서 문노가 그의 제자 비담에게 100명을 살릴 수 있는 약재를 구해 오도록 지시한다. 이는 비담이 자신이 구출했던 덕만 공주를 미실파 설월랑에게 팔아 넘기고, 약재를 구하려고 하는 과정에서 문노가 비담에게 한 말이다. 신약 성경은 잃은 양 한 마리를 찾는 예수님의 가르침을 통해, 한 생명의 고귀함을 일깨워 주고 있다. 한편, 미국의 북한 핵 제재를 위해 세계를 주도하고 있는 상황에서도 북한에 억류중인 자국의 여기자 2명을 구출하기 위해 전직대통령까지 동원하였다.

이렇듯, 한 생명은 어떠한 숫자 논리로 생각할 수 없을 정도로 소중하고 고귀하다라고 여겨진다. 반면, 나는 우리 사회의 안타까운 일면을 지켜보면서 아쉬운 마음을 갖게 된다. 북한에 억류 중인 개성공단 관계 직원과 연안호 선원 5명을 구출하기 위해 우리 정부가 어떠한 노력을 하였는지를 생각해보는 것이다. 물론 이러한 문제를 풀어나가는 데에 있어서 우리가 생각할 수 없는 여러 가지의 애로사항이 있는 줄로 안다. 그렇지만, 미국이라는 나라는 자국민을 보호하기 위해 모든 수단과 방법을 동원하고 있으므로, 이러한 사실은 감탄스러울 뿐만 아니라 우리나라와 비교되지 않을 수 없다. 쌍용차 노조사태만 보아도 아쉬움이 남는다. 노사 당사자가 상호 양보 없는 대화만 하고 있는 가운데, 결국 경찰이 개입하여 불법점거를 진압하게 되었다.

이러한 결과, 대다수의 경찰과 노조원만 부상을 입고 있는 현실이다. 필자 또한 사회갈등을 조정하고 협상하는 업무에 몸 받쳐 왔었기 때문에 이해 못하는 바는 아니지만, 강력한 법집행 못지않게 소수의 의견도 존중되어야 한다는 것 또한 중요하다 하지 않을 수 없다. 물론, 준법이 전제되었을 때 힘의 논리로만 모든 문제를 풀어나가는 것은 완전하다고 볼 수 없다. 그렇기 때문에 미국은 막강한 세계 경찰국가로서, 북한 핵 제재라는 국제적, 외교적으로 민감한 사항을 주도하고 있는 가운데 전직 대통령을 북한에 특사로 보내어 자국민을 보호한 것 아니겠는가?

우리나라, 아니 우리 사회가 좀 더 성숙해지기를 바란다. 그러므로 약자가 보호받고, 소수의 의견이 무시되지 않고 존중되며, 한 생명이라도 소중하고 고귀하게 여기는 노력이 더욱 절실하다. 그럴 때에만 '위대한 우리 조국'이라는 찬사가 모든 국민들로부터 자발적으로 나올 수 있기 때문이다.

진정한 성공

"당신은 성공하셨습니까?"

"예, 성공하였습니다."

"어떻게 성공하였나요?"

"예, 돈도 많이 벌고, 사회적 명예도 있고, 권력도 이용할 수 있을 정도로 성공하였습니다."

"그렇다면, 인간관계에서도 성공하셨나요?"

"예, 내게는 돈도 있고, 명예도 있고, 권력도 있으니 인간관계는 자연적으로 좋아지는 것 아니겠어요?"

"그래요. 그럼 당신에게는 사랑이 있다고 생각합니까?"

"글쎄요. 사랑은 내가 스스로 말 할 수 가 없으니..."

우리가 사는 인간 사회에서 성공한 사람들이라고 말할 수 있는 대상들이 많이 있다. 그러나 성공은 성공을 어떻게 평가하고 어떠한 기준에 맞추는 가에 따라서 그 가치가 달라진다. 돈과 명예와 권력을 추구하며 그것에 성공의 기준을 맞추는 사람은 그 조건을 충족함으로써 스스로 성공하였다고 자부할 수 있다. 그러나 돈과 명예와 권력보다도, 인간관계에 성공의 기준을 맞추는 사람은 그 가치를 높이 평가 할 수 있기 때문에 좋은 인간관계를 만들어 감으로써 성공하였다고 말할 수 있을 것이다. 모두 다 그런 것은 아니지만, 일부 사람들은 돈과 명예와 권력을 소유하고 있으면 인간관계는 자연적으로 좋은 관계로서 형성될 것이라고 느끼고 있는 경우가 많다. 어떻게 보면, 이러한 조건을 갖고 있는 사람들일수록 좋은 인간관계를 형성하는 일에 관심이 적지 않겠는가라고 생각한다.

자신만 돈 벌고, 명예를 추구하고, 권력을 갖기 위해 독자생존의 이기적 생각으로 인간관계를 무차별하게 짓밟고, 이를 성공하였다고 자부하는 사람들이 많아진다면, 우리 사회는 밝은 미래의 비전을 바라볼 수 없을 것이라고 생각한다. 물질만능의 폐단으로 빚어지는 잘못된 성공의 가치를 좋은 인간관계로 변화시키고 거기에 사랑을 담아 둔다면 얼마나 좋겠는가를 생각해 본다. 돈과 명예와 권력보다도 더 좋은 인간관계에 사랑의 본질이 담겨져 있지 않으면, 그 또한 무슨 가치가 있겠는가?

사랑은 용서하고, 화해하고, 시기 질투하지 않고, 교만하거나 성내지 않고, 모든 것을 감싸주고, 위로하고, 지켜주고, 포용하면서 그것을 부드러운 촉감으로 느끼게 하는 것이라고 말한다. 스턴버그는 '사랑에는 친밀감과 열정과 헌신이라는 세 가지 면이 있다고 한다.' 그러면서 '친밀감과 열정은 있으나 헌신이 없는 사랑은 낭만적 사랑이고, 친밀감과 헌신은 있으나 열정이 없는 사랑은 우애적 사랑이며, 열정과 헌신은 있으나 친밀감이 없는 사랑은 얼빠진 사랑이다.'라고 한다.

따라서 스턴버그는 '친밀감과 열정, 그리고 헌신의 세 가지 요소를 모두 갖추었을 때 비로소 이것이 완전한 사랑이다.'라고 하였다. 이렇듯, 다양한 가치의 사랑은 우리 인간 사회에서 좋은 인간관계를 만들어 가는 데에 있어서 필수 아미노산과 같은 것임에는 틀림없다. 우리들에게는 인생의 진정한 성공자와 행복자가 되기 위한 노력이 필요하다. 이러한 노력은 큰 것에 있지 않다. 개인의 인격과 지식과 지혜가 물질과 권력과 명예로 인하여 변질되어지지 않고 사랑의 양심을 바로 세워 나가는 노력이 그것이다. 꿈같이 부질없는 부귀영화를 누리기 위한 욕심 때문에 자신을 잃어버리지 않는, 지혜로운 인격자가 되어야 한다.

그러면서도 스스로 삶의 질을 높여 나가기 위해, 기쁨을 갖고 열심히 일하면서 마음의 풍요를 느낄 수 있는, 작은 행복을 추구하는 소박한 소망이 있어야 한다. 돈과 명예와 권력이 제 아무리 있어도 마음을 다스리지 못하여 절제하지 못하는 행동으로 비롯되는 결과야말로, 행복할 수 없고 폐가망신을 당하기 쉽다. 지금보다 더 좋은 사랑으로, 더 좋은 인간관계를 만들어 가기 위한 우리들의 많은 노력이 필요하다. 이것만이 비전 있는 사회, 행복한 사회를 만들어 갈 수 있는 길이라고 본다.

한 잔의 커피

　매주일 아침이면 평일날 직장으로 출근하는 날 보다 더 바쁘다. 내 아내와 늦둥이 딸을 데리고 교회에 가는 준비를 하여야 하기 때문이다. 전주에서 정읍으로 교회를 가기 때문에, 이른 아침부터 준비를 해야만 한다. 그런데도 전주여자고등학교 2학년에 재학 중인 늦둥이가 항상 늦장을 부리므로 주일 아침 시간에는 별로 여유 있는 시간을 갖지 못한다. 물론, 이해를 하지 못하는 것은 아니다. 매일 이른 아침 7시에 학교를 가야하고 밤늦게까지 학교 공부를 하다가 밤 11시가 다 되서 집에 도착하기 때문에 딸에게 피곤함이 누적될 수밖에 없다.

　그래서 주일 아침이라도 늦잠을 자고 싶을 터인데, 교회에 가야 한다며 엄마 아빠가 서둘러 깨우게 되니 짜증도 나고 일어나기도 쉽지 않은 모양이다. 이런 늦둥이가 어제 주일에는 늦장을 부리지 않고 스스로 다른 때보다 일찍 일어났다. 매주일 아침이면 꿀맛나게 잠을 자고 싶어 하는 늦둥이를 일찍 일어나라고 재촉하며 잠을 깨우는 엄마 아빠의 마음도 무겁기는 마찬가지다. 하지만, 이제는 스스로 조금 일찍 일어나 준 늦둥이가 고맙기만 하였다. 전주에서 정읍까지 승용차를 운행하는 시간은 거의 40여분이 소요된다.

　그렇기 때문에 다른 때는 별로 여유 없이 교회에 갔었지만, 어제는 다소 여유 있게 교회를 갈수 있을 것 같아 나 역시 특별한 시간을 만들어 보고 싶은 생각이 순간적으로 들었다. 그래서 나의 아내가 모르는 사이에 물을 끓여 커피포트에 담고 1회용 커피 3개와 종이컵을 준비하였다. 그리고 다른 때는 차량 통행량이 많은 국도 1호선을 타고 정읍에 갔었지만, 어제는 모악산 자락에 가로수 숲이 어우러진 산새 수렴한 산길로 산바람을 타고 꼬불꼬불 넘어 갔다.

가을을 불태우는 모악산 자락 계곡을 바라보면서 승용차 유리 창문을 열고 긴 숨 들이쉬며 사랑하는 아내와 늦둥이가 익어가는 가을 정취를 느끼는 시간이었다. 이러한 것을 보면서 운전하고 있는 나는 행복은 큰 것에만 있지 않다는 것을 새삼 느끼게 되었다. 또한, 길 가는 도중 만수된 금천 저수지의 잔잔한 물결에 아침햇살이 은빛 금빛으로 나붓거리고, 붉게 불태워 고운 빛 단풍을 반기려는 듯이 미소 짓는 것을 느껴보게 되었다.

이처럼 아름다움을 느끼며 금천 저수지 한 녹지공간에 도착하게 되었다. 이 공간에 자리잡고 있는 정자에 아내와 딸과 둘러 앉아 준비해온 따끈따끈한 커피를 따라 마시는 기분이야말로 상쾌할 뿐만 아니라 행복감을 더하게 했다. 내가 여기서 커피 한 잔 마시고 가자고 하였을 때, 아내는 자판기 커피를 마시고 가자는 줄로 알았다고 한다. 그런데 차안에 미리 준비해 둔 커피포트와 종이컵을 들고 나오는 남편을 바라보며, 내 아내는 마구 웃으면서 "언제 그걸 준비했어요?"라고 참으로 좋아하는 모습이었다.

모처럼 여유 있게 교회에 가는 길이 될 것 같아, 자판기 커피보다는 산바람과 함께 내가 준비한 커피를 따끈따끈하게 한 잔씩 마시며 가을의 정취를 느끼고 싶어 준비한 것이었다. 이처럼 커피 한 잔이 아내의 속마음을 그렇게 기쁘게 할 줄 몰랐다. 별것은 아니더라도, 가족들과 함께 특별한 시간을 만들어 보려고 하는 남편의 생각을 더 깊이 받아들이는 것만 같았다. 우리가 가족을 위해서라면, 사소한 것이라도 이벤트적인 퍼포먼스로 생각하여 실천해 봄이 좋을 듯싶다. 아내와 자녀들은 남편들이 가족을 위해 작은 것이라도 더 노력해 주는 것을 기대하며, 그러한 시간들이 행복하다고 느끼기 때문이다.

셋.
시에 담긴 삶과 신앙

가을에 젖는 마음

깊어가는 가을산야
석양을 불태우려 듯이 물들이고
구절초 국화향기 머금은
계절에 젖어드는 마음이려니

살랑살랑 나부끼는 바람결에
한잎 두잎 길가에 어우러지고
데굴데굴 행인의 발길에 차일 때
그 모습 잃은 채 쌓여만 가네.

머지않아 찬 서리 뒤덮일 때
한 시절 자아 낸 정취도 없이
값없이 버려진 잎 새가 되어
외로이 바라다보는 세월이려니.....

과수나무의 꿈

황금 들녘 거두어들여 허황한데
먼 산자락 둘러 접은 언덕 위 과수나무
매섭게 매몰아친 그 날을 모른 채 하네

청량한 아침햇빛 몸소 담아
싹틔우려 유난히 들려오는 긴 숨소리
어느새 봄 생기 귓가에 젖어오네

허리 굽은 촌노(村老)바쁜 손놀림으로
한 가지 두 가지 가지 치어
화사한 그 날을 꿈꾸려 하네

아직 겨울인데…
이 아침 세찬 바람도 잊은 채
과수나무 생기 돌아 꽃 피우려무나

그 날

좋은날을 기다려야 한다.
그날이 삶의 최고의 날이 되기 위해서
좋은날은 그냥 주는 것이 아니다
좋은날은 그냥 받는 것도 아니다
좋은날은 만들어 가는 것이다
그날이 내일이 될지 모레가 될지 몰라도
지치지 말고 꿈을 꾸며 기다려야 한다.

좋은날을 기다려야 한다.
그날이 생의 최고의 날이 되기 위해서
좋은날은 욕심대로 되는 것이 아니다
좋은날은 양보해서도 안 된다
좋은날은 만들어 가는 것이다
그날이 내일이 될지 모레가 될지 몰라도
자만하지 않고 인내하며 기다려야 한다.

좋은날을 기다려야 한다.
그날이 인생 최고의 날이 되기 위해서
좋은날은 우연히 되는 것이 아니다
좋은날은 생각대로 되는 것도 아니다
좋은날은 만들어 가는 것이다
그날이 내일이 될지 모레가 될지 몰라도
노력하면서 열심 다해 기다려야 한다.

좋은날을 기다려야 한다.
그날이 축복받는 최고의 날이 되기 위해서
좋은날은 평안과 위로를 받는 날
좋은날은 기쁨과 감사를 낳는 날
좋은날은 만들어 가는 것이다
그날이 내일이 될지 모레가 될지 몰라도
기적같이 이루어지는 그날을 기다려야 한다.

그날은 꿈꾸는 자에게만 주어지는 날
그날은 인내하는 자에게 주어지는 날
그날은 노력하는 자에게 주어지는 날
그날은 열심히 찾는 자에게만 주는 날
그날은 무릎 꿇고 기도하는 자에게
행복을 창조하는 기쁨의 날이 되기 위해
그날 이루려 기다리며 나를 바라보아야 한다.

기다려라

기다려라 또 기다려라
네가 웅덩이에 빠졌더라도
네가 깊은 수렁에 빠졌더라도
억울하고 분해도 기다려라
네 뜻을 이루기 위해서 기다려라

기다리고 또 기다려라
너를 알아주지 않더라도
너를 실망시킨다 하더라도
화 내지 말고 분 품지 말고 기다려라
꾸 – 욱 참고 잠잠히 기다려라

기다려라 또 기다려라
조급하게 생각하지 말고
성급하게 다가가려 하지 말고
좋은 날을 오래 오래 기다려라
그날이 살포시 찾아오는 것을 기다려라

기다리고 또 기다려라
네게 슬픔이 있더라도
네 소원을 이루지 못하더라도
기도의 손을 내리지 말고 기다려라
원수가 네 목전에 상을 베풀 날을 기다려라

그날들이 너를 괴롭혀도
그날들이 너를 핍박하여도
한 날의 힘든 일을 잊으려하고
선한 말 의의 말로 주의 품에 안기어라
그날들이 너를 살리는 날이 되리라

나의 인생길에서

나의 인생길에서 부르시는 하나님
주님께 영광이 되시려 하고

나의 인생길에서 도우시는 하나님
주님의 뜻을 이루시려 하며

나의 인생길에서 이끄시는 하나님
주님의 길 인도하여 주시려 하고

나의 인생길에서 동행하시는 하나님
길 건너 오아시스 맛보게 하시려 하며

나의 인생길에서 바라보시는 하나님
산 넘어 에덴동산 꽃 피우시려 하고

나의 인생길에서 함께하시는 하나님
영원한 빛난 삶의 축복이 되심이라

내 마음 엽니다

주님!
내 마음 엽니다.
조용한 종소리에
고요함이 머무는 곳에서

주님!
내 마음 엽니다.
평화의 종소리에
민족상잔의 혼이 머무는 곳에서

주님!
내 마음 엽니다.
생명의 숨소리에
깊은 잠에서 깨움이 있는 곳에서

주님!
내 마음 엽니다.

사랑의 어루만짐에
낮은 자들의 손길이 여민 곳에서

주님!
내 마음 엽니다.
목적의 삶 현장에
하나님 나라 실현이 있는 곳에서

주님!
상처가 있는 곳에
용서와 화해가 있는 곳에서
진리와 정의를 세우소서!
더 깊이 담아내소서!

이 시는 김현호 성공회 신부님의 "평화의 영성 그 삶의 증언"이라는 강의와 함께 민족상잔의 아픔이 있는 소이산 순례를 한 뒤, 장윤재 교수님의 YMCA 목적문과 비전문 해설을 들으며 깨달음을 적어본 시입니다. 김 신부님은 그 삶에 상처가 있었고, 치유를 통해 평화의 영성을 얻었다고 하였습니다. 그는 또, 자신이 먼저 자신에 대한 용서를 하지 않고서는 남을 용서할 수 없다고 하였습니다. 그는 용서와 화해로 상처를 치유 받은 것을 계기로, 낮은 자 들과 가난한 자들, 그리고 남북평화를 위해 기원하며, 백마고지 앞 소이산 순례자들을 모집하여 계속 순례하면서 기도하고 있다고 합니다. YMCA 목적문과 비전문 해설을 듣고 난 뒤, 이제 간사로서 하나님 나라 실현이라는 소명을 다하고자하는 마음을 가지고, 그 마음을 열어 가기 위한 나의 다짐을 담아 보았습니다.

눈발의 몸부림

어디서 내려오느냐?
이리 저리 날아 흩어져서
서로 서로 몸 다칠세라
부닥치지 않고...

큰 물방울 작은 물방울
송올 송올 맺힌 입술로
민들레 포자되어
어디에 살포시 앉으려나

너의 몸부림 헤아리지 않고
앞 다퉈 휘날려 수북이 쌓아도
너를 반겨 맞아 주기도 하지만
너를 애꿎게 질타도 하느니

내려오다 녹아버리지 않고
한 가지 두 가지 힘차게 뻗어서
그 모습 안고 낭만 신고 찾아와
어여삐 반기우는 미녀 되게나

도문에서 기리는 통일

저 넘어 북녘하늘 민둥산아!
그 푸르름 어찌 잃어버리고
왜 그렇게 헐벗었느냐?

두만강 푸른 물아!
노 젓는 뱃사공은 어디가고
왜 그렇게 흙탕물 되어 흐르는가?

한민족 한 조국인데도 갈 수 없는 땅!
땟 목 띄워 흐르는 두만강 줄기타고
오가는 길 너 닿을 새라 마음조이고

한발 내딛으면 내 조국 내 땅 아니던가?
발길 닿지 못해 뒤 돌아서는 나를 보고
강가의 수목 가지도 아쉬움 드러내어
잘 가시라 또 오시라 흔들흔들 저어주네

연길 도문에서 바라다 보이는 회칠한 마을
민초의 마음 담지 못해 허울 가득차고

한사한 시골길 가로지른 철길 작은 역
정서는 하나이나 그 뜻은 어이 다른가?

민초의 삶 터전 되어 헐벗은 땅
광산 팔아 제 놈 살찌우는 흙탕물아!
그 푸른 옛 모습 언제 찾아오려느냐?
아무리 불러보아도 지치지 않는 그 날이여!

이 시는 북녘과 접한 두만강 강가에서 흙탕물이 흐르는 두만강 넘어 북
녘의 민둥산을 바라보면서 적어 본 시 입니다.

만남의 숨결

수 천리 머— 언 길
머뭇거리지 않고 달려와
백로 쇠기러기 재두루미 둔지 머물러
와이엠시에이와 만남
간사학교와 만남
하나님의 사랑이 계획된 만남이어라

그곳에서 철마 멈춘 백마고지와 만났고
평화통일기원 소이산 순례자도 만났고
국경 철책선 고라니도 만났고
지뢰 꽃 밭길 부서진 군막사도 만났는데
민족상잔의 영혼의 숨소리는 그 어디에…

우리의 만남은
내면을 일깨워 의지를 불태우고
감동의 숨결을 새롭게 하여
무지개 날개 되어 소망의 세상으로

영원한 생명과 평화의 만남이려니
하나님 나라 실현 열정의 외침이어라

철원 학 마을 와이 간사 학교 교육을 받으며 순례의 길 다녀와서…

밤을 걸으며

이 밤을 걷는다.
석양 기우려 어두움 밀려와
수초에 뽑은 물 거미줄 휘감아도
풀벌레 짙은 향연이 정겨웁고
굽이쳐 재롱거리는 물소리
달빛 젖은 달맞이 꽃 새로워
환한 미소 반기며 걷는다.

이 밤을 걷는다.
모악산 내뿜은 맑은 숨소리
엷은 살갗을 스쳐 갈 때면
한 모금 깊게깊게 들이키며
꽈 ~악 마주잡은 아내의 손길에
애틋한 사랑 여밀어와 걷는다.

복음에 빚진 자

예수!
그 이름 구원의 십자가
이 복음 때문에 살고…
이 복음 때문에 죽고…

일출성산 타오르는 불볕처럼
검은 바위 물들인 물결처럼
영원히 변하지 않는 복음의 진리
가슴깊이 스며드는 진주알되리

나사렛 예성 기성 복음으로 하나되어
우뚝 솟아오른 한라 백록담에 담아
백두 하늘샘에 부어 넣어
이 강산 복음화 일구워서
하나님나라 크게 세우는 한성연 이어라

이 마음 이 자세 내 영혼 살리고
하나님 나라 빚진 자로
너와 내가 살아가노라면
이만한 축복 받을 자 누구이랴

빗길의 감사

밤새 주룩 주룩 내리던 비
이아침도 그칠 줄 모르고
윈도우 브러시 휘 저어서
물줄기 퍼트리며 달려가네

빗줄기 세차게 들이 닥쳐와도
빗살에 밝은 햇빛 가리워져도
거침없이 달려가는 빗길 따라
삶의 목적 담아 넣으려 하네

지금 가는 빗길 험난하다 해도
그 누가 달려가지 않으려 해도
가시밭길 비단길 되기 위하여
깊은 생각에 머뭇거리려 하네

내 삶의 주인이 되시는 주님!
주님 가신 길 고통이 되었어도
아버지의 영광 바라보이셨으니
내 가는 길 어찌 감사 아니려니

산행의 행복

들바람 산바람 어우러진 가을 햇살
편백나무 숲 쏟아내어
한발 두발 그늘 사이 밟노라니
모악 금곡사길 가을 정취 정겨웁고
이마에 맺힌 땀방울 어느새 벗기우네

이렇게 화창하고 좋은날
아내와 둘이서 걷는 산행
오손 도손 대화로 숨 고르고
금곡계곡 편상에 다달으니
등대고 들어누워 평안함도 행복이라

지난 세월 많은 날들이
다시 돌아온다는 기약 없어도
편백 숲에 몸과 마음 수련하여
오늘도
머언 훗날도 몸과 마음 닦아서
남은 날들이 오늘만 같아라 소망하리라

설 잎

앙상한 나뭇가지에 살포시 내려 앉아
아름다운 자태를 자아내려 듯이
갖가지 힘겨움 마다하지 않고
설 잎 흥겨움 더 뽐내려 하려무나

한나절도 참지 못하고
샘내려 세찬 바람 휘몰아쳐
한 잎 두 잎 흩어져 휘날릴 때면
설 잎 잃은 서러움 앙상히 남았어라

매섭게 부는 바람 석양을 물들여
달아오른 하루 햇살 넘기 우고
내일 다시 동녘을 물들일 때면
설 잎 흥겨움 나부끼어 손짓 하려무나

오늘도 내일도 그리고 먼 훗날도
제철을 잊지 않고 포근히 다가와
앙상한 갖가지 서러움 잊을 때면
하~얀 미소 마음에 듬뿍 담아 주리라

소통의 믿음

믿음은 받는 것이 아니다
믿음은 주는 것이다
믿음을 받고자 할 때
욕심이 생기기 때문이다

믿음은 말로써 하는 것이 아니다
믿음은 행동으로 하는 것이다
믿음을 말로서 하고자 할 때
거짓이 담겨지기 때문이다

믿음은 약속으로 하는 것이 아니다
믿음은 실천으로 하는 것이다
믿음을 약속으로 하고자 할 때
지키지 못할 수도 있기 때문이다

믿음은 의심을 갖는 것이 아니다
믿음은 신뢰를 갖는 것이다
믿음을 의심 갖게 될 때
의리도 깨질 수 있기 때문이다

믿음은 자만으로 하는 것이 아니다
믿음은 열심으로 하는 것이다
믿음을 자만으로 하고자 할 때
마음을 지킬 수 없기 때문이다

믿음은 교만으로 하지 않는 것이다
믿음은 겸손으로 하는 것이다
믿음을 교만으로 하고자 할 때
진실이 혼동 될 수 있기 때문이다

믿음은 혼자서 하는 것이 아니다
믿음은 모두 함께 하는 것이다
믿음을 혼자서 하고자 할 때
외롭고 힘들기 때문이다

믿음은 마음을 통하는 것이다
믿음은 진심이 담겨지는 것이다
믿음이 소통하지 않을 때
서로가 불행하기 때문이다.

솟아오르는 희망

저 넘어 저물어 가는 태양
오늘을 잊으려 하고
지금은 내게 머물러 있지 않아도
내일은 그 모습 그대로
찬란하게 솟아올라
밝은 마음 희망을 주리라

저 넘어 저물어 가는 태양
석양을 곱게 물들여
여기서 다시 그 모습 찾지 못해도
저기서 붉게 떠오르니
지는 해로 보지 않고
새로 뜨는 시작이 되어라

저 넘어 저물어 가는 태양
하루 햇살 되었어도
영원히 내게 새소망 안겨주려고
내일도 밝은 태양으로
바라보아 비쳐주어
새 의지 감사하게 되어라

아침을 열며

연록이 짙어가는 유월의 아침
상긋한 풀내음이 마음을 열고
햇살에 은빛살 내비치는 잎새
계절이 가져다주는 축복이어라

이아침을 여는 마음
감사가 마음을 가득 채우니
아침마다 재롱이들 환환 미소 보이고
출근길 잊지 않고 문안인사 들려주니
이만한 감사 이만한 축복 또 있으랴

참 좋은 내 딸들아!
참 사랑스러운 내 딸들아!
너희가 있어 엄마 아빠는 행복하고
마음의 안정을 갖게 되는 것 같아서
너희만한 효심이 이 세상 어디 있으랴

이 아침에
살며시 눈을 감고
삶의 여정을 되돌아보면서
연록이 짙어가더라도
푸르름 잃지 않은 것처럼
우리 가정에 물들여 주기를 소망하노라

언제 가려나

가다 멈춰버린 철마 길
민족 대동맥 끊어 버린 길
외로히 서있는 표지판아
민족의 소망을 이어갈 날
그 날은 언제라고 했더냐

기적 나팔 불어대다 지치더라도
오늘은 월정리역 까지 가고
내일은 원산역 까지 가고
철마는 쉬지 않고 가련다
철마는 달리고 싶다 안했더냐

백마고지역 북녘하늘 우체통아!
좋은 소식 기쁜 소식 언제 전하려나
오가는 사람 바라만 보지 말고
손짓 발짓 웃음으로 맞아주어
통일소식 담아 가지 않으려나

민족상잔의 아픔이 지금도 고스란히 남아 숨 쉬고 있는 철원 땅, 최전방 백마고지 읍터에서 '생명과 평화의 사제학교'라는 간사교육을 받는 과정은 참으로 새롭기도 하고 의미가 있었습니다. 그곳은 시대상황인 사랑과 평화와 생명과 정의가 묻어있는 곳이라서 간사학교 피교육생으로 결연했고, 이에 마음에 와닫는 교육의 가치를 깨닫게 되었습니다. 목적문과 비전문 해설을 비롯한 성서이해와 평화의 영성, 그리고 기독교 평화 사상사 와이 사회 운동사 등, 명사들의 주옥같은 강의를 듣는 것은 행복했고 마음의 감동으로 다가왔습니다. 그래서 아직도 깊은 동면에서 깨어나지 못하고 있는 호국 영령들의 총성의 함성이 들려오고, 바라 볼 수 있는 백마고지와 마주 앉은 소이산을 순례하고 국경 철책선까지 들어가 교육을 받으면서 마음의 감동 등, 교육을 받는 동안의 느낌을 4편의 시로 적어 동기들과 공유했습니다.

　백마고지역에 '철도종점 철마는 달리고 싶다'는 간판이 서 있었고, 또 그곳에 '북녘하늘 우체통'이라고 쓰여져 있는 우체통이 하나 설치되어 있었습니다. 그곳에서 종단된 철도가 올해 안으로 남한지역인 월정리역까지 철도가 이어지게 되면, 북한지역 원산역까지는 16키로 밖에 안 된다는 설명을 들은바 있으나, 북한까지 이어지는 기약이 없기에 이러한 현상을 가지고 느껴지는 마음을 적어 보았습니다.

임원수련회를 다녀와서

수만리 머 언 남쪽나라 베트남
사선을 넘어 용병들 애국심 불태운 나라
그 숨결 뒤안길에 번영의 햇살이
지난 역사 묻어두고 꽃 피우려 하네

유서 깊은 이곳에서
백구년차 임원수련회를 갖게 되어
생각도 하나, 마음도 하나, 뜻도 하나 되니
한결 같이 교단부흥 번영 발전 염원을
강한 의지로 담아내려 하네
이렇게 좋을 수가 있으랴!

참 좋은 날들
서로 서로 마음을 활짝 열고
여흥을 넘어 소통의 장으로 신앙심 일깨워
살아온 나날들이 축복의 씨앗 싹틔우니
지금까지 받은 축복이 얼마나 소중한가!

통일 한국을 준비하며
다음세대와 함께하는 성결교회!
수심(愁心) 깊은 일들 위로와 협력으로 굳게 세워
백구년차 님들의 발자취 더듬어 갈 때
잘했다 칭찬받고 행복한 미소로 감사하세

이제 우리 모두 일구워 내야 할 그 일들
교단을 하나로 바로 세워서
중생 성결 신유 재림 사중복음 승화시켜
세계 속에 성결교단으로
그 위상을 세워 나가길 소망하리라!

장미의 미소

물안개 피어나는 장미 한 송이
너의 싱그러운 미소 머금은
나를 반겨주려는 듯이
부드러운 손짓으로 내게 다가와

물안개 피어나는 장미 한 송이
너의 살랑 살랑 나부끼는 몸짓
내 마음 여는 이아침 햇살 되어
가슴깊이 스며들어 내게 다가와

물안개 피어나는 장미 한 송이
너의 아름다움 맑은 호수에 그려
너를 바라다보는 이의 정을 담아
비쳐지는 그 모습대로 내게 다가와

물안개 피어나는 장미 한 송이
오랜 세월에 피고 지고하였어도
너의 순결하고 순수함을 지닌 채
물안개 한 송이 장미로 내게 다가와

지뢰 꽃 밟으며

소이산 지뢰 꽃 밭 길
뽀드락 하얀 눈은
아직 녹지 않았습니다.

수십 백만 발 총알의 함성
깊은 동면의 꿈틀거림도
아직 깨어나지 않았습니다.

차가운 기운 매서운 스침에
생명과 평화와 사랑을
이 둘레길 밟으며 심어놓으려니

무엇보다 소중한 것
무엇보다 간직해야 하는 것
감동의 내면에서 깨우려내

고지탈환과 후퇴 등, 24번의 주인이 바뀌고 24,000여명의 장병들의 목숨을 앗아간 동족의 격렬한 혈투현장 백마고지를 마주보는 소이산에서, 쌓여있는 눈길인 지뢰 꽃밭 길을 걸으며 적어본 시입니다. 그날 병사들은 평화통일을 기다리며 잠들었만, 그들의 바람은 아직 다가오지 않고 있는 현실을 표현했습니다. 그래서 이 길을 걸으며 평화통일의 씨앗을 기도로 심고, 평화통일은 반듯이 이루어져야 할 소중한 과제이기 때문에 평화통일 운동의 사명을 새삼다짐 했습니다.

참 좋은 날

맑은 햇살에 뒤섞은 해풍
그 신선함이
들꽃 향내음 새로워라

그 어디서부터 밀려드는 흰 파도
갯바위 쪼개려는 듯이
부닥치며 소리치니
다시 만나자고 종알거리며 흩어지네

참 좋은날
내 딸들 효도 하는 날
영특한 손자 녀석들
손잡고 걷는 해변 길
이만한 행복을 여기에 남기우려네

사랑하는 내 딸들아!
항상 부르고 싶은 너희들 하나하나의 이름
이 세상에
너희들 보다 자랑스러움이 어디 있으랴

투혼이 숨 쉬는 땅

허화 벌판 만주 용정!
민족의 투혼이 숨 쉬는 땅
그 날들의 혜란 강 한줄기
선구자 노래 담아 흐르는데
한 뜻 담은 용주산 일송정
그 모습 잃어버려 서러워라

믿음의 선진이 세운 용정성결교회
복음의 깃발세운 최초의 해외교회
그 씨앗 움 틔워 결실 열매 맺어와
교단과 자매결연 복음역사 일구어
십자가와 부활복음 새로이 심어놓아
가시 백합화 피울 그 날들 복되어라

민족의 정기가 숨 쉬는 백두산 천지!
바라보고 또 바라보아도 신비하니
하나님의 창조세계 놀랍고도 놀라와라
천지에 담겨진 청량수 뒤엉키어 하나로
고요하고 잔잔하게 우리민족 젓줄되어
민족의 염원 평화통일 담아 오려무나

가을의 향기

계절의 순환은 진리와 같아서
어김없이 찾아드는 단풍의 계절
너와 내 마음 곱게 물들여 어여뻐져라

코스모스 구절초 맑은 이슬에 젖어
살랑 살랑 볼비벼 손짓해 올 때
국화향기 짙어 내마음 머금게 하려무나

청명한 창공에 밀려오는 찬 기운
책가방 어깨 움츠려 하려 하지만
입 서리 내품어 등굣길 희망 이루려하네

허공을 향해 두 손을 마주쳐 보아도
내게 잡히는 것 없어 애타는 마음
보이지 않는 꿈 붙잡으려는 욕심이어라

이 욕심 훌렁 훌렁 벗어 내던져버리고
너와 내게 보이는 꿈과 목표를 세워
두 주먹 움켜쥐고 힘껏 나아가려무나

그것이 허공을 향해 손바닥 마주침보다
그것이 너와내 마음 조급하게 하는 것보다
큰 꿈 큰 희망 이루려는 디자인이어라

이 좋은 가을이여! 저물어 들지말고
그대가 안겨주는 풍요로움 맞아주어
다섯 딸들 품어주는 가을향기 영원하여라

찬 기운이 드는 늦은 가을에 딸들이 어깨 움츠리며 가는 등굣길이 애처롭고, 이에 학교수업을 응원하고 좋은 장래를 소망하면서...

그곳에 머물러

주님! 그곳에 머물러 나를 붙들어 주셨고
주님! 그곳에 머물러 나를 주의길 인도하셨고
주님! 그곳에 머물러 나와 동행하시오니
내 삶 축복이어라

주님! 그곳에 머물러 나 외로울 때
주님 바라보게 하셨고
나 힘든 때 주님 나의 반석이 되셨고
나 실망할 때 위로의 주님이 되셨으니
주님은 내 삶의 주인공, 내 삶 이끌어 주시어
내 삶에 주님의 지경을 넓혀 주소서

잔잔히 미소로 더 큰 신앙의 힘이 되어준
그대가 있어 복 받은 오 자매
형통의 길로 인도해 주시오니
내 삶 감사 하여라

주님! 그곳에 머물러 단풍 골 작은 교회에서

큰 사명 감당하게 하셨으니 주님영광 받아오리라

주님! 그곳에 머물러 앞으로 내 가는 길

주님의 은혜만을 힘입어 사랑 감사 축복의 길로

주님 영광을 위하여 헌신하는 더 큰 종으로

영원히… 영원히… 빛나게 하오리라

그 날에

오랜 세월이 너무도 오랜 세월이
오늘을 새롭게 하네

그날에 되돌아오지 않는 그날에
우리의 모습 담겨진 그날에

기억되는 그날에 일들을
오랜 세월에 무심코 지나쳐와

이제야 그날을 생각하니
감회 깊은 추억으로 반겨오네

오늘에 이 기쁨은
당신과 내가 반기는 미소일세

이제 잊지 말고 늘 마음에 새겨두고
지난 세월의 삶을 마음의 풍요로 싹틔워

다시 찾는 그 날들이 육십 고개 넘고 넘어
지친무릎 쉼터 되어 더 좋은 행복 창조하리

그리운 장모님

장모님! 장모님!
지금은 장모님이라고 부르지만,
살아 계실 때는 어머니라고 불렀지요?

감곡 초임지에서 하숙밥을 먹고 있을때
예비사위 사는 모습 보고파서 찾아주시고
먹는게 부실하다면서 보약을 지어주시며
당신의 딸을 보내어 대려 먹여 주셨지요?

약혼 6개월 동안 하루가 멀다하지 않고
찾아드는 예비사위 새찬, 새밥을 지어
먹이시느라고 땀도 많이 흘리셨지요?

당신의 사위가 이 세상에서 최고인양
사위자랑 딸자랑 외손녀 자랑…
오직 그것만이 당신의 유일한 낙이었지요?

어머니 저 오늘 전주에 못갑니다,
전화 한통화만 하면 당신 옆자리에
사위 이부자리 깔아놓고 기다리시고
곤히 잠자는 사위 깨울세라 조심조심
하시던 장모님, 보고 싶은 장모님!

뇌경색으로 병석에 누우시던 전날 밤
사위 얼굴 뚫어지게 바라보시며
못내 아쉬워하시던 모습…
살아생전에 다시는 보지 못할
사위 얼굴 이라는 것을
이미 알고 계셨던가요?

어머니 가신지 12주년이 되었어도
하루도 잊어지지 않고 생각나는 장모님
좋은 일, 나쁜 일, 슬픈 일, 웃을 일, 있을 때마다
더더욱 생각나는 장모님! 장모님!

3년만 기다리셨다면 칠순 잔치도 해드리고
더좋은 모습으로 효도도 해드리고
함께 웃고 기뻐하며 살것이라고 믿었는데
아쉬움만 남기시고 가신 장모님! 장모님!

후덕하신 인품 큰손으로 정을 심어 주시어
장모님 가신 날 많은 사람들을 슬프게 하셨으니
지금도 그 사랑을 이야기 할 때마다 다시 보지
못하는 장모님 그날이 무심하네요.

누구인들 친정어머니 없지 않고
장모님 사랑 받았으리라 생각 하지만
친정어머니 허물없다고 부탁만 하지 말고
장모님 친부모 아니다고 외면하지 말고
살아 계실 때 한번이라도 더 효도 하시게나

장모님이 안계셨다면
그대가 지극히 사랑하는 보배가
지금 그 자리 그 옆에 있었겠는가?

오랜 세월 속에 사랑으로 심어온
장모님의 손길이 여기저기 묻어나니
그 사랑 잊지 못하여 아쉬움만 주시네요.
아! 보고 싶은 장모님, 그립습니다.

내 마음 향수

계절의 여왕이라 오월의 향기
저산 중턱에 머물러 향내음이
어린아이 손등처럼 고운 촉감에
짙은 실록이 어우러져
푸욱 빠져들어 가려고 하네.

그대의 장미 향기
오래 오래 내품어 시들지 않는 꽃잎
하얀 볼에 살짝 비벼대며 미소 지어
찌들고 고달픈 공해 찌꺼기
훌렁 훌렁 벗어던져
창조의 아름다움을 새 노래 하려 무나

지금 내앞에 넘쳐나는 것이없어도
그것 때문에 슬퍼하거나 낙심 하지말고
오늘 하루하루가 소중하고 값진 것이라고
작은 것이라도 감사하며 만족 하는 것이

행복을 창조하는 보람이 되려하네.

각자의 생각과 바라는 것이 있더라도
내 맘대로 내 뜻대로 되지 않는 것이
진리이며 자연의 이치라

큰꿈 큰뜻 큰생각을 할지라도
그것을 디자인 하는 가치는
내마음 결정에 따라 달라지는 것

부정적이지 말고 긍정적으로
좋은 생각으로 삶을 계획하고
함께하신 하나님 믿음으로
그분에게 맡기며 사는 삶이
그대의 남은 인생에
좋은 일이 많아 질 것 일세

그대들이여!
오늘을 감사하면서
내일의 힘찬 발걸음을 내딛으며
장미향기 짙어지는 오월의 향기가
내 마음의 향수가 되어
그대의 마음에 흠뻑 젖어져
오늘을 기쁘게 즐기는 삶이어라

늦둥이를 위한 기도

오늘도 우리 막둥이 임마누엘!
아직도 깊은 잠에 취해 있는데
이마 쓰다듬어 어깨 다독다독
이른 아침 출근길 아빠의 기도

늦은 나이 얻은 아이 귀여움과
사랑 애착심 그 무엇에 비하리
이 만큼 예쁘게 하나님의 축복
도와주시는 하나님 임마누엘!

자녀향한 부모 사랑 크다지만
큰사랑 작은사랑 모두 쏟아내
늦게 낳아 쏟은 사랑만큼 하리
오늘도 임마누엘 소망의 기도

늦둥이 낳을 때 실망하지 않고
주님이 주신자녀 감사로 낳아

무럭무럭 참되게 기쁨을 주니
엄마 아빠 큰뜻 담아 임마누엘!

나 커서 엄마 아빠와 함께 살고
휴일이면 좋은 차에 엄마 아빠
태우고 여행 다니는 것이 소원
엄마 아빠 늙지 말고 오래 살아

늦둥이의 마음깊이 새긴 소원
말만 들어도 감사한 마음 찡하여
엄마 아빠 마음속에 스며오니
그뜻 이루어지리라 임마누엘!

엄마 아빠 오래오래 살고지고
너의 축복 빌어주리 그 뜻대로
빛나게 살아가는 너의 가는길
주님이 함께하시니 임마누엘!

당신 때문에

당신은 나의 가장 소중한 보배
당신 때문에 오늘을 내가 살아
나를 긍정하며 보람을 가짐이
값진 진주가 당신에 비하리요
당신 만남, 내생의 최고의 축복
당신 때문에 나는 행복합니다.

당신을 처음 만나 맞선 보는 날
나의 영원한 반려자라는 느낌
절대로 놓칠수 없는 행운으로
당신을 향한 나의마음 다가서
그 마음 반 팔십년 이어져오니
당신 때문에 나는 행복합니다.

남달리 갖은것 해주는 것 없어도
그것으로 인하여 실망하지 않고
최고의 남편이라고 믿어 오면서

그때그때를 감싸주고 감사하며
용기를 심어주는 현모양처이니
당신 때문에 나는 행복합니다.

하루하루 세상살이 힘든 고개
지친고개 없으리요만 그것으로
불평하지 않고 항상 밝은 마음이
편안한 미소로 내 마음을 녹여와
쉬고 가고 넘고 넘어 오늘을 살아
당신 때문에 나는 행복합니다.

만남의 축복

당신에게 이런 만남이 있었는가?
당신이 외로울 때 찾아 주시고
당신이 괴로울 때 위로가 되어
나를 보라 내가 너를 사랑한다.
하시는 이와의 영혼의 만남이…

당신에게 이런 만남이 있었는가?
당신이 두려울 때 용기 주시고
당신이 연약할 때 힘을 주시어
나를 보라 나는 너의 산성이다
하시는 이와의 영혼의 만남이…

당신에게 이런 만남이 있었는가?
당신이 실망할 때 희망을 주고
당신이 낙심할 때 믿음을 주어
나를 보라 나는 너의 소망이다.
하시는 이와의 영혼의 만남이…

당신에게 이런 만남이 있었는가?
당신이 길잃을 때 등대가 되고
당신이 방황할 때 목자가 되어
나를 보라 나는 너의 구원자라
하시는 이와의 영혼의 만남이...

당신에게 이런 만남이 있었는가?
당신이 배고플 때 만나를 주시고
당신이 가난할 때 창고가 되시어
나를 보라 나는 너의 부귀이다.
하시는 이와의 영혼의 만남이...

당신의 영혼을 소생 시키시고
당신을 의의 길로 인도하시고
당신을 위해 십자가를 지시고
당신의 영원한 생명이 되시고
당신을 위해 예비하시는 이를

당신이 그분을 사랑 한다면
당신이 그분을 찾아 준다면
그분의 사랑이 당신에게 있고
그분을 만남이 축복이 되오니
오늘 내일의 삶이 형통하리라.

모내기 회상

몇 날 전만해도 들녘의 논바닥이
바싹 말라 실금가고 도랑물 고갈되어
모내기나 할 것인고 농심 태우는 나날이
간간히 내린 비 옥정호 쏟아내고
갈라진 논바닥에 실금을 적셔주니
오늘따라 들녘에 푸르름 물들였네.

그 옛날 모내기
품삯꾼들 못줄 잡아 한 줄 한 줄
굽은 허리 펼세 없이
빠른 손놀림 모 쪽 쪼개어
한 꼿 한 꼿 흥겨운 노래 소리에
어느새 뒷논두렁 메워 졌네.

오늘의 들녘에는 못줄 잡이 품삯 꾼
그 어디에 보이지 않고
이앙기에 실린 모판 줄줄이 심어져가니

그 옛날의 모내기
잊혀 지지 않는 추억으로 찾아드네.

못밥 고봉 한 그릇 갈치 한 토막
줄인 배 채워 논두렁 들어 누워
스르름 찾아드는 낮잠에
눈꺼풀 무거울 때
이대로 깊은 잠에 빠져 드려하네.

해질세라 서둘러 논바닥 들어가
모쪽을 떼는 손놀림이 마음만큼 되지 않아
느릿느릿 해질 때면 못줄 잡이 소리쳐
못줄을 잡아 튕기어 이마에 적실 때면
굽은 허리마저 펴기 힘들었네.

그 옛날의 모내기
다시 찾아 볼 수 없는 풍경을
한 장의 화선지에 담아
생각하는 동심이 되어
그려놓음이 좋으리오.

봄날의 촉감

세찬바람 폭설이 몰아쳤어도
생명의 활력소가 되려는 듯이
그 누가 붙잡아 주지 않았어도
흔들리지 않고 꼿꼿하게 버티어
줄기마다 거친 숨소리 내몰아
어느새 뾰족 뾰족 새순 티웠네

서래 봉 아양 산자락에
남몰래 묻어온 춘향
환희의 미소로 상큼 다가와
손짓 발짓 몸짓으로
이계절의 부드러운 촉감을
노래하며 맞이하려 하네

계절의 순환이 가져다주는 기쁨
누구에게나 느껴보게 한다지만
준비하고 기다리는 자에게는

더 아름다운 감동이 되어
진달래 복사꽃 화창 할 때
종달새 울부짖어 화음 되려네

쑥 향기 기운차게 솟아나
봄 처녀 가벼운 치마 자락에 묻어나고
머언 동산 아지랑이 나붓거리어
고운살 살며시 내미는 얼굴에
봄 향기 맞으려는 듯 비벼대니
내 마음의 꽃 활짝 피우려하네

비의 낭만

나는 비오는 날을 싫어한다.
나를 초조하게 하고
나를 불안하게 하고
나를 쓸쓸하게 하고
나를 외롭게 하는 기분이 싫다.

나는 비오는 날을 싫어한다.
내가 내딛는 꼬막 신
내가 차려입은 색동저고리
내가 걷어 올린 바짓가랑이
내가 받쳐들은 우산으로
바람사이 빗살을 덮을 수 없어 싫다.

나는 비오는 날을 싫어한다.
뭉게구름 뭉실뭉실 떠 노는
청명한 창공에
내마음 그릴 수도 없고

방긋방긋 고운 햇님
더디 오실까 걱정 되고
비구름 덮인 채로
내마음 어둡게 하는 것이 싫다.

그러나 나는
비오는 것을 꾸짖지 않으려 한다.
짙은 실록 잎가지 마르지 않도록
젖줄기 되어주고
머 언 날
우리들의 생명을 이어가는 옹달샘으로
너를 갈망하며 기다리는
희망의 노래 되려는 것을...

그리고 나는
비오는 날을 노래하려 한다.
내가 겪는 불평과 감정도 바꾸려한다.
사랑하는 고운님 우산을 받쳐주어
어깨를 감싸 얼굴 마주쳐 보며
환한 미소 주고받아 거니는 낭만을
맑게 갠 서산에 무지개 피어나고
마른땅 촉촉하게 적시어
생명의 근원이 되어 주려는 것을...

삶의 정도

나는 아직도 젊다.
내게는 욕망이 있기 때문이다.
나는 그 욕망을 지우지 않는다.
또 괴로워하지 않는다.
비전 없는 사람이 되지 않기 위해서다.

그것을 이루지 못하더라도
나는 실망하지 않는다.
그리고 낙심도 하지 않는다.
나의 목표는
최선을 다하는 것이기 때문이다.

나는 지난 세월을 탓하지 않는다.
또 원망도 하지 않는다.
오히려 그 세월을 가끔씩 그리워한다.
나의 인생을 담아온 세월이
소중 하게 생각되기 때문이다.

그대와 나
우리가 맞아온 세월들이
오늘을 살게 해온 것이라면
그 달란트가 다르다 할지라도
각자에게 주어진 몫이 되었으니

그것을 감사 하는 것이
그것을 소중하게 생각 하는 것이
그것을 오래오래 기억 하는 것이
삶의 정도가 되어
살며시 찾아드는 행복이 되어
더 큰 감사를 낳으리라

설향(雪香)

눈이 내렸네 밤사이 폭설이 내렸네
눈이 쌓였네 수북하게도 쌓였네
눈이 덮혔네 내 모습 하얗게

산기슭 능선 넘어 눈꽃이 피어나
붓에 담은 아름다움을 햇살에 잃지 않으려
이맛살 세찬바람 인내하며 맞으려 하네

눈이 내리고 덮이고 쌓여서 그 모습을 찾지 못하여도
우리네 삶이 고달프고 외롭고 힘이 들어도
지금처럼 눈 덮인 채로 포근하게 긴 겨울을 지나고 나면
그 안에 숨어 내품는 숨결 새롭게 돋아 생명 되리라

세상살이 시끌 벅적 먹구름이 몰아쳐도
때를 기다리는 하얀 설 향기 내음
깊게깊게 맡으면서 그때까지 지치지 말고
인내하고 참고 견디어내어 봄볕에 녹아내리는
내일을 바라보면서 소망을 가져 보자

성도의 산수(傘壽)

실록이 짙어 늘 푸르게
달빛 별빛되어 늘 밝게
하얀 마음 고운 마음으로
구원의 내 주를 벗 삼아
여기까지 살아오신 권사님!

한 평생 내 삶속에
어찌 맑게 갠 날만 있으리요
먹구름 덮이고 달빛을 가려도
한나처럼 기도의 어머니로
늘 인자한 입가의 미소로
신앙의 본을 보여주신 어머니로
살아오신 권사님!

내 하나님 내 교회
내 목자만을 자랑삼아
긴 구미 산자락 감돌아

교회에 오간 세월이 어느덧
산수를 맞으셨으니
이름처럼 빛나리라
오복이셔라

권사님의 믿음이
권사님의 신앙이
권사님의 기도가
하늘에 닿아 주님이 내리신 축복
이름처럼 빛나는 기쁨이셔라
권사님!
오래오래 기도의 자리를 지켜 주시오소서!

아! 딸아!

사랑하는 내 딸아!
사랑하는 내 아들아!
너희가 오늘 부부가 되어
내 사위가 되었으니
오늘이 복 되고 복 되도다.

너를 낳은 기쁨이 너를 기르는 기쁨이
너를 사위로 맞게 되오니
하나님의 은총과 축복이라.

내가 너희를 사랑함은
독수리 날개 돋쳐 지킴같이
아플세라 다칠세라 노심초사 품어 왔었으나
이제는 먼 산꼭대기에서 두 눈을 부릅떠 지켜볼 세라.

너희가 사노라면
괴로운 일, 힘든 일, 어려운 일도 있으려니

실망하거나 원망하거나 낙심하지 말고
그때마다 두 손 맞잡아
밀어주고 당겨주고 감싸주어
부부의 정을 더욱 깊게 하여라.

오늘 엄마 아빠 품을 떠남은
새로운 행복을 창조하는 걸음이니
주님의 도우심과 지킴으로
신앙생활의 정도를 지키고
사랑 기쁨 감사만으로 항상 웃음꽃 피워가는
행복한 가정이 되려무나.

올레 길

외돌개 – 장성포구
저 바다 안고 돌아 올레 길
극치의 경관 발걸음도 가벼워
긴 – 숨 내몰아 은빛 바다에 띄우니
상긋해진 심신 오늘처럼만 살자구나

물 빠져 치솟아
외로이 서있는 섬 바위에
옹기종기 모여 푸닥거리는 바닷새
내 마음이 그곳에 머물러
깊은 사색에 잠겨 쉬어가고파라

검게 물들인 바위돌 위에
삶에 찌든 마음 내딛어 놓아
사랑스러운 아내와 같이 한 걸음이
어느새 저녁노을 물들여
저멀리 하늘 맞닿아 기울여라

오늘의 이 행복도
내일에 바라는 염원도
올레 길 경관처럼 조화되어
먼 훗날에 추억의 그림으로
내 삶에 영원히 빛나게 하리라

위대한 힘

곱게곱게 차려입은 나뭇가지 훌렁훌렁 벗어던져
매섭게 휘몰아치는 거센 설풍 어떻게 견디려하오

내 겉모습 화려해 실바람 견디지 못하고 흔들림 보다
벗겨져 홀 가지가 나를 바로 세우는 힘이 됨이나라.

당신이 살아가는 동안 갖은것이 많고 화려하다 해도
그것으로 화를 입지 않을까 생각해 봄이 어떠 하리요?

내게 주어진 것 또 내가 가지고 있는 것을 버린다 해도
나를 바로 세워 나가는 정의가 있다면 나의 힘이 되리요.

당신이 위대 하다고 당신이 힘이 있다고 ,
당신이 능력 있다고 당신이 지식 있다고 생각 되어질 때

교만하지 않고 더 낮아져
하나님 사랑을 실천하는 것이 더큰 힘이라.

잃은 양을 찾아서

너 거기에 있었느냐? 너 거기에 있었느냐?
내 너를 찾아보았노라
아침 햇살 희망을 품고 서산에 황혼 기울 때에
나 너를 향해 보았노라

들장미 아침이슬 맺혀 환한 미소 볼비벼 오고
먼 하늘 먹구름 뒤덮혀 너 밝은 미소 잃을 때도
내 지팡이 높이 들어서 내 등불 광야를 비춰서
나 너를 기억 하였노라

나 너를 찾아 헤맬 때 나 잊어 바라보지 못해
네 모습 감추려 하였고
너 삶의 고달픔이 너를 짓눌러 괴롭혀 왔어도
나를 바라보지 못했노라

내가 너를 찾고 있노라 내가 너를 찾고 있노라
네 꿈을 심어 피우리라

너 있는 그곳에서 나를 소리질러 찾아 부르라
내 너와 함께 있으리라

너 외로울 때 나를 보라 너 힘들 때 나를 찾아라
내가 너를 도와주리라
내가 사랑하는 아들아! 또 내가 사랑하는 딸아!
내 품에 편히 안기어라

너 내가 먹이는 양이라 내가 찾아 내안에 두어
네 영원한 생명 되리라
너 육신의 영원한 집이 너 영혼의 영원한 길이
이곳에서 꽃 피우리라

너는 내 사랑하는 아들! 또 너는 내 사랑하는 딸!
너 내 잃은 양 한 마리라 너는 내가 찾았노라
너는 내가 불렀노라 그 이름 영원하리라
그 자랑스러운 이름으로 성결의 꽃 다시 피워라

잊으라 하시오

아리랑 ~ 아리랑 ~ 아라리요
흥겨운 아버지의 노래 소리에
색동저고리 입어 귀여운 아들
둥실둥실 어깨춤 저절로 추니
늦게 얻은아들 아버지의 자랑
내 아버지의 희망 이었어라

동네 풍물꾼 꽹과리로 이끌어
사뿐 사뿐 가볍게 내딛으시며
어깨춤 고개 춤 흥겨운 아버지
철모른 녀석 아버지 흥에 놀아
함박 입 웃어대는 귀여운 아들
내 아버지의 희망 이었어라

아버지 쟁기 질 때 앞서는 녀석
암소 고삐 줄잡고 논두렁 가며
한발 한발 무겁게 내딛는 암소

이리야~이리야~고삐 줄 당겨
잘 간다 칭찬하시며 따라오신
내 아버지의 희망 이었어라

아버지 쟁기 따라 논 갈을 때
내리쬐는 봄볕에 논두렁 앉아
물장구 치고 놀다 저절로 지쳐
집에 가고파 칭얼대는 그녀석
조금더 놀다 가라시며 달래준
내 아버지의 희망 이었어라

그녀석 일곱 살난 어린 시절에
아버지와 동행하며 놀던 녀석에게
논주인 내온 밥 아버지 밥
나눠 먹여주고파 하는 아버지 마음
철부지 알수없어 칭얼댄 녀석
내 아버지 희망 이었어라

그 시절 졸린 배 채워 주시려고
소고삐 쥐어 앞세우신 아버지
우리집 동네 사랑방 정겨운 일
이일 저일 추억은 그려내어도
아버지 얼굴 그려내지 못하니
희망접은 아버지 잊으라 하시오

주님 내게 머물러

주님 나의 길을 인도 하소서!
주는 나의 선한 목자입니다.
주님 내삶을 이끌어 주소서!
주는 나의 능력이 되십니다.
주님 나의 도움 되어 주소서!
주는 나의 형통이 되십니다.

주님 내가 주님을 부르오니
주님이 내게 머물러 주소서!
주님 내가 주님을 찾으오니
주님 그 곳에서 만나 주소서!
주 계신 곳에 나있게 하소서!
주는 내 영원한 생명입니다.

주님은 나의 산성 나의 방패
주님은 나의 힘 지혜 눈동자
내가 위험할 때 지켜 주시고

내가 외로울 때 친구가 되어
주께서 내게 함께 하시오니
내가 주님을 찬양 하오리라

내가 여기까지 있게 하심도
주님이 내게 관심을 보이사
주님이 내게 머물러 주시고
내 허물 보혈로 감싸 주시어
내게 은혜로 채워 주시오니
나는 주님의 영광 위하여라

참수리 생각

오늘은
그날을 기념하는 경찰의 날
광복과 함께 태어나
동족상잔의 아픔을 겪어
어느새 육십육 주년 오늘을 맞으려 하네.

여기 까지...
산고를 겪어 고통을 안은 채
국민의 가슴속에서
영원한 무궁화 꽃으로 피어나
두눈을 부릅떠 민중의 지팡이 되었어라.

그 많은 날
헌신도 희생도 멍에가 되었으니
잘했다 칭찬도
잘못했다 꾸짖음도
국민의 사랑을 먹음 이었어라.

그 날들
교훈이 되어 심신을 가다듬어 오니
더 이상 실망을 주고
더 이상 원망 받지 않아
삼천리 강산에 사랑의 꽃향기 피우리라

오늘은
그날을 기념하는 경찰의 날
국가와 국민을 위해서
정열을 불태웠던 우리 이었기에
참수리의 염원을 국민들이 가져주었네.

우리에게
안겨준 그 큰 뜻 다시 세우려고
참수리 양날개 솟구쳐 올라가오니
그 높은 기상 십만 경찰의 위상이 되어
국민의 품으로 더 높이 훨훨 날아가려무나.

이 뜻 깊은 날
다시 맞을 수 없는 날이 되었으니
허전하고 아쉬운 마음 젖어들어도
희망을 주고받는 참수리 날개 되어
무궁화 꽃에 살며시 내려앉으리라.

추 억

개굴 개굴 개굴 뽕~악 뽕~악
저산 넘어 붉게 물들인 석양노을
삼천 천 산책로를 헤쳐 밀려오니
뚝 방에 펼쳐진 물댄 논 가운데서
낯설지 않아 귓가에 익은 하모니

한발 두발 다가서 어두운 논두렁
삽자루 어깨 메고 콧노래 흥겨워
집 찾아 가는 소년에게 들려주던
옛노래 지금 듣는 것이 정겨워라

책가방 내던지고 괭이 대신들고
서래질한 논 여기저기 고르다가
어두움이 짙어 논두렁 밟으면서
꿈을 싫어온 소년이 듣던 옛노래
외로움 달랠수 없어 두 주먹으로
눈물을 훔쳐온 그 시절이 정겨워

늦은 밤 책상에 앉아 머리를 찧고
몰려오는 잠을 참을 수 없었어도
나홀로 걸어가야 하는 길이기에
호롱불 태우면서 지나온 그날들
지금은 반백 넘어 그날이 새로워
이 밤도 아카시아 향기를 맡으며
그 시절을 회상하니 추억의 노래

개굴 개굴 개굴 뽕~악 뽕~악
이 밤에 들려주는 너희들의 노래
아무에게 감동과 감격이지 않고
그날을 잊으려 하지 않는 이에게
그 시절 삶의 의미를 찾는 이에게
귓가에 반가와 들려오는 노래로
아름다운 하모니가 되어 주려무나

추심을 꽃 피워

코스모스 산들산들 볼비벼 입 맞추고
빨간색 분홍색 하얀색 미소 지음으로
높고 넓은 창공을 더 맑게 펼치려하네

알밤송이 툭 터져 가시굴레 벗어던져
풀잎 사이 묻혀 한알 두알 드러내 보여
흥겹게 주워담는 꼬마녀석 노래여라

어느새 들녘에 뜬물 꽈악 채워 가면서
알알이 누렇게 황금빛 차려입고 나면
한 묶음 두 묶음 움켜 안는 기쁨이여라

이날이 저물어 갈 때 주렁주렁 먹시감
제때를 맞으려는 듯 스스로 물들이면
한 가지 두 가지 꺾어 한 아름 되고파라

한 여름 시원한 바람 그늘 되어 주려고
한 계절 차려입은 치마 자락 벗고 나면
맥없이 툭툭 떨어져 발길에 체일세라

지는 낙엽 붙들어 매어 놓을 수 없어도
가을추수 풍성으로 기쁨을 갖게하니
이날을 기울어서 내년 봄꽃 피우려네

축복의 길

유구한 역사 팔십년 성결의 빛 이어와
중생 성결 신유 재림 복음의 진리 다져진
믿음의 선진들이 꽃피운 우리 교회 일세

구미산언덕에 성도들의 피와 땀 맺혀
눈물로 주님 부르짖어 성령의 열매로
금봉산 구원의 방주 새성전 봉헌이라

가시밭의 백합화 예수향기 그윽하여
정읍성결 우리자랑 빛나는 우리 교회
구원의 표상 복음의 깃발 높이 세우세

큰 꿈 큰 디자인 큰사람 우리들의 위상
지역사회 구원의길 우리 교회의 사명
이뜻 받들어 복음의 나팔수 내가 되리라

성도여 상기하자 구칠 총동원 팔천명
성도여 모두 나서자 복음 전파의 길로
우리 모두 힘차게 나가자 부흥의 길로

우리가 받은 은혜 영원히 간직하면서
예수 잘 믿고 교회사랑 목회 협력으로
빛과 소금되어 내게 축복의 통로되자

호박 꽃

장미꽃! 너의 아름다움
그윽한 향기 계절의 촉감 이려는 듯
우리들이 많이 불러주는 애창곡이어라

그날에 화려했고 그날에 그윽한 향기
가시 돋쳐 지켜 주었으나
한잎 두잎 시들어져 짓밟혀질 때
누가 너를 아름답다 향기롭다 불러주리

호박꽃! 너 피어날 때
누가 너를 보고 반겨주리
너의 이름은 보잘것없고
코를 찌르는 듯한 향기
누가 너를 아름답다 하오리

그날에 화려하지 않고
그날에 감흥은 없었어도

세월을 다해 시들어질 때
주렁주렁 맺어주는 단호박 늙은호박

장미꽃! 호박꽃!
너의 아름다운 미소는
비교되지 않으나
그날이 다할 때 남겨주는 이름이
그 무엇으로 비교 되려나

열매 없는 너의 향기 나 부럽지 아니하여
너의 아름다움 못지않게 주렁주렁 맺어가는
나의 이름 호박꽃 더 값지리라

초가을에 새봄을

가을이 무르익어 가는데 제때도 잊어버린 것인가
아직 식지 않은 더위가 땀방울 이마에 적셔오고
코스모스 구절초 마주보며 서로 반겨주는 미소로
한가락 흥얼거리는 노래가 되어 내곁에 앉아오네

산바람 들바람 나뭇잎을 스쳐갈 때 꼬~옥 붙잡아도
계절에 힘겨워 말없이 한잎 두잎 툭툭 떨어져
이리 뒹굴 저리 뒹굴 발길에 치어 밟혀져 가는데
그래도 한시절 이맛살 덮인 땀방울 식힌 고마움을
어찌 잊으려 하시오리요

잊지 마시오 내년 봄에 서늘한 그늘바람으로
다시 싱싱하고 선명한 새옷단장으로
가을 잊고 새봄으로 어여삐 가오리요

가을의 대화

여보!
가을은 왜 그런지 쓸쓸해 보여요.
이마에 솟은 땀방울
푸르름 짙어 씻어주던 잎사귀가
살랑살랑 부는 바람 뒹굴뒹굴 흩어져
그 보람을 잊은 채 무심코 밟히고 있네요.

여보!
가을은 왜 그런지 쓸쓸해 보여요.
농부의 정성이 심어져 알알이 익어간 열매
이제 거두어 허황한 들아에 내 마음만 있네요

이 가을! 결실함도 풍성함도 저 맑은 하늘도
꽉 ~ 악찬 알밤송이 투~욱 터지는 사랑도
익어가고 있지 않나요?

여보!

이 계절에 석양을 불태워

당신과 나 비추~어 추심을 물들이니

쓸쓸해지는 마음 외로워지는 마음 감싸려듯

국화 꽃망울 터져 나와 새생명 향기로

당신을 포근히 감싸주려고 하네요

축 시

청량한 가을하늘 꽃단풍 수놓아 물들이고
국화향기 짙어 내 마음에 살며시 안길 때면
어느새 시월 십구일 오늘은 축복의 날!
우리 목사님 생신이어라

남다르게 화통하게 껄껄껄 웃어주지 못해도
마음만은 깊고깊어 그 헤아림 속에서
성도 하나하나를 살펴 기도의 제목으로 삼아
어제도 오늘도 내일도 기도하시는 목사님
당신 때문에 우리 모두 행복합니다.

긍정적인 믿음 창조적인 신앙
예수 잘 믿고 교회 사랑하고
목회 협력하여 빛과 소금이 되자시며
복음만이 영혼 구원의 최상의 믿음이라고
그 목멘 외침이 한해 두해 더해 졌으니
우리들의 신앙도 내장산 단풍보다 더 붉게
그리고 곱게 피어오르리라

어릴 적에 두세 번 큰수술을 받으며
뼈아픔 고통을 받을 때 우리주님 찾아주시고
임마누엘 되시는 주님 함께 하시는 주님께서
당신의 종을 붙들어 주시어 기뻐 영광 받으시는 하나님!
내평생 주님만을 위해 살겠다는 믿음의 종을
평생 동안 더 큰 은혜로 힘입게 하소서!
여기에 모인우리 주님의 은총 받은 교우 모두는
목사님 목회 협력자로 동행자로 굳게굳게 다짐하며
목사님 양어깨에 힘이 되고자 하오니
성공하는 목사님! 능력의 목사님! 축복받은 목사님으로
우리 정읍성결교회 더욱 빛나게 하소서!
목사님 축하합니다. 그리고 사랑합니다.

내 곁에 당신이 있으니

내 곁에 당신이 있으니 이아침도 행복합니다.
이른 아침을 깨우는 전화알람 소리에
못내 아쉽게 잠깨어 환한 미소를 지어보여
어느새 거칠어진 당신의 고운손이
얼굴을 어루만져주며 사랑을 심어주어
내곁에 당신이 있으니 오늘도 행복합니다.

다시 만날 기쁨보다 백리길 출근하는 남편을 바라보며
"잘 다녀와요" 한마디는 엘리베이터 닫혀 질세라 바라보아
내곁에 당신이 있으니 오늘도 행복합니다.

모악산 자락에 펼쳐진 길 굽이굽이 핸들을 돌리어
오르락 내리락 달려가 노라면
봄꽃 눈꽃 신선한 미소에 당신의 사랑이 담겨져
오늘도 피곤치 않고 내사랑 당신과 딸들을 위해
기쁨으로 달려가리라 내곁에 당신이 있으니…

내게 열어주소서

주여! 문을 열게 하소서!
열면 닫을 자 없고 닫으면 열자가 없는
문을 열게 하소서!

슬픔과 괴로움 노여움은 닫아주고
소망과 사랑과 기쁨과 감사의
문을 열게 하소서!

주여! 문을 열게 하소서!
추하고 악한문 닫으오며 예수사랑 야곱 축복의문
내게 열어 주소서!

기 도

하나님! 내게 복을 더하소서!
하나님! 내게 지경을 넓혀주소서!
땅위의 복에 하늘의 복을 더하시고
육신의 복에 영혼의 복을 더하시고
믿음의 복에 승리의 복을 더하소서!

내 심령에 성령의 이슬로 적시어
촉촉한 입술이 주님을 찬양하나이다.
야벳의 기도가 내 기도이오니
내가 주님을 사랑합니다.

내평생 주님을 위해 큰일을 원하오니
나를 축복하소서! 주님 은혜 힘입게 하소서!
날마다 나와 동행하니 주님은 나의주님
내가 주님을 사랑합니다.

형 통

강한 것이 무엇인가? 약한 것이 무엇인가?
당신의 마음에 하나님이 함께하면 강함이요
당신의 마음에 하나님이 안계시면 약함이요
강하고 약함은 당신의 믿음에 있나니
주님을 영접한 그 믿음 당신을 지켜 주시리라

주여! 내 마음을 열으오니 주님 찾아 오셔서
강하고 담대하고 오직 주님의 정의를
지키게 하시옵소서!

세상 짐을 지고 가면
강함도 있고 약함도 있고 기쁨도 있고 슬픔도 있고
그러나 외롭지 않아 주님과 동행하니 내 가는 길 형통이오다

주님 지신 짐 내게 맡기면 내 어찌 하오리요 원망이 되겠지만
주님 사랑 소유하면 기쁨이 되어 내 평생 평안이라
주님! 깨달음을 주셔서 나를 지키시고
은혜와 축복 여시어 형통의 길로 주님께 영광! 임마누엘!

동역자

당신은 심고 나는 물주고
마음으로 심고 믿음으로 물주고
주님의 부르심이 목회의 힘이 되고
동역자로 기도의 주인 되려네

믿음의 본을 사랑의 힘을
당신은 씨 뿌리고 나는 가꾸오니
주님은 자라게 하고

당신이 힘겨우면 내가 씨뿌리고
내가 힘겨우면 당신이 물주어
사랑도 심고 믿음도 심고 봉사도 심어
주님의 빛 발하니
추수할 때 우리주님 기뻐하리라

내 심령에 못 박아

주님!

내가 주님을 위해 십자가를 질 수 있습니까?

주님!

내가 주님의 죽음 앞에 향유를 부을 수 있습니까?

주님!

내 심령 주님의 것입니다.

나의 죄를 용서 하소서!

주님의 십자가

내 심령에 못박고

다시는 주님에게 지우려 않으려하네요

주님!

나의 믿음 강건하게 하소서!

절망과 좌절에서

소망과 기쁨과 감사가 되게 하소서!

사랑이어라

아! 너 하나님의 사람아!
외치고 싶어라 인정하고파라
묵묵히 할 말을 잠재우며
강단에 엎드려 주님! 주님!
그 목멘 외침이 사랑이어라

외로운 가정 힘든 가정
기쁠 때나 슬플 때나
함께 웃고 함께 울고파서
소리 높여 부르짖는 외침이
내 교회 내 성도 사랑이어라

평화 평화로다
하늘에서 내려주시는 복
성도들의 가정마다 넘쳐나
맑은 가락의 노래 불리우기를
내 영혼 기도함이여 사랑이어라

한 시간 한 시간 은혜 받고
가정으로 일터로 나아갈 때
성도들의 모습을 바라봄이
기쁨 감사 찬양되고
때로는 뼈에 사무치도록 달랠 수 없는
외로움도 허전함도 사랑이어라

수많은 날 젊을 불태우고
평화스러운 목장 할렐루야 생애
기도해오던 구 교회 떠나와
다시금 나홀로 발걸음 외로이
적벽돌 묻은 손때 만져보며
지난날을 회상함이여 사랑이어라

기도로 눈물로 물질로 몸으로
믿음의 선진들이 일구어낸 교회
가신님 지금 없어도 그 숨결 살아
너 하나님의 사람아 불러주시고
내장산 단풍보다 더 아름다운
금붕 마을 꽃피운 정읍성결교회
영원하리 빛나리 부흥하리라

우리생애 최고의 목회자
이십일 세기 향한 교단지도자
아! 당신의 이름이 빛나오니
세계로 뻗어 나아가
영원히 기념되고 힘이 되리라

우리 목사님! 우리 목사님!
반겨드는 성도들의 가슴마다
남다르게 표현은 못해줘도
그윽한 눈빛 입가의 미소로
그 사랑만 흠뻑 담아
마음속 깊이 보내 주오리라

열매 무르익어 짙어가는 가을
산들산들 코스모스 입맞춤이
서로서로 마주보며 미소 지움은
한가닥 흥얼거리는 노래되어
이날에 복된 날 뜻 모은 자리
감격과 감동 되오리라 사랑이어라

가을 인생

어느새 뭉게구름 먹구름 벗겨져
높은 하늘이 정겨워
폭염 찌는 날들에
이런 날이 언제 오려나 했는데 …

산중 봉우리 곱다운 단풍들이
내 마음에 아름답게 물들였으니
더도 말고 덜도 말고 지금처럼만
그 모습대로 오래오래 간직되어진다면…

이 가을이 지나고 또 한철이 지나도
항상 곱게곱게 우리인생 빛나리라
이러한 기다림 속에
밝은 날의 소망이 있으려니…

신작로

그 옛날 내가 걸었던 신작로
돌자갈 부닥치며 거칠게 걸었던 길
덜그렁 덜그렁 낡은 트럭
비틀 비틀 지날 때
흙먼지 뿌옇게 덮어씌우던 길

그 옛날 내가 걸었던 신작로
지금은 그 모습 잃었어도
이 길을 걸어가노라면 깊은 생각에 잠기어
십이사오리 꿈을 안고 걸었던 길 그리워라

아직도 그 길을 걸어갈 수 있다면
밤이슬비 촉촉이 흙먼지 잠재우듯이
나의 꿈도 더 젊게 이슬비로 적시어
오늘의 신작로를 뚜벅뚜벅 걸으리라

선각자 숨결

루터도시 이이스 레벤
선각자 생과 사의 숙연함이 깃든 도시
거룩한 삶의 영혼이
맑은 가락의 숨결되어
내신앙의 의연히 숨 쉬오리라

그 선각자의 뜻이 위대하고
그 사명이 소중하기에
고향을 떠나 파문 받았어도
굳은 믿음 승리의 깃발 들고
고향 교회 향수 찾아오리라

오늘
이 거룩한 성지에서
그날의 외침을 마음에 새기고
내믿음 굳게 세워
주님주신 은총을 힘입으리라

늦 단풍 속삭임

깊어져가는 가을철을 견디다 못해
곱다운 옷차림 훌렁훌렁 벗어던져
앙상한 가지사이 스치는 살랑바람
찬기운 살결에 겨울을 맞이려하네

나 가진 것 벗어 놓아도
난 외롭다 하지 않으니
멀지 않아 내 가지를 입혀주는
흰송이 설송이 가지려 하려네

이 가을 붉게 물들여 환호를 받았으나
어쩔 수 없이 계절의 아쉬움을 남겨두고
내곁을 힘없이 떠나 버려도
나 외롭다 하지 않고 기다림은
아직도 내게 다가오는 이들의 기쁨을 주려네

산중의 산 명산중의 명산 힐링 내장산
엄마의 가슴처럼 늘 포근히 감싸주고
여기에 나의 존재감도 더해주고 있는 산
한철 두철 지날 때마다 아름다움이려니...

멋진 빛

여보!

당신은 왜 그렇게 멋져요?

당신이 멋지게 느껴지는 나의 마음

붉게 타오르는 아침햇살에 물들일까?

아니면 밤하늘 별빛에 수놓아 빛나게 할까?

이보다 더 아름다운 것

나의 마음에 달빛 별빛처럼 담겨져

외딴길 고부랑길 함께 걸어와

아침이슬 적시는 장미 꽃송이려니

지금처럼 그 모습대로

오래 오래 피어나 빛나리라

먹구름 걷어 내고

청량한 하늘에 금새 몰려드는 먹구름
그곳에 머물러 장대비 쏟아 부어
우산 받쳐 들어도
소매저고리 바지고랑이
흠뻑 적시어 어찌하리

비오는 날
운치 있다고 좋아 했지만
시도 때도 없이 내리는 장마 비는 싫다
역겨운 비린내가 싫고
상쾌한 기분을 잃게 하니 싫다

이제 그만 먹구름 걷워 내고
해 뜰 날이 기다려진다.
그날들은 지겹지도 않고 냄새도 없이
정열을 불태우는 새 하늘을 볼 수 있어 기다려진다.

그대들이여!
그대의 인생에 긴장마는 멈추고
장마비 담아오는 먹구름도 걷워내고
맑은 하늘의 새 소망담은
햇빛이 비쳐오기를 기다려라

인 연

당신과 나는 인연이 있습니다.
세계 칠십억 인구 중에 서로를 알고 부부된 것이 인연이고
기쁠 때나 슬플 때도 같은 마음을 가져줄 수 있는 것이 인연이다

외로울 때 위로하고 격려할 수 있어서 인연이고
남다르게 관심 갖고 보살펴주며 챙겨줄 수 있어서 인연이다

이 소중한 인연을 오래오래 간직하고 실천해 나가는 것이 큰 인연이고
말로 하지 않고 온맘과 뜻을 다해 서로를 사랑하는 것이 더 큰 인연이다.

세상의 그 어떤 것보다 값지고 아름다운 인연을 위해서
머—언 날 서로가 헤어지기를 아쉬워하고 손을 꼬—옥 잡아주는 인연을
위해 하루하루를 보람되게 소중한 인연을 만들어 가도록 노력하오리라